Ulrich Deinet · Marco Szlapka · Wolfgang Witte

Qualität durch Dialog

Ulrich Deinet · Marco Szlapka
Wolfgang Witte

Qualität durch Dialog

Bausteine kommunaler Qualitäts-
und Wirksamkeitsdialoge

VS VERLAG FÜR SOZIALWISSENSCHAFTEN

Bibliografische Information Der Deutschen Nationalbibliothek
Die Deutsche Nationalbibliothek verzeichnet diese Publikation in der
Deutschen Nationalbibliografie; detaillierte bibliografische Daten sind im Internet über
<http://dnb.d-nb.de> abrufbar.

1. Auflage 2008

Alle Rechte vorbehalten
© VS Verlag für Sozialwissenschaften | GWV Fachverlage GmbH, Wiesbaden 2008

Lektorat: Stefanie Laux

Der VS Verlag für Sozialwissenschaften ist ein Unternehmen von Springer Science+Business Media.
www.vs-verlag.de

 Das Werk einschließlich aller seiner Teile ist urheberrechtlich geschützt. Jede Verwertung außerhalb der engen Grenzen des Urheberrechtsgesetzes ist ohne Zustimmung des Verlags unzulässig und strafbar. Das gilt insbesondere für Vervielfältigungen, Übersetzungen, Mikroverfilmungen und die Einspeicherung und Verarbeitung in elektronischen Systemen.

Die Wiedergabe von Gebrauchsnamen, Handelsnamen, Warenbezeichnungen usw. in diesem Werk berechtigt auch ohne besondere Kennzeichnung nicht zu der Annahme, dass solche Namen im Sinne der Warenzeichen- und Markenschutz-Gesetzgebung als frei zu betrachten wären und daher von jedermann benutzt werden dürften.

Umschlaggestaltung: KünkelLopka Medienentwicklung, Heidelberg
Druck und buchbinderische Verarbeitung: Krips b.v., Meppel
Gedruckt auf säurefreiem und chlorfrei gebleichtem Papier
Printed in the Netherlands

ISBN 978-3-531-15336-0

Inhalt

Einführung
Ulrich Deinet/Marko Szlapka/Wolfgang Witte 7

Die Entwicklung kommunaler Qualitäts- und Wirksamkeitsdialoge
Ulrich Deinet/Maria Icking 15
1 Der Wirksamkeitsdialog für die Offene Kinder- und Jugendarbeit in
  Nordrhein-Westfalen 15
2 Kommunale Wirksamkeits- und Qualitätsdialoge in der Praxis 20
  2.1 Kleine Kommunen (bis ca. 60.000 Einwohner/innen) 20
  2.2 Landkreise 34
  2.3 Mittelstädte (mit bis zu 250.000 Einwohner/innen) 52
  2.4 Großstädte (ab ca. 250.000 Einwohner/innen) 73
3 Bausteine eines kommunalen Qualitäts- und Wirksamkeitsdialogs 87
  3.1 Einrichtungsebene 87
  3.2 Dialogebene 95
  3.3 Kommunale Ebene 100
  3.4 Der Wirksamkeitsdialog als dynamisches Modell und die
      Bedeutung von Zielvereinbarungen 104
4 Resümee – Empfehlungen zur Einführung kommunaler Qualitäts-
  und Wirksamkeitsdialoge 108
5 Literatur 111

Kommunales Berichtswesen als Grundlage der Qualitätsentwicklung
Marco Szlapka 113
1 Einleitung 113
  1.1 Grundlagen eines Berichtswesens 116
  1.2 Ziele eines Berichtswesens 121
  1.3 Ressourcen und Regeln für das Berichtswesen 124
2 Berichtswesen für die Offene Kinder- und Jugendarbeit 125
  2.1 Strukturen, Prozesse und Ergebnisse 126
  2.2 Maßnahmenerfassung, Verwendungsnachweise und
      Jahresberichte 134
  2.3 Auswertungen für die Einrichtungs-, Planungs- und
      Entscheidungsebene 139

3	Berichtswesen für die Verbandliche Kinder- und Jugendarbeit	142
	3.1 Ziele, Schwerpunkte und Strukturen des Trägers	145
	3.2 Maßnahmenerfassung sowie Verwendungsnachweise	149
	3.3 Auswertungen für die Einrichtungs-, Planungs- und Entscheidungsebene	155
4	Berichtswesen für den Erzieherischen Kinder- und Jugendschutz	157
	4.1 Berichtswesen zum Erzieherischen Kinder- und Jugendschutz	158
5	Datenerfassung mit Hilfe der Software „Report Jugendarbeit"	164
6	Literatur	166

Qualitätsmanagement und Berichtswesen als Elemente kommunaler Wirksamkeitsdialoge – das Modellprojekt Qualitätsentwicklung der Berliner Jugendarbeit
Wolfgang Witte/Maja Arlt 169

1	Das Handbuch Qualitätsmanagement der Berliner Jugendfreizeitstätten	171
	1.1 Die Erarbeitung des QM-Handbuches als landesweiter Verständigungsprozess über Offene Kinder- und Jugendarbeit	173
	1.2 Selbstevaluation mit dem QM-Handbuch als Sicherung und Unterstützung einrichtungsbezogener Wirksamkeitsdialoge	176
	1.3 Standards für einrichtungsübergreifende Qualitätsentwicklung	182
2	Der gemeinsame Sachbericht der Berliner Jugendfreizeitstätten als Grundlage der quantitativen und qualitativen Berichterstattung	184
	2.1 Kennzahlen der quantitativen Berichterstattung der Jugendfreizeiteinrichtungen	186
3	Von der einrichtungsbezogenen zur örtlichen Dialogebene	194
	3.1 Beispiele von Wirksamkeitsdialogen im örtlichen, bezirklichen Rahmen	194
4	Vom örtlichen zum landesweiten Wirksamkeitsdialog	197
	4.1 Feststellung des landesweiten Versorgungsgrades mit Jugendfreizeiteinrichtungen anhand von Platzzahlen	197
	4.2 Landesweite Auswertungen der Leistungen anhand von Angebotsstunden	198
	4.3 Die Nutzung der Jugendfreizeiteinrichtungen anhand der Ergebnisse der Besucher/innenerfassung	198
	4.4 Ein Resultat: Mindeststandards zur personellen und sächlichen Ausstattung von Jugendfreizeiteinrichtungen	201
5	Resümee und Ausblick	203

Autorinnen und Autoren 205

Einführung

Ulrich Deinet/Marko Szlapka/Wolfgang Witte

Offene Kinder- und Jugendarbeit aber auch Jugendverbandsarbeit sind in Bewegung geraten durch eine im Feld selbst ausgelöste Diskussion um Qualität und Wirkungen sowie die Ansprüche von außen an eine qualitäts- und wirksamkeitsorientierte Kinder- und Jugendarbeit. Dieses Buch bezieht sich primär auf die Offene Kinder- und Jugendarbeit als Arbeit in Jugendfreizeitstätten, auf Abenteuerspielplätzen, aber auch als mobile Arbeit in Form von Spielmobilen, aufsuchender Arbeit etc.

In den meisten Bereichen der Jugendhilfe gehören inzwischen Qualitäts- und Wirksamkeitsdialoge bzw. Maßnahmen und Bausteine der Qualitätsentwicklung zum Alltag, die Offene Kinder- und Jugendarbeit ist dabei, diese Lücke zu schließen, wobei die Rahmenbedingungen in den einzelnen Bundesländern, aber auch bei Trägern und Kommunen ausgesprochen unterschiedlich sind.

Das Buch soll Anregungen, aber auch konkrete Ansätze liefern, wie eine Qualitätsentwicklung in der Offenen Kinder- und Jugendarbeit, insbesondere auf kommunaler Ebene bewerkstelligt werden kann, wie z.B. ein kommunales Berichtswesen mit Trägern im Dialog gemeinsam entwickelt und wie der entstehende Dialog auf kommunaler Ebene als Wirksamkeitsdialog geführt werden kann. Die gemeinsame Entwicklung eines Qualitätshandbuches ist ebenfalls Thema des Buches und ein Beispiel dafür, wie nur im Dialog Qualität gemeinsam formuliert und entwickelt werden kann.

Verfahren und Inhalte gehören zusammen!

Auch wenn es um standardisierte und damit vergleichbare Verfahren geht, wollen wir keine technokratischen Verfahren für die Kinder- und Jugendarbeit vorschlagen, sondern Bausteine, die auch die inhaltliche Entwicklung der Kinder- und Jugendarbeit weiter vorantreiben, ohne dass die Verfahren der Qualitätsentwicklung zu einer abgehobenen Ebene werden, die nichts mit der Arbeit mit Kindern und Jugendlichen zu tun haben.

Die Ausdifferenzierungen der Einrichtungen der Kinder- und Jugendarbeit stellen sich sozialräumlich, also bezogen auf die jeweiligen Bedarfe und Strukturen in Stadtteilen, Dörfern, Regionen, Großstädten etc. sehr unterschiedlich dar. Wir möchten aber an dieser Stelle auf die zu beobachtenden inhaltlichen Aspekte aufmerksam machen, weil für uns die Verfahren der Qualitätsentwicklung nicht von den Inhalten zu trennen sind, sondern in einem immanenten Zusammenhang stehen. Wir sind davon überzeugt, dass durch die Einführung von Verfahren von Qualitätsentwicklung, wie etwa die Wirksamkeitsdialoge in NRW, auch die inhaltliche Entwicklung, etwa die konzeptionelle Differenzierung von Einrichtungen nachhaltig unterstützt und vorangetrieben werden muss.

Die drei Kapitel des Buches beschäftigen sich auf unterschiedlichen Ebenen mit Aspekten der Qualitätsentwicklung und versuchen, anhand konkreter Beispiele Anregungen und Bausteine für die eigene Entwicklung zu liefern.

In der Einleitung sollen nun einige Aspekte zur Entwicklung des Feldes skizziert werden, die in den folgenden Ausführungen keine vorrangige Rolle spielen, da es vor allem um die Verfahren der Qualitätsentwicklung geht. Diese Aspekte werden thesenförmig vorgestellt und besitzen keine dezidiert empirische Grundlage, sondern sind Einschätzungen der Autoren.

Die Tendenzen sollen nicht weiter ausgeführt werden, sondern stellen eine inhaltliche Positionierung dar, die wir deshalb vorweg stellen, um deutlich zu machen, dass wir die im Folgenden vorgeschlagenen Bausteine und Verfahren nur im Zusammenhang einer inhaltlichen Entwicklung der Offenen Kinder- und Jugendarbeit sehen: So scheint es etwa in vielen Einrichtungen schwierig zu sein, in baulichen Rahmenbedingungen, die völlig unzureichend sind, Qualität zu entwickeln.

Tendenzen innerhalb und außerhalb des Feldes

- Die infrastrukturellen Voraussetzungen der Kinder- und Jugendarbeit sind heute generell betrachtet unzureichend, insbesondere was die Personalsituation und die Immobilien und deren Ausstattung betrifft.
- Immer häufiger ziehen sich die örtlichen öffentlichen Träger der Jugendhilfe aus ihrer Trägerschaft von Einrichtungen der Kinder- und Jugendarbeit zurück und übertragen diese Aufgaben auf freie Träger der Jugendhilfe. Die freien Träger können diese Einrichtungen in der Regel aber nur dann auch betriebswirtschaftlich übernehmen, wenn sie die entsprechenden Angebote mit ihrer sonstigen trägerspezifischen Arbeit verbinden. Dies führt häufig zu

Einführung

einer nicht unerheblichen Veränderung des Charakters von bestehenden Einrichtungen und Angeboten.
- Im ländlichen Raum stellt sich die Situation zum Teil wieder ganz anders dar: hier herrschen kleine Einrichtungen vor mit großen Anteilen der Selbstorganisation von Jugendlichen.
- Ein großes Feld der Weiterentwicklung der Kinder- und Jugendarbeit ist die intensive Kooperation mit Schule, die sich aber sehr unterschiedlich im Primarbereich oder im Bereich der Sekundarschulen darstellt. Neben zahlreichen Chancen stehen auch immer wiederkehrende Probleme wie die Inpflichtnahme der Jugendarbeit für schulische Belange. Dennoch wird in der Kooperation mit der Schule, als dem Ort, an dem sich alle Kinder und Jugendlichen außerhalb der Familie am meisten aufhalten, eine hohe Präferenz gegeben.
- Jugendeinrichtungen werden zu Motoren der sozialräumlichen Vernetzung und Kooperation zwischen verschiedenen Institutionen. Sie bilden den Mittelpunkt eines Netzwerkes, in denen die Fachkräfte sogar Aufgaben eines Quartiermanagements übernehmen.
- Die Kinder- und Jugendeinrichtungen werden zu Kinder-, Jugend- und Familieneinrichtungen, d.h. sie arbeiten intergenerativ, machen Angebote für Familien (vergleichbar mit Familienzentren), arbeiten intensiver mit den Hilfen zur Erziehung zusammen (soziale Gruppenarbeit etc.).
- Die Übernahme von Dienstleistungsfunktionen der Offenen Kinder- und Jugendarbeit stärkt diese einerseits im öffentlichen Ansehen und in der Nutzbarkeit, andererseits besteht aber immer die Gefahr, dass der Charakter der Kinder- und Jugendarbeit als informeller Bildungs- und Aneignungsraum weitgehend verloren geht.
- Die sozialpolitische Inpflichtnahme der Kinder- und Jugendeinrichtungen als kommunale Ressource für jeweils aktuelle Themen wird den Charakter der Kinder- und Jugendarbeit langfristig zerstören. Die Weiterentwicklung aktueller Konzepte wie der sozialräumlichen Jugendarbeit und das Herausarbeiten der Bildungspraxis der Jugendarbeit und auch die Übernahme von neuen Funktionen – wobei Projekte der Jugendarbeit als Orte des sozialen Lernen und der Integration verstanden werden – sind aber unbedingt erforderlich.
- Zur Weiterentwicklung des Feldes gehören vor allem auch moderne Methoden der Qualitätsentwicklung, die nicht bloß technokratische Verfahren bedienen, sondern einen qualitativen Dialog zwischen Einrichtungen herstellen. Dieser ist auch deshalb notwenig, weil nicht nur im ländlichen Raum viele Einrichtungen mit ein oder zwei Fachkräften besetzt sind. In zahlreichen Kommunen und Kreisen hat sich ein Wirksamkeitsdialog entwickelt

und stellt heute eine wichtige Grundlage für die Weiterentwicklung des Feldes dar.

Aufbau und Beiträge des Buches

Die im Folgenden kurz vorgestellten drei Kapitel des Buches stehen in einem inhaltlichen Zusammenhang, sind aber als selbstständige Beiträge zu verstehen, die zwar einer inhaltlichen Logik folgen, aber nicht angeglichen wurden (so dass durchaus unterschiedliche Verständnisse den Leserinnen und Lesern zugemutet werden sollen). Um keine Verwirrung zu stiften, wurden die Begriffe angeglichen, etwa die Ebenen der Qualitätsentwicklung, so dass wir hoffen, mit den folgenden drei Beiträgen die Bedürfnisse der Leserschaft zu treffen:

Die Entwicklung kommunaler Qualitäts- und Wirksamkeitsdialoge
(Ulrich Deinet, Maria Icking)

Der Beitrag befasst sich mit der Entwicklung eines Qualitäts-/Wirksamkeitsdialogs für eine gesamte Kommune oder einen Landkreis für die offene Kinder- und Jugendarbeit vor dem Hintergrund der Ergebnisse des Wirksamkeitsdialogs in Nordrhein-Westfalen. Insbesondere weil das Jugendministerium in NRW keine Auflagen für die Wirksamkeitsdialoge erstellt hat, sondern deren Entwicklung den Kommunen überlassen hat (s.o.), ergeben sich sehr gute Transfermöglichkeiten für Kommunen und Landkreise in Deutschland, die daran interessiert sind, Verfahren und Bausteine für eine einrichtungsübergreifende Qualitätsentwicklung aufzubauen.

Die Ergebnisse einer kleinen Studie von Ulrich Deinet und Maria Icking aus dem Jahr 2005 sind die empirische Grundlage des Beitrags. In 16 Jugendämtern in NRW wurden Fachkräfte befragt (nach der Typisierung: Kleinstädte, Mittelstädte, Großstädte und Landkreise) sowie Dokumente analysiert.

Im zweiten Abschnitt werden die Qualitäts-/Wirksamkeitsdialoge dieser Jugendamtstypen anhand von jeweils vier Beispielen analysiert, beschrieben und verglichen. Dabei werden systematisch in der gesamten Studie die folgenden Ebenen unterschieden:

- Einrichtungsebene: Verfahren und Bausteinen auf der Ebene von Einrichtungen und Projekten,
- Dialogebene: der fachliche Austausch zwischen den Einrichtungen in einer Kommune,

- kommunale Ebene: damit ist insbesondere der Transfer zwischen den fachlichen Diskursen und der Politik gemeint, d.h. die Einbeziehung der Jugendhilfeausschüsse etc.

Der dritte Abschnitt des Beitrages beschäftigt sich – abstrahierend von den Typen der Jugendämter – mit Bausteinen kommunaler Qualitäts- und Wirksamkeitsdialoge auf Einrichtungs-, Dialog- und kommunaler Ebene. Die grundlegende Funktion eines gemeinsamen Berichtswesens wird nur kurz beschrieben, weil diese im Beitrag von Szlapka und Witte jeweils aufgenommen wird. Darüber hinaus geht es auf der Einrichtungsebene u.a. um die Einführung von Projekten der Selbstevaluation und die Bedeutung von Zielvereinbarungen und Jahresschwerpunkten.

Auf der Dialogebene steht besonders die Organisation der Rückmeldung an Einrichtungen und Träger, sowie die Diskussion der Ergebnisse des Berichtwesens auf der Tagesordnung. Außerdem stellen sich die Anforderungen nach der Steuerung des gesamten Prozesses, der Gestaltung von Moderations-Dialoggruppen und der Einbeziehung der freien Träger bis hin zur Definition der Rollen und Funktion der Jugendhilfeplanung bzw. Fachabteilung in diesem Prozess.

Auf der kommunalen Ebene werden die Bedeutung des Berichtswesens, deren Zusammenfassung für die Politik und Einbeziehung sozialräumlicher Ebenen (nicht nur in großen Großstädten, s.o.) dargestellt. Zusammenfassend wird der Wirksamkeitsdialog als dynamisches Modell beschrieben, wobei die Bedeutung von Zielvereinbarungen nicht nur in NRW auf Grund jugendpolitischer Entwicklungen einen besonderen Stellenwert erhält.

Im Resümee werden Empfehlungen für die Einführung kommunaler Qualitäts- und Wirksamkeitsdialoge gegeben: Es geht darum, wie die Grundlagen in Einrichtungen und Projekten geschaffen werden können, wie Steuerungs- und Moderationsgruppen aussehen können, wie Jugendhilfeplanung beteiligt werden kann etc. Der Teil wird abgeschlossen mit der Auflistung einiger Indikatoren für gelungene Qualitäts- und Wirksamkeitsdialoge.

Kommunales Berichtswesen als Grundlage einer Qualitätsentwicklung
(Marco Szlapka)

Qualität durch Dialog setzt voraus, dass es eine Grundlage für diesen Dialog gibt. Diese Grundlage wird in der Regel erst geschaffen durch ein gemeinsam von öffentlichen und freien Trägern der Jugendhilfe entwickeltes Berichtswesen. Der Beitrag befasst sich deshalb mit dem Aufbau eines kommunalen Berichtswesens und gibt praktische Hinweise und Hilfestellungen. Die Grundlage hierzu stellt ein in Nordrhein-Westfalen durchgeführtes Kooperationsprojekt zwischen dem Landesjugendamt Westfalen-Lippe, dem Institut für Sozialplanung und Organisationsentwicklung sowie der Städte Datteln, Gronau, Hemer, Ibbenbüren und Rheine dar.

Im ersten Abschnitt erfolgen allgemeine Aussagen zu den Anforderungen an ein Berichtswesen hinsichtlich der zu definierenden Inhalte, der Informationsgewinnung, der Funktionen sowie der unterschiedlichsten Ebenen. Dem folgen im zweiten Kapitel spezifische Ausführungen für ein Berichtswesen in der Offenen Kinder- und Jugendarbeit, im dritten Kapitel zur Verbandlichen Kinder- und Jugendarbeit und im vierten Kapitel zum Erzieherischen Kinder- und Jugendschutz.

Die Ausführungen werden ergänzt durch Grafiken sowie musterhaften Erfassungsrastern für ein Berichtswesen im jeweiligen Leistungsbereich der Kinder- und Jugendarbeit. Alle Raster wurden gemeinsam mit den Fachleuten vor Ort in den Kommunen entwickelt.

Abschließend wird auf die Software „Report Jugendarbeit" verwiesen, die einen flexibel gestalteten Aufbau eines Kommunalen Berichtswesens in der Kinder- und Jugendarbeit ermöglicht. Die Software stellt unter anderem das Ergebnis des Kooperationsprojektes dar und ist als Demoversion kostenlos über online plus im Bookshop des VS Verlages zu beziehen.

Qualitätsmanagement und Berichtswesen als Elemente kommunaler Wirksamkeitsdialoge – das Modellprojekt Qualitätsentwicklung der Berliner Jugendarbeit (Wolfgang Witte/Maja Arlt)

Wie lassen sich die Qualitäten der Offenen Kinder- und Jugendarbeit, insbesondere der Jugendfreizeitstätten so darstellen, dass sowohl die fachlich-pädagogische Arbeit vor Ort inhaltlich gefördert als auch steuernde Entscheidungen des Jugendamtes und der Jugendhilfeausschüsse durch sachgemäße Informationen unterstützt und letztlich das fachliche Vertrauen der kommunalen Jugendpolitik in die Wirksamkeit dieses Handlungsfeldes gestärkt wird? Fragen nach einer überzeugenden Strategie zur Klärung der Fachlichkeit und zur standardbezogenen Sicherung der Berliner Offenen Kinder- und Jugendarbeit standen am Beginn des Modellprojektes „Qualitätsentwicklung der Berliner Jugendarbeit", das seit 2001 von den Berliner Jugendämtern, freien Trägern der Jugendhilfe und der für Jugend zuständigen Senatsverwaltung durchgeführt wird und seither verein-

Einführung

barte Verfahren zum Qualitätsmanagement, zum Berichtswesen und Vorschläge für kommunale Wirksamkeitsdialoge hervorgebracht hat.

Das Modellprojekt bearbeitete drei Aufträge:

1. Erarbeitung eines Handbuches Qualitätsmanagement für alle Berliner Jugendfreizeitstätten
2. Erarbeitung eines gemeinsamen Berliner Qualitäts- und Sachberichtes für Jugendfreizeitstätten
3. Erstellung eines Modells für den „kommunalen Wirksamkeitsdialog" zwischen Einrichtungen, Trägern, Jugendamt und Jugendpolitik zur fachlichen Steuerung.

Der Beitrag stellt die vorliegenden Ergebnisse, Erfahrungen aus der Anwendung und weitere Perspektiven für landesweite, trägerübergreifende Qualitäts- und Wirksamkeitsdialoge vor.

Die Entwicklung kommunaler Qualitäts- und Wirksamkeitsdialoge

Ulrich Deinet/Maria Icking

1 Der Wirksamkeitsdialog für die Offene Kinder- und Jugendarbeit in Nordrhein-Westfalen

Die Grundidee des vom Land NRW initiierten Wirksamkeitsdialoges in der Offenen Kinder- und Jugendarbeit (OKJA) besteht darin, gemeinsam mit den Einrichtungen, Trägern und Kommunen einen Dialog über Effekte und Wirkungen der OKJA zu führen, um einerseits den wirksamen Einsatz insbesondere der Landesmittel in diesem Feld zu überprüfen und andererseits dieses Feld damit weiterzuentwickeln und zu qualifizieren.

Ein solcher Wirksamkeits-/Qualitätsdialog geht über die Qualitätsentwicklung der einzelnen Einrichtungen hinaus und verbindet alle Einrichtungen und Projekte (sowohl in kommunaler als auch in freier Trägerschaft) in einem kommunalen Rahmen, so dass eine trägerübergreifende Kommunikation über Leistungen und Wirkungen möglich wird. Dies ist ein entscheidender Schritt, der über die schon geführten Qualitätsdebatten innerhalb der Trägergruppen und beim öffentlichen Träger hinausgeht. Insofern ist ein Wirksamkeits- und Qualitätsdialog, der trägerübergreifend geführt wird, auch ein Motor der Zusammenarbeit unterschiedlichster Einrichtungen und Projekte in einer Kommune.

Mit dem Wirksamkeitsdialog verbunden sind grundsätzliche Anforderungen hinsichtlich der Dialogbereitschaft und Transparenz, die eigentlich nur erfüllt werden können, wenn Einrichtungen und Projekte bereits auf ihrer Ebene Schritte zur Qualitätsentwicklung vollzogen haben. Um dies zu unterstützen haben zahlreiche Kommunen ein kommunales Berichtswesen eingeführt, dessen Nutzung ein weiterer Schritt der Entwicklung eines Dialogs auf kommunaler Ebene darstellt. So verfügen 2004 über 80 Prozent der Jugendämter in Nordrhein-Westfalen über ein kommunales Berichtswesen zum Bereich der Offenen Kinder- und Jugendarbeit oder planen die Einführung eines solchen Instrumentariums (Liebig 2005, S. 93).

Marco Szlapka stellt in diesem Buch ein Berichtswesen auch für die Offene Kinder- und Jugendarbeit dar; deshalb werden wir in diesem Teil keine Vorschläge dazu machen sondern nur die Bezüge zwischen Berichtswesen und Wirksamkeitsdialog herstellen.

Ein Spezifikum der Qualitäts- und Wirksamkeitsdialoge ist, dass sie auf unterschiedlichen Ebenen geführt werden:

- zwischen Einrichtungen in einzelnen Kommunen bzw. Sozialräumen (etwa in Großstädten, wo die Zahl der Einrichtungen so groß ist, dass ein Dialog sozialräumlich gegliedert werden muss),
- zwischen Vertretern der Träger
- zwischen Politik und Fachebene.

Diese Dialoge müssen gut organisiert sein, d.h. die Organisation und die Entwicklung von Qualitäts- und Wirksamkeitsdialogen ist eine herausragende Aufgabe, insbesondere für den öffentlichen Träger als planungsverantwortlicher Organisation.

Ein weiteres Element von Qualitäts- und Wirksamkeitsdialogen ist die Integration von Prozessen, die man als „top down" bzw. „bottom up" gesteuert bezeichnen kann. Sowohl von den Einrichtungen und der Praxis als auch von der Politik ausgehend werden auf den unterschiedlichen Ebenen Dialoge geführt, die aber nicht einseitig sind, sondern in alle Richtungen, d.h. insbesondere in Richtung Politik und auf die Einrichtungsebene zurückgeführt werden müssen. Dies erzeugt nicht selten Spannungen, wenn etwa die Einrichtungen von der politischen Ebene die Formulierung langfristiger Zielsetzungen erwarten, die auch fachlich umgesetzt werden können, oder Planungssicherheit und die damit verbundene finanzielle Absicherung von Einrichtungen über einen längeren Zeitraum erwarten.

Eine gewisse Spannung im Qualitäts- und Wirksamkeitsdialog entsteht auch dann, wenn eine wirksame Steuerung dieses Feldes und das gleichzeitig hohe Maß an Beteiligung von Einrichtungen und Trägern in einen Widerspruch geraten. So haben Wirksamkeitsdialoge zum Teil einen leicht strukturkonservativen Anstrich, wenn sie zwar Transparenz in das Feld bringen, die gewonnen Daten und Informationen aber sehr stark legitimatorisch genutzt werden und weniger zu Steuerungs- und Planungsprozessen. Demgegenüber stehen Wirksamkeits- und Qualitätsdialoge, die (in der Regel vom öffentlichen Träger ausgehend) Planungs- und Steuerungsaspekte eher betonen und deshalb auch eher zur Steuerung des Feldes geeignet sind.

Insbesondere dann, wenn der Steuerungsaspekt auch die Ressourcensteuerung beinhaltet, werden weitere Spannungen erzeugt. Das Land und die Kommunen haben daher zunächst auf eine finanzielle Steuerung durch den Wirksamkeitsdialog verzichtet und durch die Herstellung finanzieller Sicherheit über mehrere Jahre (z.B. durch die Schaffung eines Moratoriums, d.h. die Garantie des bisherigen Fördervolumens für die freien Träger) dafür gesorgt, dass sich die fachlichen Grundlagen im Hinblick auf Struktur und Transparenz des Feldes entwickeln konnten.

Transfer der Ergebnisse in andere Bundesländer?

Der Wirksamkeitsdialog in NRW wurde bundesweit mit großem Interesse verfolgt. Damit ist die Offene Kinder- und Jugendarbeit in NRW nicht nur in der fachpolitischen Diskussion aus einer gewissen Talsohle gekommen, sie findet damit auch Anschluss an Qualitätsentwicklungsprozesse wie sie in anderen Feldern der sozialen Arbeit schon länger eingeführt sind.

Allerdings ist es in NRW nur begrenzt gelungen, nach der erfolgreichen Durchführung von so genannten Dialogforen für die Kommunen gleicher Größe (Klein-, Mittel-, Großstädte und Landkreise), die Ergebnisse des Wirksamkeitsdialoges auf Landesebene für die politische Steuerung des Feldes nutzbar zu machen. Deshalb werden in den folgenden Ausführungen landespolitische und landesweite Perspektiven des Wirksamkeitsdialoges keine wesentliche Rolle spielen, zumal dieser zurzeit auf Landesebene eher stagniert bzw. nicht erkennbar weitergeführt wird.

Da die Einführung der Wirksamkeitsdialoge in NRW im Zusammenhang mit der dort praktizierten Förderung der Offenen Kinder- und Jugendarbeit durch das Land steht, die es in dieser Weise in anderen Bundesländern nicht gibt, erscheint der Transfer zunächst schwierig. Für den Transfer ist die kommunale Ebene deshalb von größerem Interesse. Zahlreiche Kommunen und Kreise in NRW haben unabhängig von der Landespolitik kommunale Wirksamkeitsdialoge eingeführt und werden diese auch unabhängig von der Entwicklung der Landesförderung bzw. der Landespolitik in diesem Bereich weiterführen, weil sie das Feld der Offenen Kinder- und Jugendarbeit nachhaltig positiv beeinflusst haben.

Im Folgenden werden Wirksamkeits- und Qualitätsdialoge deshalb auf kommunaler Ebene beschrieben. Auf dieser Ebene besteht eine gute Transfermöglichkeit für Kommunen in Deutschland, die sich ebenfalls auf den Weg machen, das Feld der Offenen Kinder- und Jugendarbeit weiter zu entwickeln.

Studie zum Stand kommunaler Wirksamkeitsdialoge in NRW

Die diesem Beitrag zugrunde liegende Studie zu kommunalen Wirksamkeitsdialogen entstand in den Jahren 2003 bis 2005 im Rahmen der wissenschaftlichen Begleitung des Wirksamkeitsdialogs in NRW. Grundlage der Studie bilden 16 leitfadengestützte qualitative Interviews mit Verantwortlichen aus kommunalen Qualitäts- und Wirksamkeitsdialogen in NRW sowie zahlreiche Dokumente. Die Methode des leitfadengestützten offenen Interviews ermöglichte die Erfassung detaillierter und unterschiedlicher Entwicklungsprozesse auf den verschiedenen Ebenen mit einer großen Fülle von Details und Einzelbemerkungen.

Die Studie versteht sich als qualitative Handlungsforschung. Ziel ist eine Prozess- und Bedingungsanalyse zielgerichteter Praxisentwicklung im kommunalen Zusammenhang. Die erforschten Zusammenhänge werden nicht zu einfachen Ziel-Mittel-Relationen verkürzt, sondern es geht darum, Prozesse, die zirkulär funktionieren, zu erfassen. Da bei diesen Wirksamkeitsdialogen, die immer wieder neue Erkenntnisse bringen, Ziele und Mittel dann nachgesteuert werden müssen, bedarf es einer revisionären Planung, die in diesem Modell berücksichtigt werden soll.

Es geht darum, die Unterschiedlichkeiten vor Ort möglichst weitgehend aufzunehmen und auch darzustellen, ohne zu vereinheitlichen und Typen zu bilden. Um aber dennoch sinnvolle Kategorien bilden zu können, die auch einen Vergleich der Wirksamkeitsdialoge ermöglichen, haben wir uns an den Kriterien für die Bildung der vier Dialogforen orientiert, die auch für die Strukturdatenerhebung zur Offenen Kinder- und Jugendarbeit (OKJA) des Forschungsverbundes Deutsches Jugendinstitut/Universität Dortmund verwendet werden. Grundlage ist die Größe der Kommune nach Einwohnerzahl:

- Kleine Kommunen bis ca. 60.000 Einwohner/innen,
- Mittelstädte bis ca. 250.000 Einwohner/innen,
- Großstädte ab ca. 250.000 Einwohner/innen,
- Landkreise.

Wir diskutieren auf dieser Ebene alle vorgefundenen Bausteine, versuchen diese auf dem Hintergrund der jeweiligen Rahmenbedingungen zu verstehen und sie vergleichend zu interpretieren. Wir arbeiten in dieser Form der Darstellung Parallelen und Vergleiche heraus z.b. zwischen eher steuerungsorientierten bzw. qualitätsentwicklungsorientierten Prozessen.

Die Qualitäts- und Wirksamkeitsdialoge werden in den Kommunen vielfach in einem Kreislaufmodell beschrieben. Ausgehend von Einrichtungen und Projekten, ihrem Berichtswesen, den sich anschließenden Diskussionsprozessen bis hin

Die Entwicklung kommunaler Qualitäts- und Wirksamkeitsdialoge

zur politischen Steuerungsebene vollzieht sich der Dialog idealerweise als wiederkehrender Prozess, wobei die Rückmeldungen die Einrichtungen wieder erreichen und zu Veränderungen führen. Diesem Modell entsprechend werden die jeweiligen Wirksamkeitsdialoge auf folgenden Ebenen beschrieben:

- der Ebene der Einrichtungen und Projekte mit den Elementen: Berichtswesen, Selbstevaluation, Zielbeschreibung;
- der Dialogebene mit den Elementen: Rückmeldungen an Einrichtungen und Träger, Moderation bzw. Steuerung des Gesamtprozesses, Rolle und Funktion der Jugendhilfeplanung/Fachabteilung;
- der kommunalen Ebene mit den Elementen: Gesamtbericht, Rolle des Jugendhilfeausschusses und der AG §78, politische Steuerung.

Als Beispiel der Wirksamkeitsdialog als Kreislaufmodell im Kreis Gütersloh:

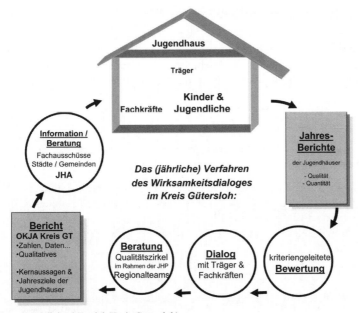

(Darstellung von Michael Trödel, Kreis Gütersloh)

Die Verbindung der o.g. top down- und bottom up-Prozesse zu einem dynamischen Modell lassen sich mit einem Kreislaufmodell beschreiben, wie es der Kreis Gütersloh entwickelt hat. Ohne schon hier auf die Details einzugehen, wird in dem übersichtlichen Schaubild deutlich, wie ausgehend von der Qualitätsentwicklung der Einrichtungen über Jahresberichte und andere Instrumente ein

Dialog entsteht, der sowohl zwischen Fachkräften, Trägern und dem öffentlichen Träger als auch mit der Politik, d.h. im Kreisjugendhilfeausschuss geführt wird, dann aber auch wieder auf die Einrichtungsebene zurückgeführt wird. Dynamik und Flexibilität sind zwei herausreichende Merkmale eines gut funktionierenden Qualitäts- und Wirksamkeitsdialoges, etwa das Eingehen auf aktuelle Bedarfe, dass sich z.B. in der Formulierung von Halbjahreszielen festmacht oder die Veränderungen von Schwerpunkten in den Einrichtungen oder die von der Politik eingebrachte Anforderung nach neuen Leistungsbereichen etc.

2 Kommunale Wirksamkeits- und Qualitätsdialoge in der Praxis

2.1 Kleine Kommunen (bis ca. 60.000 Einwohner/innen)

Die **Stadt A** hat etwa 64.000 Einwohner und steht damit für eine größere kreisangehörige Kommune. Im Stadtgebiet arbeiten acht Einrichtungen der OKJA, zwei in kommunaler und sechs in freier Trägerschaft, die sich auf alle Stadtteile verteilen.

Einrichtungsebene

Jede Einrichtung erstellt jährlich einen Verwendungsbericht, der sich aus quantitativen und qualitativen Elementen zusammensetzt. Bausteine des Berichts sind:

- Angaben zu Einrichtung, Träger und WD-Ansprechpartner/innen,
- Situationsanalyse mit einer Standortbestimmung der Einrichtung im jeweiligen Sozialgefüge des Stadtteils,
- Öffnungszeitenauflistung unter Angabe von Sonderveranstaltungen und Schließperioden,
- Personalübersicht inkl. Honorarkräfte sowie Fortbildungsveranstaltungen,
- Inhaltliche Angebotsstrukturdarstellung in Verbindung mit dem jeweiligen Raumangebot,
- Reflexion und Evaluation anhand von acht einvernehmlich ausgewählten Schwerpunkten der OKJA,
- Angabe der Finanzmittelverwendung,
- Besucherstatistik Kinderarbeit,
- Besucherstatistik Jugendarbeit,
- Fazit mit Rückblick auf das vergangene und Ausblick auf das folgende Jahr.

Die Entwicklung kommunaler Qualitäts- und Wirksamkeitsdialoge

Im Zusammenhang mit den Jahresberichten wird auch zumindest im Ansatz eine **Selbstevaluation** durchgeführt. In den Einzelberichten der Einrichtungen der Stadt A werden unter dem Punkt „Reflexion und Evaluation" aus den 16 Produkten, die in einem kommunalen Freizeitstättenplan für die OKJA beschrieben sind, die für die Einrichtung acht wichtigsten ausgewählt. Diese werden auf der einen Seite benannt, näher erläutert und auf der anderen Seite werden dazu Umsetzungsschwerpunkte, Erfahrungen und Einschätzungen abgegeben. Die Einschätzungen werden von den Einrichtungen vorgenommen, allerdings gibt es dazu eine Feedback aus der Gruppe zum Wirksamkeitsdialog. Weitere Verfahren der Selbstevaluation oder ähnliches, die eine qualitative Bewertung ermöglichen, gibt es nicht.

Jahresschwerpunktziele werden ebenfalls im Ansatz im Verwendungsbericht dokumentiert. Jeder Bericht endet mit einem Fazit, das einen Rückblick auf das letzte Jahr und einen Ausblick auf das kommende Jahr enthält. Der Ausblick enthält Ziele, die im kommenden Jahr erreicht werden sollen.

Dialogebene

Die Einzelberichte der Einrichtungen der Stadt A werden in der Gruppe zum Wirksamkeitsdialog beraten und vom Jugendamt dann zu einem Gesamtbericht für den JHA zusammengefasst. Auf Grund der Verwendungsberichte finden aber keine regelmäßigen oder strukturierten Rückmelde- oder Planungsgespräche mit den Einrichtungen und Trägern statt. Solche Gespräche ergeben sich nur im Zusammenhang mit besonderen Anlässen, sie sind nicht Bestandteil des WD.

Der Gesamtbericht ist eine Addition der Einzelberichte, der keine Vergleiche der Einrichtungen untereinander oder Bewertungen enthält. Am Ende des Berichts steht ein Gesamtfazit; hier werden auch die Besucherzahlen der Einrichtungen zusammengefasst präsentiert.

Die Gruppe zum WD besteht in der Regel aus je einer pädagogischen Fachkraft der Einrichtungen. Sie besteht schon seit längerem als AGOT und fungiert faktisch als Moderations- oder Steuerungsgruppe des WD, obwohl sie nicht so bezeichnet wird. Die Treffen, zu denen vom Jugendamt eingeladen wird, werden vom Jugendpfleger moderiert.

Die Gruppe versteht sich selbst als Wirksamkeitsdialog. Sie legt die Struktur der Verwendungsberichte fest, die folgerichtig als verschriftlichter Wirksamkeitsdialog begriffen werden. Die Gruppe ist eine aktive Arbeitsgruppe der Fachkräfte der OKJA und damit mehr als eine lockere Verbindung unterschiedlicher Einrichtungen. Themen, die aus den Verwendungsberichten in den Diskussionen der Gruppe bearbeitet werden, sind z.B. die Probleme mit rechten Jugendlichen in einzelnen Stadtteilen, soziale Problemlagen in kleinen sozialen Brennpunkten mit entsprechenden Hilfeleistungen und Beratungsansprüchen. In diesem Zusammenhang werden auch kollegiale Beratungen zwischen den Einrichtungen initiiert.

Kommunale Ebene

Der WD basiert auf dem Freizeitstättenplan, der als Teilfachplan OKJA 2001 vom Rat der Stadt beschlossen wurde und eine Gültigkeit bis zum 30.6.2005 hat.

Der erste Teil des Plans regelt die Personalbemessung und Arbeits- und Öffnungszeiten. Ausgehend von der flächendeckenden Verteilung der Einrichtungen auf dem Stadtgebiet, die es ermöglicht, dass fast alle Kinder und Jugendliche die Einrichtungen fußläufig erreichen können, wurde die Zahl der Kinder und Jugendlichen (7-21 Jahre) ermittelt, die im Einzugsbereich (im Umkreis von 1,5 km Radius) wohnen. Diese Jugendeinwohnerwerte sind Grundlage des Personalschlüssels: Bis 1.500 jugendliche Einwohner gibt es 1,5 hauptamtliche Stellen, zwischen 1.500 und 2.500 zwei und über 2.500 Jugendliche 2,5 Stellen. Daraus ergibt sich ein Personalraster von insgesamt 14,5 Stellen. Wegen des Zusammenhangs mit dem Jugendeinwohnerwert wurde diese Grundlage immer als seriös und bedarfsgerecht eingeschätzt. Auf der Grundlage dieser Personalbemessung werden auch die Einrichtungs-, Öffnungs- und Arbeitszeiten ermittelt. Die Einrichtungen haben jetzt je nach Größe Öffnungszeiten zwischen 25 und 38,5 Stunden pro Woche.

Ein weiteres Element des Freizeitstättenplanes sind Leistungsbeschreibungen (Produkte der Offenen Jugendarbeit), die von der AGOT unter Begleitung des Kath. Jugendamtes auf Kreisebene und des Institutes INSO aus Essen entwickelt wurden. Im Folgenden ist die Darstellung des Produkt **„Schulbezogene Jugendarbeit"** als Beispiel abgebildet.

Schulbezogene Jugendarbeit bezieht den Sozialraum Schule ein und soll dazu beitragen, die Lebensräume Schule, Familie und Freizeit miteinander zu verbinden sowie Kinder und Jugendliche in ihrer schulischen Orientierung zu stützen. Gleichzeitig bietet sie ihre Wissens- und Erfahrungswerte den Schulen an.

Zielgruppen:

- Kinder, die die Grundschule am Ort besuchen;
- Kinder und Jugendliche die weiterführende Schulen am Ort und auswärts besuchen;
- Jugendliche, die die Berufsschule besuchen.

Die Entwicklung kommunaler Qualitäts- und Wirksamkeitsdialoge 23

Ziele:

- Begleitung und Unterstützung beim Übergang vom Kindergarten in die Schule und von Schule in den Beruf;
- Ergänzung von Lerninhalten ohne Leistungsdruck;
- individuelle Lernhilfen und besondere Förderung und Betreuung von sozial auffälligen Schüler/innen;
- lernen, mit Stress und Stressanforderungen umzugehen;
- Erreichen einer ganzheitlichen Sicht des Lernens am außerschulischen Ort;
- Angebot einer Orientierungshilfe für die weitere Lebens- und Zukunftsplanung.

Angebote und Merkmale:

- Raum und Zeit geben für gegenseitige Hilfen und gemeinsame Nutzung von Materialien;
- Hausaufgabenbetreuung und gezielte Hilfen aufgrund eines gemeinsam erstellten Planes;
- Bewerbungstraining;
- Training für schriftliche Bewerbungen, Theater und Rollenspiele als Vorbereitung zu Vorstellungsgesprächen;
- Film- und Videoarbeit;
- Erfahrungsaustausch mit den Schulen, Gespräch mit Lehrpersonal über schulische Probleme einzelner Kinder und Jugendlicher sowie gemeinsames Erarbeiten von Lösungswegen;
- Beratungsgespräche über schulische Probleme und zur Berufswahl;
- Vermittlung an die Berufsberatung und andere diesbezüglich zuständige Stellen.

Das dritte Element ist ein Finanzierungsmodell für die OKJA. Die Einrichtungen bekommen auf der Basis der Personalplanung des ersten Teils des Freizeitstättenplans festgelegte Sätze für das Personal (bei einem Eigenanteil von 15 %). Honorarkosten, Sachkosten etc. werden ebenfalls in festen Sätzen in Relation zur Personalhöhe gezahlt. Für alle acht Einrichtungen wird ein Gesamtbudget entwickelt, das aus Trägeranteil, Landesanteil und kommunalem Anteil besteht. Die Träger können ihren Anteil durch Einnahmen aus dem laufenden Betrieb finanzieren. Dieses Budget steht immer für die gesamte Legislaturperiode zur Verfügung und wird jetzt wieder neu verhandelt. Rahmenverträge zwischen der Stadt und den sechs einzelnen Trägern bilden dann das Fundament der Finanzierung.

Der letzte Teil des Freizeitstättenplans besteht aus den Beschreibungen der Einrichtungen, die von diesen erstellt wurden. Die Kriterien dazu wurden von der AGOT erarbeitet.

Die Politik bzw. Verwaltung der Stadt sieht den Wirksamkeitsdialog in erster Linie als Projekt der Transparenz, Legitimation und öffentlichen Diskussion des Feldes der Offenen Kinder- und Jugendarbeit, um dieses besser abzusichern. Wegen der gleichgewichtigen Verteilung der Einrichtungen im Stadtgebiet ergab sich zumindest in dieser Hinsicht auch bislang keine Notwendigkeit der Steuerung und Umsteuerung des Arbeitsfeldes.

Der Gesamtbericht der Einrichtungen wird im Ausschuss von allen Fraktionen zur Kenntnis genommen und ggf. beraten. Die Politik reagierte positiv auf diese Berichterstattung. In der Folge wurden z.b. im Rahmen einer Organisationsuntersuchung der Stadtverwaltung die Jugendfreizeitstätten und der Wirksamkeitsdialog ausdrücklich aus den zu streichenden Aufgaben herausgenommen. In der AG 78 wurde ebenfalls mehrfach über den Wirksamkeitsdialog in der OKJA informiert, der bisher dort nicht bekannt war.

Die **Stadt B** hat etwa 55.000 Einwohner und steht damit ebenfalls für eine größere kreisangehörige Kommune. Im Stadtgebiet arbeiten 12 Einrichtungen der OKJA, zwei in kommunaler und sechs in freier Trägerschaft, die sich auf fast alle Stadtteile verteilen.

Einrichtungsebene

Die Stadt hat ein EDV-gestütztes Berichtswesen etabliert. Basis sind die durchgeführten Angebote und Veranstaltungen, zu denen Daten zeitnah über das Internet bei der Einrichtung erhoben werden. Bausteine der Erhebung sind:

- Art und Anzahl der Angebote
- Inhaltliche Schwerpunkte
- Teilnehmerzahlen nach Alter, Geschlecht, Nationalität
- Dauer und Aufwand
- Besonderheiten

Jede Einrichtung erstellt einen Jahresbericht, für den eine einheitliche und verbindliche Gliederung verabredet wurde. Der Bericht besteht u.a. aus der Auswertung der Erfassungsbögen für den Berichtszeitraum. Hier ist das Jugendamt bei Bedarf bei der Auswertung der Daten für die jeweilige Einrichtung behilflich. Vorangestellt ist eine Darstellung der Konzeption, allgemeine Ziele, Grunddaten, Besonderheiten des Trägers/der Einrichtung. Sie soll folgender Gliederung entsprechen:

Die Entwicklung kommunaler Qualitäts- und Wirksamkeitsdialoge 25

- Entstehung
- Allgemeiner Auftrag/Ziele
- Angebotsschwerpunkte/Betriebszeiten
- Einordnung/Bedeutung im Sozialraum
- Beschreibung Örtlichkeiten, Raumkonzept
- Mitarbeiter/innen, Beschäftigte
- Finanzierung
- Besonderheiten

Die im ersten Jahresbericht der Einrichtung dargestellte Konzeption der Einrichtung und der Angebote wird regelmäßig überprüft und in den folgenden Berichten wird die Fortschreibung bei grundlegenden Veränderungen dokumentiert.

Elemente der **Selbstevaluation** enthält der dritte Teil des Jahresberichts mit einer Auswertung der Arbeit im Berichtszeitraum und Schlussfolgerungen für die weitere Arbeit. Hier sind die folgenden Gliederungspunkte vorgegeben:

- Bewertung hinsichtlich der eigenen konzeptionellen Ziele
- Zufriedenheit der Teilnehmer/innen
- Zufriedenheit der Beschäftigten
- Beispiele
- Konsequenzen, Veränderungen
- Schlussfolgerungen und Empfehlungen an die Moderationsgruppe

Dialogebene

Im Unterschied zur Stadt A hat der Jugendhilfeausschuss der Stadt B 2004 die Einsetzung einer so genannten Moderationsgruppe beschlossen, die aus je drei stimmberechtigten Personen aus dem Kreis des JHA, aus der Gruppe der freien Träger und aus der Stadt (Abteilungsleitung, Jugendhilfeplanung, Jugendarbeit) besteht. Die Moderationsgruppe wurde beauftragt, die Berichte der Einrichtungen auszuwerten und dem Jugendhilfeausschuss einmal im Jahr einen Bericht vorzulegen. Im Beschluss wird ausdrücklich festgehalten: „Der Dialogkreislauf wird grundsätzlich nicht als „Einbahnstraße" verstanden. Die Beteiligten haben die Möglichkeit, direkt und unmittelbar auch Impulse zu setzen. Das Verfahren lässt es auch zu, an jeder Stelle des Dialoges Externe Dritte zu beteiligen".

Der für das Jahr 2004 erstmals vorgelegte und verabschiedete Jahresbericht besteht aus einer konzentrierten Übersicht über konzeptionelle und inhaltliche Schwerpunkte der Einrichtungen sowie einer Übersicht über die Summe und Dauer aller Angebote, die über das Berichtswesen zeitnah erhoben werden. Ein gesondertes Kapitel enthält Vorschläge und Impulse zur Weiterentwicklung, Steuerung und Förderung, die im Jugendhilfeausschuss auf Basis der Vorschläge der Moderationsgruppe beschlossen und zum Teil durch Vorschläge des Dezernenten und des Ausschusses selbst erweitert wurden.

Die von den Einrichtungen erstellten Jahresberichte werden in der Moderationsgruppe beraten, im Wirksamkeitsdialog fehlt aber die Rückmeldeschleife an die einzelnen Einrichtungen. Nach der Beschlussfassung durch den Jugendhilfeausschuss erfolgt zwar keine Rückmeldung an die einzelne Einrichtung, aber auf Stadtebene wir ein Gespräch mit den Trägern und Mitarbeitern aller Einrichtungen geführt.

Kommunale Ebene

Eine Besonderheit in der Stadt B ist die Beteiligung von Jugendhilfeausschussmitgliedern an der Moderationsgruppe. Aus dem Jugendhilfeausschuss kommen konkret Aufforderungen an die Einrichtungen, zu kooperieren und die zur Verfügung stehenden Ressourcen zu nutzen. „Andernfalls werden Einschränkungen des Umfangs und der Qualität unmittelbare Auswirkungen auf die Lebenswelt der Kinder und Jugendlichen unserer Stadt haben" (aus dem Jahresbericht 2004, S. 7).

Trotz Federführung durch die Jugendhilfeplanung und die Einführung eines Berichtswesens kam anfänglich kein Wirksamkeitsdialog zustande. Entscheidend war vielmehr die Einrichtung einer Moderationsgruppe und der Druck der Politik auf die Einrichtungen, sich am Wirksamkeitsdialog zu beteiligen.

Die **Stadt C** hat etwa 36.000 Einwohner. Sie verfügt über keine eigene Einrichtung, es gibt nur eine größere Einrichtung in freier Trägerschaft.

Einrichtungsebene

Grundlage des Wirksamkeitsdialogs ist eine schon 2001 eingeführte Produktbeschreibung für alle Bereiche der Jugendhilfe. Die Beschreibungen enthalten Angaben zum Produkt, zu den Leistungen und zu den Zielgruppen, aber auch zu Qualitätszielen, differenziert nach Struktur, Prozess und Wirkungsqualität. Teil der Beschreibungen sind ebenfalls Indikatoren bzw. Kennzahlen, die im Folgenden für das Produkt: Offene Formen und Einrichtungen der Kinder- und Jugendarbeit aufgeführt sind:

Die Entwicklung kommunaler Qualitäts- und Wirksamkeitsdialoge

Indikatoren, Kennzahlen
Aktivitäts-/Mengenindikatoren
Zahl der Angebotstage im Jahr (getrennt nach Kinder- und Jugendarbeit)
Zahl der Öffnungstage im Jahr (freier oder beschränkt freier Zugang)
[getrennt nach Kinder- und Jugendarbeit]
Zahl der Gesamtbesucher im Jahr [getrennt nach Kinder- und Jugendarbeit und Angebotstypen]
Zahl der Besucher von gruppenpädagogischen Angeboten
Zahl der Kooperationen (getrennt nach innerhalb und außerhalb der Einrichtung)
Zahl der Sonderveranstaltungen im Jahr (getrennt nach eigenen und in Kooperation mit Jugendamt)
[Eine Erhebungstabelle wird mit den Einrichtungen der Kinder- und Jugendarbeit entwickelt]

Bestandsindikatoren
Anzahl und Qualifikation der Mitarbeiter/innen (nach Geschlecht)
Anzahl und Art der Zusatzqualifikation
Einrichtungs- und maßnahmebezogene Konzeption mit Stand vom:

Qualitätsindikatoren
Anzahl der Fortbildungstage
AGs und AKs mit namentlicher Aufführung und Anzahl der jährlichen Tagungsfrequenz
Anzahl der Angebote für Mädchen
Anzahl der Angebote für Jungen
Anzahl der Angebote für Kinder und Jugendliche mit Behinderung
Anzahl der integrativen und zielgruppenorientierten Angebote

Wirkungsindikatoren
Anzahl der Evaluationsprojekte und Nennung der jeweiligen Zielgruppen
Anzahl der Beteiligungsprojekte, Nennung der Formen und Anzahl der beteiligten Personen

Neu sind ein Kurzbericht mit Bewertungen der Arbeit und Angebote im Berichtsjahr sowie die Überprüfung der Konzeptziele und vertraglichen Vereinbarungen mit den Ergebnissen und Wirkungen der Arbeit. Eine gemeinsame Erörterung von Evaluationsergebnissen sowie die Verabredung zukünftiger Evaluationsvorhaben soll eine Dynamik herstellen.

Dialogebene

Der Wirksamkeitsdialog wird als Qualitätsdialog verstanden, der im Wesentlichen ein bilateraler Dialog des Jugendamts mit der einzelnen Einrichtung bzw. dem Träger von Maßnahmen und Projekten ist (s. Schaubild).

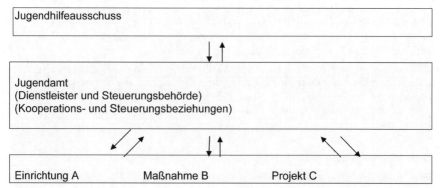

Hintergrund ist hier u.a., dass es für einen Wirksamkeitsdialog nicht genügend Einrichtungen gibt, die miteinander in einen Dialog eintreten können.

An diesen mindestens jährlich stattfindenden Gesprächen nehmen jeweils die Mitarbeiter und Mitarbeiterinnen der Einrichtung bzw. der Projekte und Maßnahmen der Jugendhilfe, Vertreter der Träger und des Jugendamtes teil. Im Dialog werden folgende Inhalte thematisiert:

- Leistungsmengenerfassung nach vorher abgestimmten Kennzahlen
- Kurzbericht mit Bewertung der Arbeit und Angebote im Berichtsjahr
- Überprüfung von Konzeptzielen und vertraglichen Vereinbarungen mit den Ergebnissen und Wirkungen der Arbeit; Verabredungen über Aktivitäten, um nicht erreichte Ziele doch noch zu erreichen; Entwicklung neuer Ziele
- Gemeinsame Erörterung der Evaluationsergebnisse sowie die Verabredung zukünftiger Evaluationsvorhaben

Es ist geplant, auch Externe, z.B. Schülervertretungen, Elternvertretungen, Kooperationspartner und die jeweils anderen Bereiche der Jugendhilfe in den Wirksamkeitsdialog einzubeziehen, um dadurch eine gewisse Dynamik herzustellen und den Einrichtungen eine Außensicht zu ermöglichen.

Kommunale Ebene

In der **Stadt C** wird dem Jugendhilfeausschuss jährlich eine Zusammenfassung der wichtigsten Arbeitsergebnisse aus den verschiedenen Qualitätsdialogen innerhalb der Jugendhilfe vorgelegt. Daraus entstehen u.a. politische Initiativen, z.B. eine mobile aufsuchende Jugendarbeit aufzubauen. An diesem Beispiel werden die Grenzen eines Wirksamkeitsdialogs, der in erster Linie ein Qualitätsdialog ist, deutlich, weil die Verwaltung darüber Veränderungen anregen und initiieren, aber nicht anordnen kann.

Die **Stadt D** mit knapp 27.000 Einwohnern hat erst seit 2000 ein eigenes Jugendamt. Sie ist nicht selbst Träger eigener Einrichtungen der OKJA, sondern es gibt zwei Einrichtung in freier Trägerschaft, eine große mit drei hauptamtlichen Stellen in einem Stadtteil und eine weitere mit einer ganzen Fachkraftstelle, die durch zwei halbe Stellen ausgefüllt wird, in einem anderen Stadtteil. Beide Einrichtungen haben also unterschiedliche Einzugsbereiche und Sozialräume. Aus diesem Grunde gab es auch keinen besonders intensiven Austausch zwischen den beiden Einrichtungen. Daneben arbeiten noch ein autonomer Jugendtreff und eine Initiative, die aber nicht über hauptamtliche Fachkräfte verfügen und nicht am Wirksamkeitsdialog beteiligt sind.

Einrichtungsebene

Die Stadt verfolgt das Vorhaben eines gemeinsamen Wirksamkeitsdialoges mit zwei weiteren kleinen Kommunen im Kreis. Um eine gemeinsame Grundlage zu haben, werden von den Einrichtungen jährliche Berichte erstellt. Dazu soll ein Berichtsbogen des Kreises verwendet werden, der wie folgt gegliedert ist:

1. Stammdaten der Einrichtung
2. Personal/Ehrenamtliche
3. Betriebszeiten /Angebote
3.1. Offener Treff/Jugendcafé
3.2. Kurse/Projekte, Gruppenangebote
3.3. Einzelveranstaltungen
3.4. Angebote in den Ferien
3.5. Schließzeiten
3.6. Geschlechtsspezifische Angebote
3.7. Zusammenwirken mit Schule
3.8. Mitbestimmung/Beteiligung
4. Methodisches Handeln
4.1. Jahresziele 2004
4.2. Jahresziele 2005

4.3. Konzeption
5. Kooperation
6. Tendenzen bei Kindern und Jugendlichen/
   Weitere Bedarfe an Jugendhilfe im Sozialraum
7. Zusammenarbeit mit dem Kreis sowie im Rahmen der Jugendhilfeplanung

Zurzeit wird noch ein Berichtsbogen als Grundlage für ein fachliches Controlling verwendet, der zahlreiche quantitative, aber auch qualitative Daten abfragt. Über die Formulierung von Nahzielen werden die anstehenden Projekte beschrieben. Der Bogen wurde mit den Leitungen der Einrichtungen weiter entwickelt.

Dieses Berichtswesen stellt nach Auffassung der Jugendpflege hohe Ansprüche an die Einrichtungen insbesondere im Hinblick auf die Darstellung der qualitativen Aspekte des Sozialraums und daraus erwachsende mögliche Bedarfe. Die Einrichtungen sind damit eher überfordert.

Dialogebene

Auch für die **Stadt D** gilt, dass es bei nur wenigen Einrichtungen schwer ist, eine Dynamik des Wirksamkeitsdialogs zu erreichen. Die Idee ist, wegen der fehlenden Dynamik in einer kleinen Kommune, mit wenigen Einrichtungen und Projekten zu einem gemeinsamen Wirksamkeitsdialog zwischen verschiedenen Gemeinden zu kommen, um es darüber den Einrichtungen zu ermöglichen, sich zu vergleichen und in einen Diskussionsprozess kommen zu können. Zurzeit treffen sich die Einrichtungen der Stadt drei Mal im Jahr auf Einladung des Jugendamtes; die Notwendigkeit zu einem intensiveren Austausch sehen sie auf Grund der Kleinräumigkeit und der unterschiedlichen Schwerpunktsetzung nicht. Feedback- oder Rückmeldegespräche mit den Trägern finden ebenfalls noch nicht statt.

Kommunale Ebene

Im Unterschied zur Situation in der Stadt C ist die Kommunalpolitik bzw. die Verwaltung in D wenig an Steuerung interessiert. Die Berichte der beiden Einrichtungen werden dem JHA zur Kenntnis gegeben. Sie haben im Wesentlichen die Funktion der Schaffung von Transparenz und Legitimation bei der Politik. Von Seiten der Politik gibt es einige typische Vorbehalte gegenüber den Einrichtungen, Antworten auf Fragen nach Personaleinsatz und Besucherzahlen scheinen ausreichend zu sein.

Es gibt eine AG 78, in der die Einrichtungen auch vertreten sind. Sie deckt, wie in kleinen Städten üblich, das gesamte Feld der Jugendhilfe ab.

Die Entwicklung kommunaler Qualitäts- und Wirksamkeitsdialoge 31

Zusammenfassung

Grundlagen für den Wirksamkeitsdialog

Gerade wegen der beschränkten personellen Ressourcen in kleinen Jugendämtern und in vielen Einrichtungen der kleinen Kommunen ist es für die Entwicklung (und die Akzeptanz) kommunaler Qualitäts- und Wirksamkeitsdialoge von Bedeutung, ob Bausteine und Vorarbeiten existieren, auf die aufgebaut werden kann. Die Beispiele der vier Kommunen zeigen deutlich, dass für den Aufbau eines Qualitäts- und Wirksamkeitsdialoges Grundlagen genutzt werden können, die sich aus Planungsprozessen oder der Organisationsentwicklung im Rahmen neuer Steuerungsmodelle ergeben haben.

So konnte in A der vorliegende Freizeitstättenbedarfsplan als Grundlage für den Wirksamkeitsdialog verwendet werden. Dieser Plan ist eine Mischung von Planungs- und Finanzierungsgrundlage und Beschreibung der Einrichtungen und Sozialräume. Zudem sind Fachstandards enthalten, die es ermöglichen, auch in Bezug auf qualitative Verfahren auf den Freizeitstättenbedarfsplan zurückgreifen zu können. Die vielfach vorhandenen reinen „Zahlenwerke" mit Finanzierungs- und Förderplänen sind dagegen als fachliche Grundlage für Qualitätsentwicklungsprozesse weniger geeignet. Der Wirksamkeitsdialog wurde im Freizeitstättenplan als Pflichtaufgabe der Träger verankert. In A existierten auch bereits konkrete Verabredungen mit den Trägern und eine funktionierende Arbeitsgemeinschaft der Offenen Türen, die als Gremium für den Wirksamkeitsdialog genutzt wurde.

Auch die in der Stadt C schon vor der Einführung eines Wirksamkeitsdialoges entwickelten Produkt- und Leistungsbeschreibungen sind eine gute Grundlage, auf die man aufbauen konnte. Obwohl als Steuerungsinstrument eher weniger geeignet, schaffen Produkt- und Leistungsbeschreibungen in gewisser Weise Fachstandards und Vergleichbarkeit zwischen Einrichtungen.

In der Stadt B ist das von der Jugendhilfeplanung eingeführte relativ aufwändige und technisch professionelle Berichtswesen ebenfalls eine wichtige Grundlage für den Wirksamkeitsdialog, weil darüber quantitative Daten für die Beschreibungen und einen Vergleich der Einrichtungen zur Verfügung stehen. In B wird aber auch deutlich, dass die Einführung des Berichtswesens noch nicht zu einem dynamischen Prozess eines Wirksamkeitsdialoges führt. Erst nach einem Workshop mit Fachkräften aus Einrichtungen und Jugendhilfeausschussmitgliedern und der dort angeregten und vom Jugendhilfeausschuss beschlossenen Einrichtung einer Moderationsgruppe, konnte ein dynamisches dialogisches Verfahren in Gang gesetzt werden. Trotz Federführung durch die Jugendhilfeplanung kam noch kein dynamischer Prozess zustande, weil die dort produzierten Daten nicht steuerungsrelevant genutzt werden konnten. Entscheidend dafür ist eine Moderationsgruppe, in der ein gemeinsamer Bericht über die Kinder- und Jugendarbeit für den Jugendhilfeausschuss formuliert wird, sowie weitergehende Vorschläge, die sich aus den Einzelberichten der Einrichtungen ergeben.

Zusammenhang zwischen der Dynamik im Wirksamkeitsdialog mit der Größe der Kommune bzw. der Zahl der Einrichtungen

Die Größen der Kommunen A und B mit acht bzw. 12 Einrichtungen scheinen gerade richtig zu sein, um einen Wirksamkeitsdialog zu führen, der eine ausreichende Dynamik zwischen den Einrichtungen und damit auch eine Vergleichbarkeit herstellt. Die Zahl der Einrichtungen macht eine Kommunikation zwischen diesen möglich und sinnvoll.

In der kleineren Stadt D arbeiten dagegen nur zwei Einrichtungen von freien Trägern, es gibt keine kommunalen Einrichtungen. Die Einrichtungen haben relativ wenig Kontakt untereinander, auch weil sie in zwei unterschiedlichen Sozialräumen liegen. Vor diesem Hintergrund kann sich kein dynamischer Wirksamkeitsdialog entwickeln, zumal weder die Kommune noch die Träger an einem Vergleich zwischen den Einrichtungen interessiert sind. In D werden die Probleme von kleinen Kommunen deutlich, einen Wirksamkeitsdialog zu führen, der stark auf den Baustein: Dialog zwischen den Einrichtungen setzt.

Ähnlich stellt sich die Situation in der Stadt C dar, die ebenfalls über keine kommunale Einrichtung verfügt, aber einen Dialog mit einem freien Träger führen möchte, welcher der wichtigste Anbieter der Offenen Kinder- und Jugendarbeit ist. Auch hier lässt sich keine Dynamik zwischen unterschiedlichen Einrichtungen herstellen, die sich vergleichen oder in einen Dialog treten könnten. In der einzigen Einrichtung sind fast alle Hauptamtlichen konzentriert. Auch wenn das Jugendamt in C ein Steuerungsinteresse hat, lässt sich dieses nicht in einen dynamischen Dialog einbringen. Im Grunde hat man es hier mit der Qualitätsentwicklung einzelner Einrichtungen zu tun.

Herstellung einer Dynamik in kleinen Kommunen

Die Herstellung einer Dynamik des Wirksamkeitsdialogs in kleinen Kommunen ist wie beschrieben eine besondere Herausforderung. Deshalb sollen im Folgenden dazu einige Ideen vorgestellt werden, die aber zum Teil erst in der Planung sind und noch nicht umgesetzt werden konnten.

- **Vergleich mit anderen Einrichtungen und Kommunen innerhalb des Kreises:** In D ist geplant, sich mit zwei weiteren Kommunen des Landkreises zusammen zu schließen, um einen Wirksamkeitsdialog in Gang zu bringen, der in Form einer Peer-Evaluation oder kollegialen Visitation funktionieren könnte. Der Kreis unterstützt dieses Vorhaben durch Vorarbeiten für ein gemeinsames Berichtswesen, um eine quantitative Datenbasis zu erhalten, die Vergleiche über die einzelne Kommune hinaus möglich macht. Dieses Verfahren scheint deshalb interessant, weil auf diese Weise sich ein Kreis auch außerhalb seines direkten Zuständigkeitsbereiches im Rahmen des Wirksamkeitsdialoges einbringt und so kleine Kommunen unterstützt, die zwar ein eigenes Jugendamt unterhalten, aber für den Wirksamkeitsdialog über zu wenige Einrichtungen verfügen. Ein weiteres Argument für eine solche Zusammenarbeit verschiedener Kommunen ist auch die dadurch mögliche partielle Überwindung der Einzelkämpfersituation von Jugendpflegerinnen und Jugendpflegern, die in einem solchen Verfahren ebenfalls in einen Vergleich treten und in eine intensivere Kooperation mit Kolleginnen und Kollegen pflegen können.
- **Vergleich mit anderen Bereichen der Jugendhilfe:** Eine Dynamik im Wirksamkeitsdialog kann auch dadurch entstehen, dass strukturierte Vergleiche und eine Kommunikation über Qualität, Zielgruppen etc. mit anderen Bereichen und Einrichtungen der Jugendhilfe (z.B. Beratungsstellen, Hilfen zur Erziehung) ermöglicht werden. Dieses in der Stadt C geplante Verfahren erweitert den Wirksamkeitsdialog zwar nicht über die Kommune hinaus, schafft aber die Außensicht auf die Kinder- und Jugendarbeit durch die Einbeziehung von Institutionen, die ebenfalls mit Kindern und Jugendlichen, also der gleichen Zielgruppe, arbeiten. Dieses Verfahren kann auch den Effekt haben, dass fachspezifische bzw. bereichsspezifische Fachstandards fachübergreifend kommuniziert werden und damit das Problem der Versäulung der Jugendhilfe vermindert wird. Es entstehen über diesen Wirksamkeitsdialog kommunikative Verbindungen zwischen Bereichen der Jugendhilfe, die bisher wenig miteinander zu tun hatten (z.B. offene Kinder- und Jugendarbeit und Hilfen zur Erziehung). In D ist z.B. geplant, auch die Schulsozialarbeit in den Wirksamkeitsdialog einzubeziehen. Für die in den Kinder- und Jugendförderplänen geforderte bereichsübergreifende Sicht ist ein solches Vorgehen eine wichtige Grundlage.

Steuerungsorientierung contra Qualitätssicherung?

Quer zur Größe zeigt der Vergleich der untersuchten Kommunen eine Polarität zwischen einer stärkeren Steuerungsorientierung, die in den Kommunen B und C kennzeichnend ist und einer die bestehenden Angebote und Einrichtungen sichernden Orientierung, die in den Kommune A vorherrschend ist.

Der Wirksamkeitsdialog in A ist stark darauf orientiert, die Leistungen der bestehenden Kinder- und Jugendarbeit transparent zu machen, sie damit aber auch zu legitimieren und zu schützen. Im Rahmen des Wirksamkeitsdialoges haben die Einrichtungen die Möglichkeit, sich u.a. in einem Gesamtbericht der Offenen Kinder- und Jugendarbeit darzustellen. Der Bericht wird im Ausschuss von allen Fraktionen zur Kenntnis genommen und ggf. beraten. Die Politik reagierte positiv auf den Bericht, weil sie Transparenz für das Feld schafft; eine gewisse Vergleichbarkeit und die Einführung des Wirksamkeitsdialoges hat in A dazu geführt, dass im Rahmen einer Organisationsuntersuchung der Verwaltung die Jugendfreizeitstätten und der Wirksamkeitsdialog ausdrücklich aus potentiell zu streichenden Aufgaben herausgenommen wurden.

In den Kommunen B und C ist demgegenüber deutlicher ein Wille zur Steuerung aus Sicht des öffentlichen Trägers erkennbar. Die Schwierigkeit scheint darin zu bestehen, diesen Steuerungsaspekt so in einen dialogischen Prozess einzubringen, dass dieser als Mandat des öffentlichen Trägers verstanden werden kann und nicht als Kontrolle missverstanden wird. Wird der Steuerungsaspekt überzogen, so entsteht Widerstand, der insbesondere in kleinen Kommunen durch die enge Kommunikation und die Übersichtlichkeit der Protagonisten und Politiker/innen leicht zu organisieren ist. Wenn sich dann ein Träger und das Jugendamt gegenüberstehen ist eher die Politik gefordert, entsprechende Rahmenbedingungen zu setzen.

2.2 Landkreise

Der **Landkreis A** hat ohne die Kreisstadt, die ein eigenes Jugendamt hat, 12 Städte und Gemeinden mit insgesamt ca. 260.000 Einwohnern. Der Wirksamkeitsdialog im Kreis A bezieht sich auf 25 Jugendhäuser mit pädagogischen Fachkräften; 15 Jugendhäuser befinden sich in Trägerschaft von Kirchengemeinden, fünf Jugendhäuser werden in kommunaler Trägerschaft geführt und fünf Jugendhäuser befinden sich in Trägerschaft von Wohlfahrtsverbänden.

Einrichtungsebene

Die Berichte der einzelnen Einrichtungen beinhalten neben den Daten zu Personal und Angeboten einen qualitativen Teil mit einer Reflexion der Jahresziele des abgelaufenen Jahres und mit der Formulierung der Jahresziele für das kommende Jahr (s. Gliederung im Kasten). Die Ziele für das neue Jahr sind vereinbarte Ziele, die sich aus dem Dialog mit Trägern und Fachkräften ergeben.

1. Stammdaten
2. Personal/Ehrenamtliche
3. Betriebszeiten/Angebote
3.1. Offener Treff/Jugendcafé
3.2. Kurse/Projekte, Gruppenangebote
3.3. Einzelveranstaltungen
3.4. Angebote in den Ferien
3.5. Angebote in Kooperation mit Schulen
3.6. Geschlechtshomogene Angebote
3.7. Mitbestimmung/Beteiligung
3.8. Schließzeiten
4. Methodisches Handeln
4.1. Jahresziele 2004
4.2. Jahresziele 2005
4.3. Konzeption
5. Tendenzen bei Kindern und Jugendlichen/Weitere Bedarfe an Jugendhilfe im Sozialraum
6. Zusammenarbeit mit dem Kreis
7. Pädagogischer Etat 2005 – Haushaltsplanentwurf

Nach wie vor gibt es einen großen Unterstützungsbedarf bei der Formulierung der Ziele (Wirkungs- und Handlungsziele nach Hiltrud von Spiegel). Auch fünf Jahren nach Einführung dieses Berichtswesens zeigen sich erhebliche Unterschiede zwischen den Einrichtungen hinsichtlich der Dimension und Reichweite der Ziele. Einrichtungen, die ein schlüssiges Konzept haben, sind viel eher in der Lage, Ziele zu formulieren und zu reflektieren. Zu diesem Thema soll es weitere Fortbildungsangebote geben, um eine deutlichere Verbesserung zu erreichen. Dies geht Hand in Hand mit der Konzeptionsentwicklung:

Explizite Projekte zur Selbstevaluation gibt es nicht. Auch nach einer größeren Fortbildung in mehreren Blöcken mit Hiltrud von Spiegel ist nach Auffassung der Kreisjugendpflege bei den meisten Einrichtungen nicht mehr als ein Blick dafür übrig geblieben.

Dialogebene

Die Jahresberichte der Einrichtungen werden nach vereinbarten Kriterien von den Jugendpflegern des Kreises bewertet und in einem Jahresgespräch im Dialog mit dem Träger und den Fachkräften gemeinsam diskutiert. „Das findet statt, nachdem wir Jugendpfleger die Jahresberichte ausgewertet haben. Wir bilden dann die Kernaussagen über die Einrichtungen aus unserer Perspektive und gehen damit in die Jahresgespräche" (Aussage eines Jugendpflegers).

Am Beispiel des Angebots „Offener Treff" sind im Folgenden die Bewertungskriterien dargestellt (+ = vorhanden, gut, plausibel, - = nicht vorhanden, entwicklungsbedürftig, ? = unklar/kann nicht ausgewertet werden/bedarf weiterer Informationen)

zu 3.1. Offener Treff / Jugendcafé	+	-	?	Bemerkungen
Öffnungszeiten (Verhältnis zu den gesamten Betriebszeiten)				
Öffnungszeiten bedarfsorientiert? (Absprache mit anderen JZ, Wochenende...)				
Verschiedene Altersgruppen				
Jungen und Mädchen				
Heterogenität von BesucherInnengruppen				
BesucherInnen mit besonderem Förderungsbedarf				
Kenntnis über BesucherInnengruppen				
BesucherInnenzahl				
Zusammenfassung				

„In allen Jugendeinrichtungen geht es dann einmal um den Blick zurück und der Blick nach vorne: Was liegt an für die Einrichtung und dies konkretisiert sich dann in den vereinbarten Jahreszielen. In den Jahresberichten werden diese Ebenen auch schon angesprochen, das heißt es gibt dort eine Reflexion und auch eine erste Formulierung von Zielen für das kommende Jahr. Das heißt die Einrichtungen machen Vorschläge, die zum Teil auch so übernommen werden. Zum Teil werden diese verändert und zum Teil werden auch neue Ziele vereinbart. Wenn es aus unserer Sicht deutlich an den Entwicklungsaufgaben der Einrichtungen vorbeigeht, vereinbaren wir andere Ziele als die, die die Einrichtung formuliert hat" (aus dem Interview).

Im Selbstverständnis des Kreises macht eine **Steuerungsgruppe** auf Kreisebene keinen Sinn, es gibt aber einen Qualitätszirkel Kinder- und Jugendarbeit, wo nach den Jahresgesprächen die erste Fassung des zusammengefassten Berichts aller Einrichtungen und der allgemeinen Einschätzungen diskutiert wird. Teilnehmer/innen sind die Jugendpfleger, der Jugendhilfeplaner, aus jeder Region eine Fachkraft und die Synodal- bzw. Dekanatsjugendreferenten. Diese Gruppe tagt einmal im Jahr, ist insofern aber nicht als Steuerungsgruppe im eigentlichen Sinne zu bezeichnen, sie hat eher den Charakter einer Beratungsgruppe.

Die **Jugendhilfeplanung** war an der Entwicklung des gesamten Verfahrens beteiligt, an der Umsetzung allerdings weniger. Hintergrund ist hier das Verhältnis zwischen Kreis und Kommunen, d.h. es ist eher Aufgabe der Kommunen, so zu steuern, dass neue Bedarfe auch zu veränderten Angeboten führen. Das Kreisjugendamt sieht sich mehr als Unterstützer denn als Steuerer der kommunalen Ebene.

Von der Einrichtung wird zudem erwartet, dass sie auch selbst „den Blick in ihren **Sozialraum** richten". Die Kreisjugendpflege will mit den Einrichtungen vereinbaren, dass in jedem Jahr ein Projekt der Sozialraumerkundung gemacht wird und die Erkenntnisse daraus dann in den Prozess der Konzeptionsentwicklung eingehen.

Kommunale Ebene

Im Jugendamt wurde eine neue Struktur mit Regionalstellen als „Minijugendämter" entwickelt. Hier wird der Berichtsentwurf ebenfalls präsentiert. Daran schließen sich Beratungen im Qualitätszirkel und mit der Jugendhilfeplanung an und dann wird der Bericht über die Offene Kinder- und Jugendarbeit für den Kreisjugendhilfeausschuss endgültig erstellt. Er enthält zu den einzelnen Einrichtungen Kernaussagen mit Zahlen, Daten und Qualitäten sowie die Jahresziele. Weil jede Jugendeinrichtung mit jeweils einer Seite so beschrieben wird, bleibt das ganze Werk noch übersichtlich. Der Bericht wird im Anschluss den einzelnen Sozialausschüssen der Kommunen sowie den Fachausschüssen zur Beratung vorgelegt, so dass insgesamt ein dynamischer Kreislauf entsteht.

Nach Auffassung der Jugendpflege sind für die Kreisebene die einzelnen Ziele nicht so interessant, sondern es ist eher wichtig, dass der Eindruck einer systematischen Arbeitsweise entsteht, die eine Weiterentwicklung der Arbeit vor Ort den Bedarfen entsprechend möglich macht.

Vor Ort in den Kommunen gibt es die lokalen Arbeitsgemeinschaften der Jugendhilfe (AG 78) mit den Vertretern der einzelnen Felder einschließlich Jugendarbeit. Veränderte Bedarfe vor Ort werden hier allerdings nicht systematisch, sondern eher punktuell besprochen und in die Einrichtungen getragen. Es gibt zurzeit keine systematische Schnittstelle zu dem Verfahren des Wirksamkeitsdialoges.

Der **Landkreis B** hat ohne die Kreisstadt, die ein eigenes Jugendamt hat, 14 Städte und Gemeinden mit insgesamt ca. 179.000 Einwohnern. Die 20 Einrichtungen der OKJA befinden sich in Trägerschaft von Kirchengemeinden, werden in kommunaler Trägerschaft geführt oder die Träger sind als Vereine für die Jugendarbeit gegründet worden.

Einrichtungsebene

Jeder Träger einer Einrichtung der OKJA legt eine Konzeption vor, die neben der verpflichtenden Teilnahme am Wirksamkeitsdialog und der Erstellung eines Qualitätsberichtes Teil des Vertrags mit dem Kreis ist. Die Weiterentwicklung der Konzeption soll sich dann jährlich im Qualitätsbericht wiederfinden.

Der kreisweit eingesetzte Qualitätsbericht ersetzt den klassischen Jahresbericht, daneben wird ein Verwendungsnachweis als Nachweis über die finanzielle Förderung separat geführt. Der Bericht 2004 ist wie folgt gegliedert:

1. Leitbild des Trägers

2. Rahmenbedingungen
   2.1 Personal
       2.1.1 Pädagogische Kräfte
       2.1.2 Haustechnischer Dienst
   2.2 Raumangebot
   2.3 Mobilität
   2.4 Finanzen
   2.5 Fortbildung/Supervision

3. Sozialraumbeschreibung
   3.1 Lage der Einrichtung
   3.2 Sozialraumbeschreibung

4. Profil der Einrichtung

5. Zielgruppen
   5.1 Erreichte Zielgruppen
   5.2 Potentielle Zielgruppen

6. Arbeitsschwerpunkte
   6.1 Angebotszeiten
   6.2 Überblick
   6.3 Evaluation von Angeboten/Maßnahmen/Projekten

7. Kooperation und Vernetzung

8. Resümee und Perspektiven
   8.1 Resümee
   8.2 Perspektiven

9. Anhang

Nach Aussage der Jugendpflege stellen die Punkte: Leitbild, Sozialraumanalyse und Evaluation Anforderungen an die Einrichtungen, die in unterschiedlicher Qualität erfüllt werden. Die Einrichtungen sollen mindestens drei Angebote, Maßnahmen oder Projekte evaluieren und im Bericht darstellen. In allen drei Bereichen wird noch ein deutlicher Fortbildungsbedarf gesehen.

In der Erprobungsphase des Wirksamkeitsdialogs mit der Projektgruppe WANJA sind Regionalteams gebildet worden, in denen sich die Mitarbeiter/innen in so genannten Lerngruppen zusammengefunden haben. Die Lerngruppen haben eine andere Kultur entwickelt, die Austausch und wechselseitige Unterstützung ermöglicht. Es gibt vier Lerngruppen mit einer zum Teil regionalen Aufteilung.

Dialogebene

Die Berichte der Einrichtungen werden von der Dialoggruppe zum Wirksamkeitsdialog ausgewertet. Dazu werden fünf Untergruppen mit je zwei Personen gebildet, auf die die Berichte aufgeteilt werden. Die jeweilige Untergruppe führt auch das Rückmeldegespräch mit der Fachkraft der Einrichtung, wobei Vertreter/innen der Träger ausdrücklich nicht dabei sind. Nach den Feedbackgesprächen wird in Absprache mit den Fachkräften ein Auswertungsprotokoll erstellt, alle Auswertungsprotokolle werden in der Dialoggruppe besprochen und erst dann geht das Protokoll auch dem Träger zu, damit verbunden ist das Angebot eines Gesprächs an den Träger. Es gibt auch die Möglichkeit, falls das Kreisjugendamt ein besonderes Problem sieht, den Träger anzuschreiben, auf das Problem aufmerksam zu machen und ihn zu einem Gespräch gemeinsam mit der Fachkraft zu bitten. Ein Argument für den Ausschluss des Trägers bei dem Feedbackgespräch ist das der Offenheit, die nicht gewährleistet ist, wenn der Arbeitgeber mit am Tisch sitzt.

Der **Dialoggruppe** gehören zwei hauptamtliche Fachkräfte aus den Jugendeinrichtungen, zwei Trägervertreter/innen (jeweils öffentlicher und freier Träger), ein/e Fachberater/in der kirchlichen Einrichtungen (es gibt insgesamt eine katholische und eine evangelische Fachberatung) und zwei Vertreter/innen aus dem Jugendhilfeausschuss an. Der Kreis ist durch zwei Jugendpfleger/innen und die Jugendhilfeplanerin vertreten. Sie hat die Aufgabe der Moderation. Während die Vertreter/innen aus dem Kreisjugendamt konstante Mitglieder sind, sollen die anderen Vertreter/innen im zweijährigen Turnus wechseln.

Die Dialoggruppe versteht sich als Steuerungsgruppe für den Wirksamkeitsdialog der OKJA im Kreis. Sie erstellt aus den Einzelberichten und Ergebnissen der Gespräche den Bericht an den JHA. Perspektivisch soll die Gruppe darüber hinaus dem JHA auch konkrete Vorschläge machen. Sie ergeben sich aus Themen und Problemen der Qualitätsberichte (z.B. Drogenproblematik oder ländliche Gebiete, die nicht genug versorgt werden können), mit den sich die Politik auseinandersetzten sollte.

Kommunale Ebene

Im Kreis gibt es eine breite Unterstützung der Offenen Kinder- und Jugendarbeit durch den JHA. „Wir sehen deshalb auch eine große Akzeptanz für die von uns einzubringenden Themen. Wir haben nach der Auswertung der ersten Qualitätsberichte eine Rangfolge von Themen erarbeitet, die im Ausschuss, bei den Trägern oder bei den Fachkräften bearbeitet werden müssten" (aus dem Interview).

Im Zusammenhang mit der Umsetzung weisen die Befragten des Jugendamts auf die zeitliche und inhaltliche Belastung hin, die mit der systematischen Einschätzung und Bewertung von bis zu 20 Berichten der Einrichtungen verbunden sind. Der Jugendpflege fehlen die für die Aufgaben des Wirksamkeitsdialoges notwendigen zusätzlichen zeitlichen Ressourcen.

Die AG 78 umfasst alle die in irgendeiner Weise mit Jugendarbeit im Kreis zu tun haben. Neben der OKJA sind die Jugendverbände und weitere Vereine (Feuerwehrjugend, Sportjugend) vertreten. Hier erscheint der Wirksamkeitsdialog als Spezialprojekt der OKJA. Die AG 78 trifft sich mindestens drei Mal im Jahr, es ist aber nicht die Kontinuität (Wechsel der Personen) und Fachlichkeit vorhanden um z.B. wie in Kommunen als Moderationsgruppe oder Steuerungsgruppe auch für den Wirksamkeitsdialog zu fungieren. Im jetzigen Verfahren gibt es auch keine Konkurrenzen, da es keine Interessen der AG 78 gibt, die Offene Arbeit zu steuern.

Die Zuständigkeit des **Landkreises C** in der OKJA bezieht sich auf 10 Kommunen mit insgesamt ca. 160.000 Einwohnern, drei Kommunen haben ein eigenes Jugendamt. Der Wirksamkeitsdialog bezieht sich auf 10 Häuser der offenen Tür mit zwei „Außenstellen" und 2 Orte mit aufsuchender Jugendarbeit. Die Einrichtungen befinden sich in Trägerschaft von 7 Kommunen und 3 freien Trägern. Daneben werden noch 14 Einrichtungen mit ehren- und nebenamtlichen Personal überwiegend in Trägerschaft von Kirchengemeinden gefördert.

Einrichtungsebene

2004 wurde im Kreis ein Konzept für den Wirksamkeitsdialog entwickelt, das von der Kreisjugendpflege in enger Kooperation mit dem **AK OKJA**, in dem die Mitarbeiter/innen aller Jugendeinrichtungen im Kreis vertreten sind, erarbeitet wurde. Die Ziele dieser Konzeptentwicklung sind:

Die Entwicklung kommunaler Qualitäts- und Wirksamkeitsdialoge

1. Kennen lernen, Erproben und Anwenden von Methoden und Bausteinen der Qualitätsentwicklung
2. Verständigung auf Kriterien und Eckpunkte für ein einheitliches Berichtswesen
   - mit qualitativen und quantitativen Aspekten/Daten
   - unter Berücksichtigung der Verschiedenheit der Einrichtungen
3. Förderung eines qualifizierten Austausches über die Offene Kinder- und Jugendarbeit
4. Erfüllung der Landesrichtlinie (Landesjugendplan)

Erstmalig wird es im Jahr 2006 auf der Grundlage dieses Konzeptes möglich sein, dass durch die Einrichtungen der Offenen Kinder- und Jugendarbeit Berichte verfasst werden, die vom Aufbau einheitlich sind. Diese Berichte sind in einen quantitativen und einen qualitativen Teil gegliedert:

Der quantitative Berichtsteil umfasst Daten zu folgenden Punkten:

1. Angaben zur Einrichtung und Trägerschaft
2. Räumliche Infrastruktur
3. Ort/Lage der Einrichtung
4. Mitarbeiterinnen und Mitarbeiter
5. Besucherstruktur
6. Finanzierung
7. Angebotsformen
8. Fremdnutzung
9. Kooperation und Vernetzung

Der qualitative Berichtsteil beinhaltet die Abschnitte Zielanalyse und qualitative Studie.

Die Zielanalyse ist die Schwerpunktsetzung für die Arbeit des kommenden Jahres. Zunächst sollen für das Jahr 2006 mindestens zwei Ziele formuliert werden, von denen mindestens ein Ziel ein pädagogisches Ziel ist. Nach einem Jahr erfolgt eine Auswertung der Zielanalyse und die Erstellung einer neuen Zielanalyse für das Folgejahr. Im Kasten finden sich exemplarisch zwei Ziele und die Operationalisierung dazu:

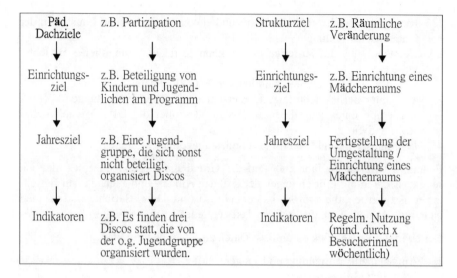

Ziel der qualitativen Studie ist es, bestimmte Abläufe, Angebote, Arbeitspraktiken auszuwerten bzw. zu bewerten. Jede Einrichtung macht mindestens eine Studie zu einem selbst gewählten Thema. Es gibt auch Einrichtungen, die sich zusammenschließen, um eine ähnliche Studie durchzuführen und um sich dabei zu unterstützen und die Ergebnisse vergleichen zu können.

Der Jahresbericht wird zu unterschiedlichen Zeiten im Verlauf des Jahres diskutiert und bearbeitet wird. Der Berichtsteil mit den quantitativen Daten soll Anfang des Jahres fertiggestellt sein und ist auch Grundlage des Verwendungsnachweises. Bis zu den Osterferien ist die qualitative Studie zu erstellen und die Zielanalyse folgt dann im Herbst.

Dialogebene

Das zentrale Gremium im Wirksamkeitsdialog des Kreises ist der **AK OKJA**, in dem alle Einrichtungen vertreten sind. Er tagt alle acht Wochen und wird aus Sicht der Jugendpflege als überaus konstruktiv und qualifiziert eingeschätzt.

Wichtige Treffen des AK OKJA sind die beiden ganztägigen Fachtage im Frühjahr und gegen Ende des Jahres. Vor den Osterferien werden die quantitativen Daten der Einrichtungen mit allen Mitarbeiter/innen in den Einrichtungen diskutiert und ausgewertet. An diesem Tag werden auch die qualitativen Studien diskutiert. Anfang Dezember folgt ein weiterer Fachtag, bei dem es einmal um die

Auswertung der Zielanalysen für das laufende Jahr und um die Formulierung der Ziele und Arbeitsschwerpunkte des kommenden Jahres geht.

Geschäftsführung und Moderation des AK liegt bei der Jugendpflege. Sie wird dabei von einer kleinen Steuerungsgruppe unterstützt, die aus zwei Fachkräften aus Einrichtungen und zwei Jugendpflegern des Kreises besteht. Diese Gruppe hat die Aufgabe, die beiden Fachtage vorzubereiten und den jährlichen Ablauf des Wirksamkeitsdialogs zu steuern.

Beim ersten Fachtag geht es auch um die Planung der örtlichen Diskussionsforen. Thema ist, wie mit den quantitativen Ergebnissen und der qualitativen Studie vor Ort umgegangen wird. Zu entscheiden ist, welche Ausschüsse bzw. welche Gremien vor Ort informiert werden, wobei angestrebt wird, dass bis zu den Sommerferien in jeder Kommune diese Information und Diskussion umgesetzt wird.

Außerhalb dieser kollegialen Diskurse gibt es keine Rückmeldegespräche des Kreises mit den einzelnen Einrichtungen.

Kommunale Ebene

Der Kreis erhebt mit dem Wirksamkeitsdialog so gut wie keinen Steuerungsanspruch. Hier spielt eine Rolle, dass der Kreis an der Finanzierung der kommunalen Offenen Kinder- und Jugendarbeit nicht beteiligt ist, auch die Landeszuschüsse werden „durchgereicht". Der Kreis moderiert einen kollegialen Diskurs und versucht ein System der Qualitätsentwicklung zu unterstützen und die Einrichtungen zu beraten.

Der **Landkreis D** ist für alle 11 Städte und Gemeinden mit insgesamt ca. 191.000 Einwohnern zuständig, weil keine kreisangehörige Kommune ein eigenes Jugendamt unterhält. Der Wirksamkeitsdialog bezieht sich auf 12 Jugendeinrichtungen, je zur Hälfte in kommunaler bzw. freier Trägerschaft. Der Kreis finanziert die Personalkosten der Einrichtungen zu 100 %.

Einrichtungsebene

Die Einführung des Wirksamkeitsdialoges wurde zum Anlass genommen, stärker Einfluss auf die Planung und Entwicklung der OKJA zu nehmen. Gerechtfertigt wird dies auch mit dem hohen Finanzierungsanteil des Kreises, d.h. mit der Finanzierung ist die Verpflichtung zur Teilnahme am Wirksamkeitsdialog verbunden.

Die Einrichtungen erstellen jährlich einen Qualitätsbericht, der wie folgt gegliedert ist:

Teil I Einrichtung
1. Einrichtung
2. Zielgruppen (Soll-Zustand, d.h. angestrebte Zielgruppen)
3. Stammbesucher (mit Angaben zu Altergruppe, Geschlecht, Migrationshintergrund)
4. Öffnungszeiten
5. Personal
5.1 Teamzusammensetzung
5.2 Qualifikation und Fortbildung
6. Finanzen/Budget
6.1 Ausgaben
6.2 Einnahmen
7. Kooperationen
Teil II Programm
1. Konzeptionelle Planung und Zielvereinbarungen
2. Qualitätskontrolle

Zum Teil beschreiben die Einrichtungen in diesen Qualitätsberichten konkrete Projekte und auch Zielsetzungen, dies ist aber noch kein Standard. Nach Auffassung der Jugendhilfeplanung liegt ein Problem darin, dass die Einrichtungen keine konzeptionellen Vorgaben haben. Sie suchen also selbst nach Schwerpunkten und Legitimationen, die nicht immer nicht bedarfsgerecht zu sein scheinen. Es fehlen aber auch Fortbildungsangebote oder andere Unterstützungen bei der Konzeptentwicklung und bei der Formulierung von Zielen.

Dialogebene

Die Berichtspunkte des Qualitätsberichts wie auch die im Anschluss durchgeführten Hospitationen wurden in der AG 78 beschlossen. Nach dem ersten Schritt (Erstellung des Qualitätsbericht und Erhebung der Daten) wertet die Kreisjugendpflege die Berichte aus und führt im Rahmen von so genannten Hospitationen in den Einrichtungen Gespräche, wo u.a. auch Fragen nach Zielsetzungen und Veränderungsbedarfen gestellt werden. An diesen Gesprächen nehmen Trägervertreter, Mitarbeiter/innen und oft auch ein Verwaltungsmitarbeiter der Kommune teil.

Die Hospitationen werden von den Einrichtungen zum Teil als Kontrolle gesehen, obwohl sie von der AG 78 beschlossen wurden. Es scheint im Kreis D noch nicht gelungen zu sein, eine auf Vertrauen basierende Dialogebene zu schaffen, die eine fachliche Reflektion der Arbeit der Einrichtungen ermöglicht, welche auf Basis des Berichtswesens durchaus möglich wäre.

Kommunale Ebene

Der Qualitätsbericht für den Jugendhilfeausschuss besteht aus einer zusammenfassenden Übersicht über die einzelnen Einrichtungen.

Mit der Einführung des Wirksamkeitsdialogs war eine Bedarfsanalyse auf der Grundlage von Jugendeinwohnerwerten verbunden. Man ging davon aus, dass ab 500 Jugendeinwohnern (14- bis 18-jährigen) eine Jugendeinrichtung mit einer Stelle notwendig sei. Die Ergebnisse dieser Bedarfseinschätzung führten dazu, dass über das vom Kreis finanzierte Personal Veränderungen vorgenommen wurden, also neue Stellen geschaffen bzw. auch welche abgezogen wurden. Insbesondere in den kleinen Gemeinden sind so auch neue Einrichtungen entstanden. Den Gemeinden wurde empfohlen, die jeweils finanzierte halbe Stellen aufzustocken, zum Teil durch Stellen für Schulsozialarbeit. In zwei Gemeinden gibt es jetzt jeweils halbe Stellen für Schulsozialarbeit und Jugendarbeit (dies auch auf dem Hintergrund, dass der Jugendhilfeträger Kreis nicht für Schulsozialarbeit zuständig ist, sondern dies Sache des Schulträgers, also der Gemeinden ist).

Aus der Sicht des Befragten des Kreisjugendamts ist dieses Konzept heute auch kritisch zu sehen, weil die Mittel zu stark in Einrichtungen fließen, die Förderung der mobilen Arbeit z.B. zu kurz kommt und die Umsteuerung (etwa die Einbindung einer Einrichtung in ein Schulzentrum) schwierig ist.

Insgesamt hat sich die mit der Finanzierung durch den Kreis verbundene Erwartung der effektiveren Steuerung der OKJA nicht erfüllt. Es fehlt ein Kontraktmanagement, d.h. es gibt keine Einzelverträge zwischen dem Kreis als öffentlichem Träger und der einzelnen Einrichtung bzw. dem Träger über die Verwendung der Mittel. Dies wäre bei der hohen Personalkostenfinanzierung auf jeden Fall möglich, ist aber politisch nicht durchsetzbar. Das Problem scheint zu sein, dass der Kreis dann doch lieber auf Kontrolle setzt und dadurch kein Vertrauen schaffen kann. Außerdem gibt es keine Mechanismen wie Fortbildungsangebote etc. die die Situation insgesamt auch fachlich verbessern könnten.

Zusammenfassung

Die Situation in den Landkreisen in Bezug auf die Einführung von Qualitäts- und Wirksamkeitsdialogen stellt sich als ausgesprochen kompliziert und unterschiedlich dar (s. Kasten). Um dieser Unterschiedlichkeit annähernd gerecht zu werden, wurden über die vier befragten Kreise hinaus weitere Materialien und Dokumente aus anderen Landkreisen hinzugezogen.

Struktur der Jugendpolitik in den Landkreisen Nordrhein-Westfalens

In NRW haben 28 von insgesamt 31 Landkreisen ein Jugendamt. Darunter gibt es Landkreise, die eine Zuständigkeit für fast alle kreisangehörigen Kommunen im Bereich der Jugendhilfe haben. Es finden sich aber auch Landkreise, oft am Rande von Großstädten und Ballungsgebieten, in deren Kreisgebiet es viele Kommunen mit eigenem Jugendamt gibt, so dass die Zuständigkeit des Kreisjugendamtes sich nur auf wenige Kommunen ohne Jugendamt bezieht. In den drei Landkreisen ohne Jugendamt haben alle kreisangehörigen Kommunen ein Jugendamt bzw. kooperieren im Einzelfall mit einer benachbarten Kommune. Hintergrund ist u.a. die nur in NRW mögliche Einrichtung von eigenen Jugendämtern in Kommunen ab 25.000 Einwohnern. Aus diesem Grund verfügt NRW im Unterschied zu anderen Bundesländern über zahlreiche kleine Jugendämter. Von insgesamt 182 Städten mit einer Einwohnerzahl über 25.000 haben 147 Städte (ca. 80 %) ein eigenes Jugendamt.

Der Träger der Jugendhilfe ist der Landkreis mit dem Kreisjugendhilfeausschuss und der Verwaltung des Jugendamtes. Zentrale Aufgaben der Jugendhilfe wie die Hilfe zur Erziehung oder die Jugendhilfeplanung sind beim Kreis angesiedelt, während andere Bereiche der Jugendhilfe wie z.B. die Kinder- und Jugendarbeit, aber auch die Tageseinrichtungen und Kindergärten bei den kreisangehörigen Kommunen bzw. freien Trägern liegen. Dies führt zum Teil auch in der Wahrnehmung der kreisangehörigen Kommunen zu einer Trennung der Jugendhilfe in Aufgaben der Landkreise (insbesondere Hilfen zur Erziehung) und eigene Aufgaben, z.B. im Bereich der Kinder- und Jugendarbeit.

Viele Landkreise sind dabei, ihre fachlichen Standards zu verändern und z.B. durch die Bildung von Regionalteams im Bereich Hilfen zur Erziehung eine bessere Versorgung für die kreisangehörigen Kommunen zu gewährleisten. Dahinter steht auch die Motivation, den Kommunen weitgehend entgegenzukommen, um zu verhindern, dass sich eigenständige Jugendämter bilden und damit die Situation für die Kreisjugendämter schwieriger wird. Die sozialräumliche Orientierung bei den Hilfen zur Erziehung hat ebenfalls zur Bildung von Sozialraumteams beigetragen, die zum Teil auch eng mit den Fachkräften der Kinder- und Jugendarbeit zusammenarbeiten.

Was die Kinder- und Jugendarbeit angeht, so verfügen Landkreise in Nordrhein-Westfalen so gut wie nie über eigene Einrichtungen der Kinder- und Jugendarbeit, diese werden durch die kreisangehörigen Gemeinden getragen oder durch freie Träger. Über Personalkostenzuschüsse und/oder Mitfinanzierung von Projekten (wie z.B. Zeltlagern etc.), die in Kreisrichtlinien festgelegt sind, beteiligen sie sich aber an der kommunalen Jugendarbeit in den kreisangehörigen Gemeinden. In NRW existiert dabei ein großes Spektrum zwischen Landkreisen, die keine finanziellen Zuschüsse zur Kinder- und Jugendarbeit geben bis zu Landkreisen mit starker finanzieller Unterstützung.

Aufgabe der Kreise ist die Jugendpflege, d.h. die Beratung und Unterstützung der örtlichen Jugendarbeit durch eigene Fachkräfte. Zum Teil wurden die Stellen für solche Fachkräfte in den letzten Jahren ausgebaut, um entsprechende Qualitäts- und Wirksamkeitsdialoge in Gang zu setzen. Der Kreis übernimmt mit der Kreisjugendpflege aber auch eine Kontrollaufgabe, so dass die Situation der Kreisjugendpfleger oftmals zwiespältig ist.

Kompliziert wird die Kreissituation zusätzlich durch die Arbeit der freien Träger, die über eine eigene Struktur (Regionalstellen oder Jugendreferate) verfügen, die sozialräumlich nur bedingt mit der Kreisgeografie übereinstimmt, weil z.B. ev. Kirchenkreise oder kath. Dekanate zum Teil andere Zuschnitte als die Kreise haben.

Grundlagen für Qualitäts- und Wirksamkeitsdialoge

Auch bei der Einführung von Qualitäts- und Wirksamkeitsdialogen in Landkreisen hat es sich als günstig erwiesen, vorhandene Bausteine und Gremien in die Entwicklung einzubeziehen. Ein gelungenes Beispiel dazu findet sich im Kreis A, wo es gelungen ist, die klassischen Jahresberichte gemeinsam mit den beteiligten Einrichtungen und Trägern so zu verändern, dass daraus ein modernes Berichtswesen entstanden ist, das sowohl qualitative als auch quantitative Daten für den Wirksamkeitsdialog liefert. Zudem wurde damit insbesondere bei Fachkräften und Trägern erreicht, dass der Wirksamkeitsdialog nicht mit dem Eindruck verbunden ist, er ließe sich ausschließlich durch zusätzliche Aufgaben bewältigen.

In einigen Kreisen werden auch vorhandene Arbeitsgemeinschaften (z.B. AK OKJ im Landkreis C) als Gremien für Wirksamkeits- und Qualitätsdialoge genutzt. Oft führt dies auch zu einer Qualifizierung dieser Gremien, die über die Struktur der Wirksamkeitsdialoge einen roten Faden für ihre Arbeit bekommen und stärker sowohl in Richtung der Einrichtungsebene als auch der politischen Ebene agieren können.

Die Nutzung und der Ausbau vorhandener Bausteine und Gremien scheint auf Kreisebene deshalb besonders wichtig zu sein, weil die Kreisjugendämter als Moderatoren des Prozesses keinen „Druck" auf Einrichtungen und Träger ausüben wollen und können, sondern diese für einen gemeinsamen Prozess motivieren müssen. Auch auf Grund der Einzelkämpfersituation vieler Fachkräfte in den vielfach kleinen Einrichtungen und der personellen Ausstattung von Trägern und Kommunen, muss der Aufwand für den einzurichtenden Qualitäts- und Wirksamkeitsdialog überschaubar bleiben. Damit ist die Situation in Landkreisen mit der in kleinen Kommunen zu vergleichen.

Dynamik des Wirksamkeitsdialoges in Landkreisen

Die besondere Herausforderung der Entwicklung eines Wirksamkeitsdialoges auf der Landkreisebene besteht darin, die Ebene: Einrichtungen, Kommune, Kreis so zusammenzubringen, dass die beteiligten Protagonisten nicht nur alle zu Wort kommen, sondern auch entsprechend ihrer Anteile an der Kinder- und Jugendarbeit beteiligt werden. Dieses Problem ist – abgesehen von den völlig unterschiedlichen sozialräumlichen Voraussetzungen – mit dem Problem in Großstädten zu vergleichen, wo es darum geht, welche Themen und Aufgaben im Wirksamkeitsdialog auf die gesamtstädtische Ebene gehören und welche in die einzelnen Stadtbezirke.

Kommunale Ebene

In den kreisangehörigen Gemeinden ohne eigenes Jugendamt sind die Sozialausschüsse oder andere kommunale Ausschüsse für Fragen der Kinder- und Jugendarbeit zuständig. Die Jugendarbeit wird von vielen Kommunen als wichtige eigene Aufgabe gesehen und im Sinne der Daseinsvorsorge eigenständig (zum Teil auch in bewusster Abgrenzung zum Kreis) bewältigt.

Nicht selten verfügen die kreisangehörigen Gemeinden nur über eine Einrichtung mit Fachkräften, so dass diese das zentrale Thema der Kinder- und Jugendarbeit in der Gemeinde ist. Diese Situation wird von den Fachkräften ambivalent erlebt: Zum einen macht der direkte Draht zum Bürgermeister manches möglich, was in der Großstadt nur über komplizierte Dienstwege erreicht werden kann, andererseits haben insbesondere die Bürgermeister oft direkten Zugriff auf die Einrichtungen und nehmen diese jugendpolitisch in die Pflicht.

Die Einzelkämpfersituation vieler Fachkräfte in den Gemeinden schafft andererseits eine gute Motivation für übergemeindlichen Austausch und damit auch zur Entwicklung kreisweiter Wirksamkeits- und Qualitätsdialoge. Der Kreis C ist ein Beispiel für einen gemeindeübergreifenden dynamischen Qualitätsdialog der Fachkräfte mit Rückbindung in die einzelne Kommune.

Die Träger der gemeindlichen Kinder- und Jugendarbeit sind entweder die Kommunen selbst oder freie Träger wie Vereine und Kirchen. Diese meist ehrenamtlich getragenen Vereine und ihre jeweilige Tradition passen nicht zwangsläufig zum professionellen Selbstverständnis von hauptamtlichen Fachkräften, deshalb liegt auch in dieser Struktur ein besonderes Thema für den Wirksamkeitsdialog.

Kreisebene

In Bezug auf die Bereiche der Jugendhilfe sind die Aufgaben und Funktionen der Jugendhilfe des Kreises sehr unterschiedlich. Während im Bereich der Hilfen zur Erziehung der Kreis „das Sagen hat" und durch die Bildung von Regionalteams, Sozialraumteams etc. die kreisangehörigen Gemeinden mit Leistungen versorgt, liegt im Bereich der Kinder- und Jugendarbeit die Kreisaufgabe eher in der Beratung und Unterstützung der kommunalen Einrichtungen der Kinder- und Jugendarbeit durch eine Kreisjugendpflege sowie in der Förderung der Einrichtungen bzw. einzelner Projekte und Maßnahmen. Dazu legen die Kreise zum Teil eigene Kreisjugendpläne auf, die Förderschwerpunkte formulieren und Verfahren definieren.

Im Kreis C ist der Kreis an der Finanzierung der Einrichtungen nicht beteiligt. Entsprechend gibt es keine Rückmeldungen der Kreisjugendpflege an die Einrichtungen, diese unterstützt vielmehr den kollegialen Austausch der Einrichtungen untereinander. Dem gegenüber steht der Kreis D, der die Einrichtungen nahezu vollständig finanziert. Die Rückmeldegespräche des Kreises (Hospitationen) werden zum Teil als Kontrolle wahrgenommen. Eine Dialogebene der Fachkräfte der Einrichtungen wird seitens der Kreisjugendpflege ebenso wenig unterstützt wie entsprechende Fortbildungen im Bereich Qualitätsentwicklung. Die Qualitätsentwicklung in den Einrichtungen ist dagegen das zentrale Anliegen der Kreisjugendpflege im Kreis A, das auch auf allen Ebenen anerkannt wird. Eine stärkere Rolle hat die Kreisjugendpflege auch im Kreis B, hier ist eher das Problem, dass sie mit der Umsetzung (z.B. der Auswertung von 20 Einzelberichten) personell und fachlich überfordert ist.

Die in vielen Landkreisen inzwischen etablierte Jugendhilfeplanung hat das Verhältnis zwischen Kreisjugendamt und Kinder- und Jugendarbeit in den Kommunen etwas verändert. Die Jugendhilfeplanung ist inzwischen in der Regel in der Lage, sozialraumbezogene Daten zur Verfügung zu stellen und hat selbst ein großes Interesse daran, Jugendarbeit als Teil der Jugendhilfe in ein präventives Gesamtkonzept mit einzubeziehen. So werden etwa im Kreis A durch die Jugendhilfeplanung nacheinander einzelne kreisangehörige Gemeinden untersucht, Sozialraumanalysen durchgeführt, um den Gemeinden die Grundlage für eine bessere Steuerung zur Verfügung zu stellen. Deshalb spielt die Jugendhilfeplanung auch in zahlreichen kreisweiten Wirksamkeitsdialogen eine Rolle, etwa im

Kreis B, wo sie die Moderation der Steuerungsgruppe übernimmt und damit die Jugendpflege von der Doppelrolle der Federführung und Moderation entlastet.

Steuerungs- contra Qualitätssicherungsorientierung im Wirksamkeitsdialog

In dieser Frage unterscheidet sich die Kreissituation deutlich von der in den Kommunen: Die in die Studie einbezogenen Kreise zeigen fast alle kein besonderes Steuerungsinteresse auf der Kreisebene, sondern überlassen die Steuerung der Kinder- und Jugendarbeit weitgehend den Gemeinden. Dies ist den jugendpolitischen Rahmenbedingungen geschuldet, etwa im Kreis C der selbst keine Mittel für die Kinder- und Jugendarbeit zur Verfügung stellt, dafür die Kreisumlage entsprechend gesenkt hat. Demgegenüber stehen Kreise wie der Kreis A, der doch ein gewisses Steuerungsinteresse hat, weil er eigene Mittel in die Kinder- und Jugendarbeit steckt. Wenn – wie in wenigen Ausnahmen – Kreise die Finanzierung der gemeindlichen Fachkräfte übernehmen, ist deren Steuerungsinteresse und ihr Einfluss entsprechend größer, so dass die Wirksamkeitsdialoge dann auch anders aussehen.

Die Aufgaben der Kreisjugendämter im Bereich der Entwicklung von Wirksamkeitsdialogen liegen schwerpunktmäßig in der Moderation der Prozesse. Besonders interessant erschien in der Auswertung die Entwicklung in einem Kreis, der Kommunen mit eigenem Jugendamt innerhalb des Kreisgebietes bei der Durchführung ihres Wirksamkeitsdialoges unterstützt (vgl. dazu Stadt D im Abschnitt Kleien Kommunen).

Transfer

Die Ergebnisse und Erfahrungen kleiner Kommunen und Landkreise im Rahmen des Wirksamkeitsdialogs in NRW werden im Folgenden im Hinblick auf einen Transfer gemeinsam betrachtet. Hintergrund ist vor allem die Tatsache, dass bundesweit die kleinen Kommunen im Unterschied zu NRW selten über ein eigenes Jugendamt verfügen und daher das Kreisjugendamt zuständig ist.

Bindet man Qualitäts- und Wirksamkeitsdialoge an die Existenz von Jugendämtern, so haben die Landkreise eine Schlüsselfunktion in der Durchführung von Wirksamkeitsdialogen mit Einrichtungen und Projekten, in kommunaler oder freier Trägerschaft, in den angehörigen Kommunen. Darüber hinaus stellt sich aber die Frage, wie Qualitäts- und Wirksamkeitsdialoge auch ohne Vorhandensein eines kommunalen Jugendamtes geführt werden können. Qualitäts- und Wirksamkeitsdialoge sind abhängig von einer gewissen Dynamik, die entweder nur durch mehrere Einrichtungen der Kinder- und Jugendarbeit, z.B. in einem

Die Entwicklung kommunaler Qualitäts- und Wirksamkeitsdialoge

Kreisgebiet erreicht werden kann, oder durch die Herstellung einer Dynamik zwischen unterschiedlichen Einrichtungen der Kinder- und Jugendhilfe in einer Kommune, etwa der Jugendarbeit, dem Kindergarten und weiteren Einrichtungen und Projekten. Dies erscheint aber nicht unproblematisch, da die jeweiligen gesetzlichen Grundlagen, Konzepte, Methoden unterschiedlich sind. Die folgenden Ausführungen sind daher der Versuch, Qualitäts- und Wirksamkeitsdialoge innerhalb des Feldes der Kinder- und Jugendarbeit zu entwickeln und dafür die Voraussetzungen zu schaffen.

- Die vielfach vorhandenen Trägerverbünde, Arbeitskreise etc. können genutzt werden um z.B. in einem Kreisgebiet oder einer Region Qualitäts- und Wirksamkeitsdialoge zwischen unterschiedlichen Einrichtungen und Projekten, die in verschiedenen kleinen Kommunen verortet sind, zu entwickeln. Als Klammer bietet sich hierfür in der Regel ein Landkreis an, oder die in großen Landkreisen durch die Jugendhilfeplanung verankerte Sozialraumorientierung, z.B. in unterschiedlichen Teilregionen. Mit dieser sozialräumlichen Gliederung ist auch die Bereitstellung sozialstruktureller Daten für den entsprechenden Sozialraum verbunden, oft auch der Aufbau eines Berichtswesens für unterschiedliche Bereiche der Jugendhilfe, etwa die Hilfen zur Erziehung oder auch die Jugendarbeit selbst. Trägerverbünde, die im Bereich der konfessionellen Träger zum Teil durch Jugendreferate, Regionalstellen u.ä. fachlich begleitet werden, sind eine gute Grundlage für die Entwicklung von Qualitäts- und Wirksamkeitsdialogen auf freiwilliger Basis.
- Eine herausragende Rolle für die Initiierung von Qualitäts- und Wirksamkeitsdialogen in der Kinder- und Jugendarbeit nehmen Kreisjugendämter ein, weil sie als Jugendhilfeträger zentrale Aufgaben, etwa die Jugendhilfeplanung, übernehmen und zum Teil die örtliche Jugendarbeit fördern bzw. fachlich begleiten. Die in vielen Landkreisen vorhandenen Stellen für Jugendpfleger/innen können genutzt werden, um Qualitäts- und Wirksamkeitsdialoge aufzubauen und entsprechende Anregungen zu geben. Dagegen spricht allerdings die in vielen Landkreisen verbreitete Praxis, dass Kreisjugendpfleger/innen selbst Projekte und Aktionen der Jugendarbeit durchführen, stark mit administrativen Fragen, mit der Umsetzung finanzieller Förderung beschäftigt sind und die Fragen von Qualitätsentwicklung, Konzeptentwicklung sowie Qualitäts- und Wirksamkeitsdialogen nicht intensiv verfolgen können. Oft fehlt ihnen dazu auch die notwendige Kompetenz, wenn es etwa um die Begleitung von Prozessen, Selbstevaluation u.ä. geht. Hier besteht im Hinblick auf Qualitäts- und Konzeptentwicklung ein großer Nachholbedarf auf der intermediären Ebene der Fachkräfte bei öffentlichen und freien Trägern, die insbesondere im ländlichen Raum oder in Kleinstäd-

ten, Einrichtungen und Projekte der Kinder- und Jugendarbeit beraten und begleiten.
- Zusammenschlüsse auf Landesebene, Landesarbeitsgemeinschaften und Jugendverbände (etwa der Bayerische Jugendring oder die Arbeitsgemeinschaft für Jugendfreizeitstätten in Baden-Württemberg bzw. in Sachsen) sind ebenfalls Motoren für kommunale Wirksamkeits- und Qualitätsdialoge, insbesondere auf Kreisebene. Problematisch ist zum Teil die (auch räumlich) große Distanz zwischen solchen Landesverbänden und den einzelnen Kreisen. Dennoch gibt es zahlreiche Ansätze (etwa beim Bayerischen Jugendring), wie landesweit operierende Organisationen Qualitätsentwicklung und Wirksamkeitsdialoge vor Ort unterstützen können. Dazu dienen Arbeitshilfen, Fortbildungsseminare und Tagungen, um den Kontakt der Einrichtungen untereinander zu verbessern und fachliche Standards einzuführen. Grundlage aller Wirksamkeits- und Qualitätsdialoge, nicht nur im Bereich der kleinen Kommunen und Landkreise, sind Maßnahmen zur Qualitätsentwicklung auf Einrichtungs- und Projektebene (vgl. dazu Sturzenhecker/Deinet 2007).

Die Entwicklung von Qualitäts- und Wirksamkeitsdialogen in Landkreisen steht und fällt mit dem Interesse des Kreisjugendamtes an einer solchen Entwicklung. Wie schon beschrieben, gibt es dafür zahlreiche Hindernisse und Barrieren, die mit unterschiedlichen Zuständigkeiten, „Kirchturmdenken" und anderen kommunalpolitischen Entscheidungen zu tun haben. Zudem ist das Auftreten von Kreisjugendämtern gegenüber ihren kreisangehörigen Kommunen sehr unterschiedlich und reicht von einem Selbstverständnis als Service- und Beratungsinstitution bis zur Haltung einer Aufsichtsinstitution, die wenig mit den Interessen der einzelnen Kommunen zu tun haben will. Insofern ist die Situation nordrhein-westfälischer Landkreise untypisch, weil die Kreisjugendämter in NRW etwas dafür tun müssen, dass ihre Kommunen „bei der Stange bleiben" und nicht eigene Jugendämter einrichten. Dies führt häufig zu einer stärkeren Dienstleistungsorientierung der Kreisjugendämter in Richtung der einzelnen Kommunen auch im Bereich der Kinder- und Jugendarbeit.

2.3 Mittelstädte (mit bis zu 250000 Einwohner/innen)

Die **Stadt A** hat ca. 240.000 Einwohner, davon rund 30.000 Kinder und Jugendliche (6-18 Jahre). Der Wirksamkeitsdialog bezieht sich auf 17 Einrichtungen der OKJA mit pädagogischen Fachkräften, davon befinden sich zwei Einrichtungen in kommunaler Trägerschaft.

Die Entwicklung kommunaler Qualitäts- und Wirksamkeitsdialoge 53

Einrichtungsebene

Der Wirksamkeitsdialog, der hier als Planungs- und Wirksamkeitsdialog bezeichnet wird, ist eingebettet in einen Prozess der Qualitätsentwicklung, der wie folgt dargestellt wird.

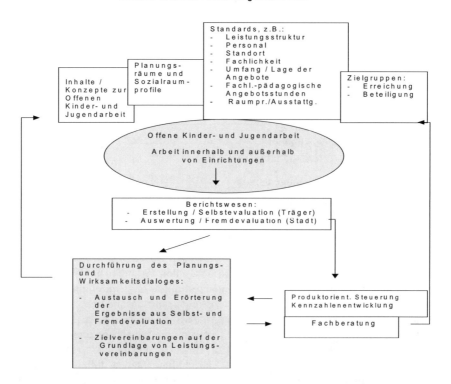

Grundlage der Arbeit der Einrichtungen sind Leistungsvereinbarungen mit der Stadt. Sie wurden mit einer Laufzeit von 5 Jahren abgeschlossen und verlängern sich automatisch um jeweils 1 Jahr, wenn sie nicht vorher gekündigt werden. Zu den Vereinbarungen gehört die Verpflichtung zu Halbjahresberichten und entsprechend halbjährlichen Planungsgesprächen. Aus Sicht des Jugendamtes sind die Planungsgespräche auch deshalb wichtig, weil darüber gesteuert werden kann und die Leistungsvereinbarungen immer wieder auf den aktuellen Stand gebracht werden können. Aus Sicht des Jugendamtes kann man so auch kurzfristig im

Rahmen der Leistungsverträge auf neuere Entwicklungen reagieren und als Jugendamt entsprechende Bedarfe anmelden. Über Protokolle werden die Leistungsvereinbarungen ständig fortgeschrieben.

Hinsichtlich der Leistungen wird zwischen Grundleistungen und sozialraumbezogenen Leistungen unterschieden. Zu den Grundleistungen gehören folgende Angebotsbereiche:

- Angebote im Bereich Sport, Spiel und Geselligkeit
- Außerschulische Jugendbildungsangebote
- Ferienprogramme
- Beratungsangebote/individuelle Unterstützung
- Geschlechterbezogene Angebote
- Angebote im Bereich der Partizipation
- Förderung ehrenamtlicher Arbeit
- Schulbezogene Angebote
- Familienbezogene Angebote
- Interkulturelle/Internationale Arbeit

Sozialraumbezogene Leistungen sind:

- Spiel- und erlebnispädagogische Angebote
- Arbeitsweltbezogene Angebote
- Sonstige sozialpädagogisch orientierte Angebote
- Sonstige Dienstleistungen

Die Definition und Beschreibung von so genannten Grundleistungen soll deutlich machen, dass die Kinder- und Jugendarbeit durch die Einrichtung inhaltlich nicht völlig beliebig gestaltbar ist. Die Leistungen mit besonderem Sozialraumbezug berücksichtigen die Besonderheiten des Sozialraums, etwa in Stadtteilen mit wenig Freiflächen und Spielmöglichkeiten müssen dann konzeptionelle Elemente wie erlebnispädagogische Ansätze verstärkt angeboten werden. Diese besonderen Leistungen werden von den Einrichtungen selbst definiert und sind entsprechend unterschiedlich. Nach zweijähriger Erfahrung wurden die Leistungen in diesem Bereich gesammelt und Beispiele zur Verfügung gestellt. Die Definition dieser Leistungen vollzieht sich auch in den Planungsgesprächen. Auch die Grundleistungen sind nicht bis auf die Ebene der Angebote definiert, diese müssen von den Trägern und Einrichtungen jeweils mit Inhalt gefüllt werden. Das Jugendamt unterstützt die Einrichtungen u.a. mit einer Handreichung, in der zu den einzelnen Leistungen Angebote und Praxisbeispiele beschrieben sind.

In allen Einrichtungen der Offenen Kinder- und Jugendarbeit, mit hauptberuflichen sozialpädagogischen Fachkräften, werden Tagesprotokolle geführt (in standardisierter Form). Alle Träger dieser Einrichtungen erstellen Halbjahresberichte (in standardisierter Form). Die Halbjahresberichte enthalten zunächst folgende Basisinformationen:

- Planungsraum, Name der Einrichtung, Träger und Berichtszeitraum
- Durchschnittliche wöchentliche Öffnungszeit (differenziert nach Öffnungszeit für Kinder und Jugendliche)
- Schließungszeiten
- Ausfallzeiten der hauptberuflichen Fachkraft/Fachkräfte
- Anzahl und Zusammensetzung des Personals (differenziert nach Qualifikation, Funktion und Wochenarbeitszeit)
- Anzahl der jungen Menschen, die durchschnittlich mindestens 1 x pro Woche durch die Einrichtung und deren Angebote erreicht wurden (differenziert nach Alter, Geschlecht, kulturellem Hintergrund, Wohnort innerhalb bzw. außerhalb des Planungsraumes)
- Kooperation mit anderen Trägern, Einrichtungen etc. (differenziert nach Kooperationspartnern, Kooperationsinhalten und -formen)

Darüber hinaus werden von den Trägern (differenziert nach Erhebungsbogen „Grundleistungen" und Erhebungsbogen „Leistungen mit speziellem Sozialraumbezug") Angaben zu folgenden Punkten gemacht und den jeweiligen Angebotsbereichen (Leistungen) zugeordnet:

- Zielgruppen (unterschieden nach Altersgruppen und Geschlecht),
- Angebotsstunden (Lage und Umfang),
- fachlich-pädagogische Angebotsstunden,
- Personal (unterschieden nach hauptberuflichen Kräften, Honorarkräften, Ehrenamtlichen Kräften und Sonstigen Kräften)

Dialogebene

In der **Stadt A** erfolgen die Rückmeldungen an Einrichtungen und Träger im Wesentlichen über die halbjährlichen Planungsgespräche. An ihnen nehmen die Trägervertreter/innen, die Mitarbeiter/innen der jeweiligen Einrichtung, die Leitung der zuständigen Abteilung sowie Mitarbeiter/innen der Bezirksjugendpflege teil. Auf der Basis der Berichte wird in den Planungsgesprächen das zurückliegende Halbjahr reflektiert und das kommende halbe Jahr geplant. Sie werden als **Fachdialog** definiert und als das Bemühen der Stadt, gemeinsam mit dem Träger zu Lösungen zu kommen. Nach Ansicht der Jugendpflege hat das offene, problemorientierte Klima der Gespräche u.a. dazu geführt, dass die Daten der Träger seriös sind. Auch von den Trägern werden daher Probleme eingebracht, weil sie davon ausgehen können, dass sie vertraulich behandelt werden.

Über die Planungsgespräche werden Protokolle angefertigt, die konzeptbezogene, programmatische, zielgruppenbezogene, leistungsbezogene und strukturelle Vereinbarungen enthalten und für beide Seiten verbindlich sind.

Die Planungsgespräche haben auch eine **steuernde Funktion**. In diesem Zusammenhang arbeitet die Stadt mit Solldefinitionen. Auf der einen Seite geht es um fachlich pädagogische Angebotsstunden für die hauptberufliche Kräfte, d.h. in einer Einrichtung mit einer hauptberuflichen Kraft muss diese Kraft 1.028 fachlich pädagogische Angebotsstunden (65 % der Arbeitszeit) als „Arbeit am Kind bzw. am Jugendlichen" durch das Berichtswesen nachweisen. Auf der anderen Seite soll auch die Anzahl und Struktur der Besucher/innen anhand von Sollzahlen definiert werden („Erreichbarkeitsquote"). Als Beurteilungsgrundlage dienen die Sozialraumprofile der jeweiligen Planungsräume. Daraus ergeben sich, je nach Abweichungsgrad von gesamtstädtischen Mittelwerten, verschiedene Bedarfskategorien und Sollwerte:

- Niedriger Bedarf = 5% der Kinder und Jugendlichen im Planungsraum sollen erreicht werden
- Mittlerer Bedarf = 10% der Kinder und Jugendlichen sollen erreicht werden
- Hoher Bedarf = 15% der Kinder und Jugendlichen sollen erreicht werden

In den nächsten Runden der Planungsgespräche soll noch stärker auf Qualitätsentwicklung gesetzt werden. Besondere Betonung liegt bei der Formulierung von Wirkungszielen und der Beschreibung von Indikatoren zur Überprüfung. Die Träger sollen vorher mit ihren Einrichtungen die Jahresplanung vorbereitet haben, dazu werden ihnen Planungsinstrumente mit den Differenzierungen Struktur-, Prozess- und Ergebnis- bzw. Wirkungsqualität (als Beispiel s. beigefügte Vorlage: Ergebnis- und Wirkungsqualität) zur Verfügung gestellt. Die Ergebnisse der auf dieser Basis erstellten internen Jahresplanung werden mit den Vorstellungen der Stadt verglichen. Die noch weiter zu entwickelnden Papiere sind dann Teil des Protokolls.

Mit diesem neuen Instrument sollen auch Projekte der Selbstevaluation angeregt werden. Damit werden die bisherigen Halbjahresgespräche auch eine andere Orientierung bekommen, ein Gespräch dient eher der Reflexion und auch der Überprüfung des letzten halben Jahres bzw. der durchgeführten Projekte, das andere Gespräch ist ein stärkeres Planungsgespräch.

Die Entwicklung kommunaler Qualitäts- und Wirksamkeitsdialoge 57

P&W-Dialog Ergebnis- bzw. Wirkungsqualität				
Einrichtung: _____ Leistungsart:				
Anteil fachl. päd. Angebotsstdn.: _____			Schwerpunkt: ☐	
Einzelangebote	Zielgruppen	Mindest-teiln.zahl / Erreichungsquote	Ergebnisziele bzw. Wirkungsziele	Indikatoren

Kommunale Ebene

In der **Stadt A** werden die Daten der Halbjahresberichte der Einrichtungen über Angebote und Fachleistungsstunden auf Stadtebene, zu einem Bericht an den Jugendhilfeausschuss zusammengefasst. Differenziert wird hier aber nicht nach Einrichtungen, sondern nach Angebotsbereichen, die mit Stärken und Schwächen und mit den anteiligen Arbeitszeiten des Personals dargestellt werden. So kann man auf Stadtebene die personalintensivsten Arbeitsbereiche erkennen, vergleichen und bewerten. Erkennbar wurde so, dass in 2002 etwa fast 50 % der Angebotsstunden der Fachkräfte im Bereich: Sport, Spiel und Geselligkeit lagen. Hier soll umgesteuert werden und das ist auch die Ebene der Steuerungsmöglichkeit auf Stadtebene für den Jugendhilfeausschuss.

Der Bericht wird auch in der AG 78 diskutiert. Die AG 78 besteht aus zwei Gruppen, einer Fachgruppe, die sich an die hauptamtlichen Fachkräfte richtet und einer weiteren Gruppe, Trägerkonferenz genannt, weil hier ausschließlich Trägervertreter eingeladen sind. Während diese Sitzung nur zwei- bis dreimal im Jahr stattfindet, tagt die Fachgruppe fünf- bis sechsmal.

In der Fachgruppe, die von der Jugendpflege moderiert wird, wurde z.B. der Begriff Werte/Wertevermittlung in der Offenen Kinder- und Jugendarbeit diskutiert und dazu eine vierseitige Definition erarbeitet. Die Trägerkonferenz wird sich mit diesem Entwurf befassen und hat dann zu entscheiden, ob dieses Papier als Qualitätsstandard aufgenommen wird und damit als Orientierung und Arbeitshilfe für die Einrichtungen und deren praktische Arbeit genutzt werden kann.

Die **Stadt B** hat ca. 184.000 Einwohner. Der Wirksamkeitsdialog bezieht sich auf 10 Einrichtungen der OKJA mit pädagogischen Fachkräften, davon befinden sich sieben Einrichtungen in kommunaler Trägerschaft.

Einrichtungsebene

In der Stadt B, die an der Erprobungsphase beteiligt war, ist das Berichtswesen in einen quantitativen und einen qualitativen Teil unterteilt. Der qualitative Teil basiert auf dem im Rahmen des Projekts WANJA initiierten Qualitätsberichts. Für diesen Qualitätsbericht hat das Jugendamt eine detaillierte Vorlage erarbeitet, die den Einrichtungen die jährliche Erstellung erleichtert. Die Darstellung folgt der im Folgenden abgebildeten Gliederung. Nicht alle Kapitel müssen jährlich neu geschrieben werden.

II. Qualitätsbericht
1. Leitbild
2. Sozialraumorientierung
3. Konzeptionelle Differenzierung
4. Zielgruppen
5. Arbeitsschwerpunkte
6. Angebote und Maßnahmen
7. Kooperation und Vernetzung
8. Qualitätsarbeit zum diesjährigen Arbeitsschwerpunkt („Offener Bereich")
9. Besondere Entwicklungen und Ereignisse in der Jugendarbeit vor Ort

III. Eckpunkte der zukünftigen Jahresplanung
1. Jahresziele
3. Bearbeitung von Veränderungsbedarfen im kommenden Jahr

Für kleine Einrichtungen, die ehrenamtlich betrieben werden, hat das Jugendamt ein vereinfachtes Verfahren entwickelt. Da einige Einrichtungen die Rückmeldung gegeben haben, dass einige Bereiche ihrer Arbeit mit dem Qualitätsbericht nicht zu erfassen sind, gibt es Überlegungen, den Einrichtungen für einen Teil eine freie Darstellung zu ermöglichen.

Ergänzend soll ein vierteljährliches quantitatives Berichtswesen aufgebaut werden. Entsprechende Vorlagen dazu sind noch zu erarbeiten.

Den Einrichtungen wurde eine Fortbildung zum Thema **Selbstevaluation** angeboten. Die Projekte der Selbstevaluation ergeben sich entweder aus Rückmel-

Die Entwicklung kommunaler Qualitäts- und Wirksamkeitsdialoge 59

dungen auf die jährlichen Qualitätsberichte oder sind schon vorher durch die Einrichtung in diese Richtung bearbeitet worden. Allerdings ist die Qualität unterschiedlich und um diese zu verbessern wird die Fortbildung durchgeführt.

Dialogebene

In B ist eine **Moderationsgruppe** beauftragt, die jährlichen Berichte der Einrichtungen aus zu werten, ggf. Unklarheiten mit dem Träger zu klären, die Angemessenheit und Bedarfsgerechtigkeit der Angebote zu bewerten und diese Bewertung dem Träger und den Mitarbeiterinnen und Mitarbeitern zurück zu melden. Wenn Träger und Moderationsgruppe sich nicht auf notwendig erscheinende Veränderungen für die Zukunft einigen können, sind die entsprechenden Sachverhalte dem JHA zu berichten (s. Satzung für die Moderationsgruppe).

Das Verfahren in der Moderationsgruppe ist vergleichsweise aufwendig: Die Qualitätsberichte werden aufgeteilt auf Kleingruppen und die Ergebnisse werden in der Moderationsgruppe vorgestellt und verglichen. Über das Rückmeldegespräch wird ein Protokoll angefertigt wird. Die Vereinbarungen werden so auch im Sinne eines Kontraktmanagements stärker fixiert.

Die Moderationsgruppe besteht aus sieben Personen. Beteiligt sind zwei Fachberater/innen freier Träger, ein/e Vertreter/in der Mitarbeiter/innen aus den Einrichtungen der freien Träger, zwei Vertreter/innen der Mitarbeiter/innen aus Einrichtungen in städtischer Trägerschaft und zwei Mitarbeiter/innen des Jugendamtes/Jugendförderung. So kann z.B. aus der Moderationsgruppe ein Mitarbeiter eines freien Trägers zu einer städtischen Einrichtung zum Rückmeldegespräch kommen. Dies hat allerdings in der Vergangenheit nie zu Problemen geführt.

Seitens des Jugendamts liegt die Steuerung bei der Abteilung Jugendförderung; die **Jugendhilfeplanung** ist durchgehend am Prozess beteiligt, ihre Steuerungsmöglichkeiten sind allerdings begrenzt, weil sie ebenfalls erst über die Moderationsgruppe Kritik anmelden, Bedarfe einbringen kann. "Wenn ich aus Sicht der Planung Kritik und Einwände gegenüber der Bewertung und den Perspektiven einzelner Einrichtungen habe, kann und muss ich dies in die Moderationsgruppe eingeben, damit dort entsprechend gehandelt wird" (aus dem Interview).

Der Wirksamkeitsdialog wird also im Wesentlichen intern gesteuert mit hoher Bedeutung der Einschätzungen der hauptamtlichen Mitarbeiter/innen der Einrichtungen. Er konnte in B deshalb relativ offen angegangen werden, ohne drohende finanzielle Großprobleme oder politische Absichten einer grundsätzlichen Umsteuerung des Feldes. Die Frage der Steuerung erscheint aber auch deswegen nicht so bedeutsam, weil die großen Einrichtungen in Trägerschaft der Kommune sind. Diese Trägerschaft wird seitens der Politik zurzeit auch nicht in Frage gestellt, d.h. Übertragungen hin zu freien Trägern sind nicht in der Diskussion.

Kommunale Ebene

Die Moderationsgruppe erstellt auch den zusammenfassenden Jahresbericht über den Stand und die weiteren Perspektiven der Offenen Kinder- und Jugendarbeit auf der Grundlage der Qualitätsberichte aus den Einrichtungen sowie der diesbezüglichen Trägergespräche. Dieser Bericht ist Grundlage für die jugendpolitische Debatte über den Arbeitsbereich und ggf. für weitere Beschlüsse des KJHA.

Eine wichtige Rahmenbedingung auf kommunaler Ebene ist die Sozialraumorientierung. Im Zuge der Sozialraumorientierung haben die städtischen Jugendzentren, die es in jedem Stadtteil gibt, eine neue Funktion übernommen. Sie führen z.B. die Stadtbezirkskonferenzen (Stadtteilkonferenzen) durch, die den Auftrag haben, alle die mit Kindern und Jugendlichen zu tun haben, zu vernetzen. Die freien Träger sind ebenso Mitglieder der Stadtbezirkskonferenz wie Schulen oder andere Institutionen. Auch die kommunale Politik ist über so genannte Jugendbeauftragte einbezogen, die aus den Bezirksvertretungen bzw. aus dem KJHA benannt werden.

Die **Stadt C** hat ca. 202.000 Einwohner. Am Wirksamkeitsdialog sind 23 Einrichtungen der OKJA (incl. Spielmobil und Abenteuerspielplatz) beteiligt, davon sind 10 in freier Trägerschaft.

Einrichtungsebene

Das Berichtswesen beinhaltet einen quantitativen Teil, wo jede Einrichtung zu Öffnungstagen und Besucherzahlen berichtet. Die Besucher sind nach Altersgruppen, Geschlecht, Migrationshintergrund und Angebotsstruktur differenziert.

Der qualitative Teil ist in Aussagen zur Einrichtungsqualität und zur Programmqualität differenziert. Zur Einrichtungsqualität gehören Angaben zu:

- Personalstruktur
- Raumprogramm
- Öffnungszeiten
- Finanzen

Die Programmqualität umfasst folgende Kriterien:

- Konzeption
- Zielgruppen
- Programme

Die Entwicklung kommunaler Qualitäts- und Wirksamkeitsdialoge

- Übersicht der Schwerpunkte
- Kooperationen
- Fortschreibung der Planung und neue Planungen
- Beteiligungsformen/Partizipation der Besucher
- Situationsbeschreibung der Jungen-/Mädchenarbeit
- Defizite/Probleme

Zu jedem Schwerpunkt (z.B. schulbezogene Angebote) wird nach folgender Gliederung berichtet:

- Zielgruppe
- sozialräumlicher Bezug
- Ziele
- zeitliche Begrenzung
- Maßnahmen /Methoden
- Kriterien zur Überprüfung der Teilziele
- Resümee des Schwerpunktes

Seit 2003 enthalten die Berichte jährliche Zielvereinbarungen. Die Überprüfung der Zielerreichung bzw. der Dialog zu Zielabweichungen ist Teil jährlicher Trägergespräche.

Ein wesentlicher Baustein des Wirksamkeitsdialogs ist neben dem Berichtswesen die Unterstützung der **Selbstevaluation** der Mitarbeiter/innen auf Einrichtungsebene. Die Frage war, wie kann bei überwiegend kleinen Einrichtungen mit zum Teil nur einer hauptamtlichen Personalstelle und mehreren Trägern eine Form gefunden werden, die den Aufwand in Grenzen hält und trotzdem einen Austausch gewährleistet. Die Lösung war eine Zusammenführung von drei bis vier Einrichtungen, welche die Selbstevaluationsprojekte in einer Gruppe durchführen können. Die Gruppen haben entweder einen gemeinsamen Bezug zu einem Sozialraum oder sie arbeiten mit vergleichbaren Zielgruppen. Die Selbstevaluation wurde durch zwei halbtägige Fortbildungsveranstaltungen vorbereitet, zudem bekommen die Gruppen Unterstützung von einem Mitarbeiter einer städtischen Jugendeinrichtung, der über entsprechende Zusatzqualifikationen verfügt. Weiter stehen ihnen schriftliche Unterlagen als Anleitung zur Verfügung.

Die Gruppen berichten zwei Mal jährlich der Steuerungsgruppe im Wirksamkeitsdialog über das Verfahren bzw. ihr Vorgehen und über die Themen/Fragestellungen, die sie bearbeiten; über Inhalte im Einzelnen zu berichten steht ihnen dagegen frei. Die Rückmeldegespräche signalisieren deutlich die Eingebundenheit in den Gesamtprozess des Wirksamkeitsdialoges. Die Sammlung der Themen der Projekte der Selbstevaluation in der Moderationsgruppe führt dazu, dass es einen besseren Überblick über die Praxisthemen und Probleme in den Einrichtungen gibt, aus denen sich z.B. Fortbildungsbedarf ergeben kann. Insgesamt wird deutlich, dass die Selbstevaluation als Teil des Wirksamkeitsdialoges sehr ernst genommen wird und nicht nur wie vielfach in anderen Kommunen auf der Ebene der Einrichtungen als wünschenswert erscheint, dann aber ohne weitere Unterstützung bleibt.

Dialogebene

In C führt der zuständige Bezirksjugendpfleger mit den Mitarbeiter/n/innen und dem Träger jeder Einrichtung ein jährliches Zielvereinbarungsgespräch (s.o.). Grundlage ist der Qualitätsbericht der Einrichtung und ein vom Jugendamt entwickeltes Set von Leitfragen. Man verständigt sich darüber, ob die vorgeschlagenen Ziele etc. so bleiben oder verändert werden müssen. Erst nach dieser Vereinbarung zu den Zielen geht der Bericht der Einrichtung offiziell an das Jugendamt.

Diese Gespräche werden bewusst als Steuerungsinstrument des planungsverantwortlichen öffentlichen Trägers verstanden. Dennoch werden diese Gespräche von allen positiv bewertet, die Mitarbeiter/innen der Einrichtungen werden mit dem Tenor zitiert: „Endlich kriegen wir ne Rückmeldung zu dem was wir schreiben, sonst hatten wir immer den Eindruck, wir wissen gar nicht ob das irgend jemand zur Kenntnis nimmt! Wir empfinden das nicht als Kontrollfragen, sondern kommen auf diese Weise in den Dialog hinein".

In C ist die Steuerungsgruppe/Moderationsgruppe nicht an den Gesprächen beteiligt. Die Gruppe berät aber den Gesamtbericht zur OKJA, der von der Jugendhilfeplanung als Zusammenfassung der Einzelberichte erstellt wird. Die Moderatorengruppe besteht aus je zwei Mitarbeiter/n/innen kommunaler Einrichtungen und Einrichtungen freier Träger, der Jugendhilfeplaner/in und dem Abteilungsleiter Jugendarbeit, also ca. 10 bis 12 Personen. Sie ist die von der AG 78 beauftragte Gruppe zur Steuerung des Wirksamkeitsdialoges.

Die **Jugendhilfeplanung**, die auch Mitglied der Moderationsgruppe ist, erstellt den Gesamtbericht. Sie kommentiert die Berichte der Einrichtungen und kann auf diese Weise zumindest Anregungen geben z.B. im Hinblick auf Bedarfe aus dem Sozialraum. Entscheidender ist aber, dass das Jugendamt bzw. der JHA insgesamt mehr Planungs- und Steuerungsverantwortung reklamiert und auf die veränderte Bedarfslage reagiert. So wurde eine Einrichtung mit verändertem Personal in andere Trägerschaft übergeben und in einem benachbarten Sozialraum wurde unter Verwendung der freigewordenen Ressourcen ein zusätzliches Angebot bei einer Kirchengemeinde geschaffen. „Es war eine klare Steuerungsentscheidung, die mit der Moderationsgruppe so nicht funktioniert hätte. Diese

Veränderungen wären nicht mit Einverständnis des Mitarbeiters, der in der Einrichtung gewesen ist, zustande gekommen. Das kann das Jugendamt auch nicht erwarten" (aus dem Interview).

Kommunale Ebene

In C geht der Gesamtbericht zuerst in die AG 78, wird dort auch noch mal abgestimmt, evtl. verändert und geht dann an den Ausschuss. Der Gesamtbericht ist keine inhaltliche Zusammenfassung, sondern ein Gesamtwerk, das die gesamten Berichte der Einrichtungen auch im Detail enthält. Der Bericht zeigt jede Einrichtung einzeln, die Angaben des Trägers, die Kommentare der Jugendhilfeplanung. Es gibt dann auch noch bezirksbezogene Zusammenfassungen, weil die Teilberichte in die Bezirksvertretungen weitergeleitet werden.

Vorher wurde die Offene Kinder- und Jugendarbeit in den Bezirksvertretungen nur bei Problemen thematisiert, jetzt gehen die Bezirksvertretungen auch einmal im Jahr in die Einrichtungen, diskutieren die Teilberichte und engagieren sich zum Teil darüber hinaus.

Die **Stadt D** hat ca. 267.000 Einwohner, davon rund 30.000 Kinder und Jugendliche (6-17 Jahre). Der WD bezieht sich auf 36 Einrichtungen der OKJA mit pädagogischen Fachkräften, davon befinden sich sechs Einrichtungen in kommunaler Trägerschaft.

Einrichtungsebene

Die jährlichen Berichte der Einrichtungen in D sind im Kern Verwendungsnachweise und stark quantitativ ausgerichtet. Eine Besonderheit im Vergleich zu anderen Kommunen ist, dass die Angebotsstunden nach Inhalten differenziert abgefragt werden. Vorgegeben sind folgende Kategorien, die jeweils in den Erläuterungen zum Erhebungsbogen kurz beschrieben werden:

Angebote der Kinder- und Jugendbildung
Angebote in den Schulferien/in der Freizeit
Angebote in Sport und Spiel
Arbeitsweltbezogene Angebote
Begegnung und Kommunikation
Beratungsangebote
Geschlechtsspezifische Angebote
Integrative Angebote für Kinder und Jugendliche mit Behinderungen
Interkulturelle Angebote
Kreative Angebote
Kulturelle Angebote

Medienpädagogische Angebote
Mobile Angebote
Partizipative Angebote
Schulbezogene Angebote

Die Daten der Einrichtungen werden auf Ebene der Stadtbezirke zusammengefasst und gemeinsam mit einer stadtweiten Zusammenfassung in einem jährlichen Gesamtbericht veröffentlicht.

Mit der Einführung des Berichtswesens wurden auch jährliche Gespräche zwischen den Einrichtungen und den zuständigen Jugendreferenten der Stadt eingeführt. Die Ergebnisse dieser Gespräche gehen ebenfalls in den Bericht ein.

Dialogebene

In der **Stadt D** gibt es keine Steuerungsgruppe für den Wirksamkeitsdialog, sondern nur eine kleine Gruppe, die die AG 78 und die Qualitätszirkel vorbereitet. Diese Qualitätszirkel mit allen Einrichtungen der Offenen Kinder- und Jugendarbeit finden zwei Mal jährlich statt. Hier werden die Ergebnisse des Berichtes präsentiert, aber eine inhaltliche Diskussion der Ergebnisse findet nicht hier, sondern auf Treffen der Einrichtungen auf Stadtbezirksebene statt.

Die Auswertung der Daten der Einrichtungen wird ausschließlich durch das Jugendamt vorgenommen, Träger oder Einrichtungen sind hier nicht beteiligt. Eine Bewertung der Einrichtungen wird aber nicht gemacht, d.h. man beschränkt sich auf eine Darstellung der durch die Einrichtung produzierten Daten. Bewertungen im Sinne von Vergleichen zwischen Einrichtungen bzw. im Sinne einer bedarfsorientierten Frage nach zusätzlichen Angeboten oder Umsteuerungsnotwendigkeiten gibt es nicht. Diese Bewertung soll zukünftig stärker in den Qualitätszirkeln auf Stadtebene stattfinden. Die Diskussion auf der Stadtbezirksebene, mit je nach Bezirk zwischen vier und acht Einrichtungen, wird zwar als relevant eingeschätzt, kann aber nach Auffassung des Jugendamts eine stärkere fachliche Auseinandersetzung in den Qualitätszirkeln nicht ersetzen. Hier fehlt es offensichtlich an der Bereitschaft der Träger und Einrichtungen, den Wirksamkeitsdialog auf dieser stadtweiten Ebene zu führen.

Die Stadt hat zwar ein differenziertes Berichtswesen aufgebaut und kann damit qualifiziert berichten, andererseits findet zur Zeit so gut wie keine Steuerung durch das Jugendamt statt, da auch die **Jugendhilfeplanung** keine Rolle spielt. Der Wirksamkeitsdialog in D ist noch in einem legitimatorischen Stadium und zurzeit nicht steuerungsrelevant. Dies hängt aber auch mit den Rahmenbedingungen zusammen, die nach wie vor sehr komfortabel gestaltet sind und auf keinen Fall zu großen Einsparungen oder Schließungen von Einrichtungen führen. Das Jugendamt ist auch zögerlich darin, die Themen für die Qualitätszirkel soweit vorzugeben, dass der Bericht und seine Ergebnisse dabei einen großen Stellenwert einnehmen könnten. Dies hat auch mit der überaus starken Stellung der freien Träger in D zu tun, die das Jugendamt eher in eine defensive Rolle drängen.

Kommunale Ebene

Der JHA und die AG 78 nehmen den Bericht entgegen, setzen sich aber nicht intensiv mit den Inhalten auseinander. Die Bezirksvertretungen befassen sich dagegen stärker mit der Jugendarbeit in ihrem Bezirk, weil dies eines der wenigen Felder ist, in dem sie Entscheidungen treffen können und wo sie dann auch ihre zur Verfügung stehenden Mittel zum Teil zusätzlich einsetzen. Die Bezirke sind „berührter" von den Themen der einzelnen Einrichtungen als der Kinder- und Jugendhilfeausschuss auf Stadtebene.

Allerdings geht der Blick hier weniger vom Bezirk aus und den dort vorhandenen und sich verändernden Bedarfen und Themen, sondern von den Einrichtungen. Es gibt keine Bedarfseinschätzung von den Sozialräumen her, die dann auch zu sich verändernden Schwerpunkten und Angeboten der Einrichtungen führt, sondern die Angebote und Konzepte der Einrichtungen werden untereinander kommuniziert, aber wenig verändert.

Zusammenfassung

Dynamische Qualitäts- und Wirksamkeitsdialoge

Städte mittlerer Größe erscheinen besonders geeignet, dynamische Qualitäts- und Wirksamkeitsdialoge zu entwickeln. Anders als in kleinen Kommunen gibt es für einen Dialog und einen Vergleich der Einrichtungen untereinander eine ausreichend große Zahl von Einrichtungen, die aber auch nicht wie in den Großstädten zu groß und damit nicht mehr überschaubar und handhabbar ist. Auch wenn es gerade in den Mittelstädten große Unterschiede in Bezug auf Trägerlandschaften und jugendpolitische Rahmenbedingungen gibt, liegen in den mittelgroßen Städten auch deshalb die meisten Erfahrungen mit kommunalen Qualitäts- und Wirksamkeitsdialogen vor, weil dafür Personalressourcen vorhanden sind. So gibt es überall eigene Abteilungen für Jugendarbeit bzw. Jugendförderung, die freien Träger verfügen über entsprechende Strukturen und außerdem ist eine Jugendhilfeplanung in der Regel vorhanden und oft fachlich gut ausgebaut.

Die angesprochenen Rahmenbedingungen machen eine dynamische Entwicklung von Qualitäts- und Wirksamkeitsdialogen auf unterschiedliche Weise möglich:

Dynamik durch Vergleich: In einer der vier Städte ist der Baustein der Selbstevaluation besonders entwickelt, sicher auch auf Grund einer ausgewogenen und gemischten Trägerlandschaft zwischen kommunalen und freien Trägern der Offenen Kinder- und Jugendarbeit. Die Einrichtungen vergleichen sich und die Qualität ihrer Arbeit in Selbstevaluationsgruppen, die durch die regelmäßig stattfindenden Rückmeldungen in die Moderationsgruppe in den Gesamtprozess des Wirksamkeitsdialoges eingebunden sind. Dadurch entsteht auch der Effekt, dass die Mitarbeiter/innen erkennen, dass die Moderationsgruppe kein abgehobenes Gremium ist, sondern sich auch mit ihren praktischen Fragen beschäftigt und diese Teil des Wirksamkeitsdialoges sind.

Ein weiterer Effekt besteht darin, dass die Sammlung der Themen der Projekte der Selbstevaluation in der Moderationsgruppe dazu führt, dass es einen besseren Überblick über die Praxisthemen und Probleme in den Einrichtungen gibt und sich daraus Fortbildungsbedarf ergibt, der z.B. in zentralen Veranstaltungen erarbeitet werden kann. Auch andere Themen, die mit Rahmenbedingungen wie Öffnungszeiten etc. zusammenhängen, können als Ergebnisse der Selbstevaluationsprojekte in die Moderationsgruppe eingebracht werden und damit insgesamt in den Wirksamkeitsdialog.

Dynamik durch Rückmelde- und Planungsgespräche mit den Einrichtungen: In allen Mittelstädten sind Rückmelde- oder Planungsgespräche mit den Einrichtungen ein entscheidender Baustein des kommunalen Qualitäts- bzw. Wirksamkeitsdialoges. Auf der Grundlage eines entwickelten Berichtswesens (quantitativ und qualitativ) werden zum Teil schon mehrere Jahre lang Gespräche mit den Einrichtungen geführt, die das Ziel haben, sowohl einen zurückliegenden Zeitraum zu reflektieren, als auch Schwerpunkte und Ziele für das nächste Jahr zu planen. Diese Gespräche werden zum großen Teil durch den öffentlichen Träger, aber auch wie in der Stadt B durch Mitglieder der Moderationsgruppe geführt. Die Gespräche sind oft Teil eines Kontraktmanagements und die Ergebnisse werden dann als Zielvereinbarungen festgehalten. Je nach Gesamtausrichtung des Dialoges sind diese Gespräche eher einrichtungs- und qualitätsorientiert oder eher steuerungsorientiert (s. u.).

Nach gewissen Anlaufschwierigkeiten und einer ersten Phase des Misstrauens sind diese Gespräche heute zentraler Bestandteil der Wirksamkeitsdialoge in den mittelgroßen Kommunen. Erst wenn das Berichtswesen im Sinne des Dialoges zurückgekoppelt wird an die Einrichtungen kann man überhaupt von einem dynamischen Gesamtprozess sprechen. Die Fachkräfte der Einrichtungen sprechen in der Regel davon, dass diese Rückmeldegespräche ausgesprochen wichtig sind, auch für die Wahrnehmung der Einrichtung durch die höheren Ebenen. Der früher weit verbreitete Effekt, dass mit der Abgabe von Jahresberichten keine weitere Wirkung verbunden ist, hat sich durch die Einführung von Wirksamkeitsdialogen überholt, weil das Berichtswesen insgesamt direkt gekoppelt ist mit einem dazugehörigen Rückmeldegespräch durch den öffentlichen Träger bzw. die Moderationsgruppe.

Damit verbunden sind notwendige Entwicklungen auf Einrichtungsebene, insbesondere in Bezug auf die Zielformulierung, d.h. die Formulierung von Jahreszielen und Schwerpunkten. Dass es insbesondere in der Formulierung von operationalisierbaren Zielen nach wie vor Schwierigkeiten gibt, berichten ebenfalls viele Kommunen; hier existiert ein großer Fortbildungsbedarf, der entsprechend bearbeitet werden muss.

Dynamik mit der Politik: Die Zahl von Einrichtungen und bzw. deren Überschaubarkeit in Städten mittlerer Größe macht es möglich, dass die Gesamtheit der Offenen Kinder- und Jugendarbeit auch einrichtungsbezogen in einem Gesamtbericht an den Jugendhilfeausschuss transparent gemacht und gewürdigt werden kann. Die Zahl der Einrichtungen ist noch nicht unüberschaubar, andererseits können und sollen im Jugendhilfeausschuss keine Details zu einzelnen Einrichtungen besprochen werden. Dazu dient in Einzelfällen ein Unterausschuss des Jugendhilfeausschusses, der sich wie in der Stadt B mit den einzelnen Einrichtungen beschäftigt, wo fachlich diskutiert wird und oberhalb der Bezirksebene die Steuerungsinteressen in Bezug auf die Gesamtstadt erhalten bleiben. Diese Perspektive zu erhalten, ist eine große Chance der Städte dieser Größe. Im Vergleich dazu ist es in Großstädten kaum möglich, eine Übersicht bei der großen Zahl der Einrichtungen zu behalten.

In Kommunen dieser Größe gibt es zusätzlich Stadtbezirke mit Bezirksversammlungen und Bezirksvorsteher/innen und damit eine weitere, wenngleich weniger eigenständige kommunalpolitische Ebene, die für die Gestaltung von Qualitäts- und Wirksamkeitsdialogen von Bedeutung ist. Während der gesamtstädtische Jugendhilfeausschuss die große Richtung der Jugendhilfe bestimmt, liegt die Chance der Bezirke darin, eine noch direktere Verbindung zwischen Kommunalpolitik und Einrichtung herzustellen. So ist in der Stadt B die Bezirksvertretung an der Stadtteilkonferenz beteiligt und in der Kommune C gibt es bezirksbezogene Teilberichte des Jahresberichts OKJA, die auch in der Bezirksvertretung diskutiert werden. Hier werden die Einrichtungen im Stadtbezirk auch regelmäßig von der Bezirksvertretung besucht.

Dass mit einer starken Bezirksorientierung auch Nachteile verbunden sein können, wird weiter am Beispiel der Stadt D beschrieben.

Steuerungs- oder Qualität-sichernde Orientierung des Wirksamkeitsdialoges

Der Vergleich der vier Städte zeigt große Unterschiede in Bezug auf die jeweilige Grundorientierung. Der Wirksamkeitsdialog in der Stadt B ist geprägt durch eine hohe Beteiligung der freien Träger und Fachkräfte auf allen Ebenen bis hin zur Besetzung und Funktion der Moderationsgruppe. In keinem Wirksamkeitsdialog geht die Beteiligung so weit wie dort, wo z.B. Rückmeldegespräche für städtische Einrichtungen durch Mitglieder der Moderationsgruppe, also auch Vertreter der freien Träger, vorgenommen werden. Dadurch ist dieser Wirksamkeitsdialog stark einrichtungsbezogen und Qualität-sichernd und in gewisser Weise strukturkonservativ, weil der Fokus stark auf der Weiterentwicklung der bestehenden Einrichtungen liegt. So ist es schwieriger, diese in Frage zu stellen und neue Bedarfe und Entwicklungen, etwa durch die Jugendhilfeplanung, können nur sehr zaghaft eingebracht werden. Der Vorteil eines so orientierten Wirksamkeitsdialoges liegt in der großen Akzeptanz durch die Einrichtungen und in der motivierenden Funktion für die Fachkräfte. Er basiert auf jugendpolitischen Rahmenbedingungen, die so gestaltet sind, dass der Bestand der Einrichtungen nicht gefährdet ist, diese entwickelt werden sollen und es einen Konsens in der Politik über den Bestand der Einrichtungen gibt.

Der Wirksamkeitsdialog in D ist insofern ebenfalls wenig steuerungsorientiert, als das auch hier die jugendpolitischen Rahmenbedingungen nicht vom Einsparungsdruck geprägt sind, sondern von dem parteiübergreifenden Bestreben, die Einrichtungen und die Angebote zu erhalten.

Eine schon stärker steuernde Orientierung hat der Wirksamkeitsdialog in C. Ein Strukturkonservatismus im Sinne einer reinen Qualitätssicherung des Bestehenden ist hier nicht zu unterstellen, weil hier eine deutliche Trennung zwischen den Aufgaben der Moderationsgruppe und den Aufgaben des Jugendamtes existiert. Zwar hat die Moderationsgruppe hier auch eine zentrale Stellung im Wirksamkeitsdialog, der öffentliche Träger nimmt jedoch seine Planungsverantwortung anders als in B deutlicher wahr und so werden hier die Bewertungen des Berichtswesens der Einrichtungen vom öffentlichen Träger vorgenommen und nicht in der Moderationsgruppe, ebenso führt dieser die Rückmeldegespräche mit den Einrichtungen durch und hat so mehr Möglichkeiten, Aspekte neuer Bedarfe u. ä. einzubringen.

Im Vergleich zu den drei Kommunen wird in A die Planungsverantwortung des öffentlichen Trägers stark betont und nicht zufällig wird der Dialog dort Planungs- und Wirksamkeitsdialog genannt. Ein wichtiger Unterschied besteht darin, dass es in A keine vergleichbare Moderationsgruppe gibt, in der etwa die Berichte aus Einrichtungen diskutiert werden. Die Abteilung Jugendförderung ist hier ganz eindeutig die Herrin des Verfahrens. Die Steuerung der Einrichtungen über Fachleistungsstunden, Kontrakte, grund- und sozialraumbezogene Leistungen wird hier stringent planungsorientiert vorgenommen. Neue Bedarfe können über Jahresgespräche an die Einrichtungen vermittelt werden und deren Ergebnisse sind Bestandteile der Kontrakte mit den Einrichtungen. Gleichzeitig wird den freien Trägern ein hohes Maß an Autonomie zugesprochen, z.B. in dem Anteil der Fachleistungsstunden, die nicht Teil des Wirksamkeitsdialoges sind, sondern für trägerspezifische Aufgaben verwendet werden können.

Welche Orientierung eher vorherrscht bzw. wie der Wirksamkeitsdialog ausgerichtet ist, hängt u.a. mit der Verteilung der Zuständigkeiten auf Stadt- bzw. Stadtbezirksebene zusammen. Die grundsätzlich positiv beschriebene Möglichkeit der Diskussion auf der kommunalen Bezirksebene muss unter Steuerungsaspekten auch kritisch interpretiert werden. Der Wirksamkeitsdialog in D zeigt deutlich, dass die Bezirksebene zu stark und die gesamtstädtische Ebene zu schwach im Wirksamkeitsdialog vertreten ist. Für das Jugendamt und für den Jugendhilfeausschuss ergeben sich kaum Steuerungsmöglichkeiten, weil die Ergebnisse und Themen zu kleinteilig bezirksorientiert diskutiert werden. Es entsteht in D auch keine Transparenz über die Bezirke hinaus, gesamtstädtische Veränderungsnotwendigkeiten durch veränderte Bedarfe können in diesem System kaum berücksichtigt werden.

Je mehr in den Bezirken diskutiert wird, desto geringer ist die Bedeutung der gesamtstädtischen Ebene. In der Gestaltung von Qualitäts- und Wirksamkeitsdialogen in Kommunen dieser Größe liegt eine „Kunst" darin, die bezirkliche und die gesamtstädtische Ebene in geeigneter Weise und ausgewogen miteinander zu verbinden.

Für eine eher steuerungs- und bedarforientierte Ausrichtung des Wirksamkeitsdialogs scheint die Mitwirkung der Jugendhilfeplanung ein wichtiger Faktor zu sein. Das Fehlen der Jugendhilfeplanung in D führt z.B. auch zu einer Überforderung der Fachabteilung, die nicht gleichzeitig (auch weil sie selbst Anbieterin ist) den Steuerungsaspekt in den Wirksamkeitsdialog hineinbringen kann. Dafür fehlt ihr die fachliche Grundlage und die erforderlichen Daten mit denen (objektiv) gezeigt werden könnte, welche Bedarfe es gibt und inwieweit diese noch nicht beantwortet werden. Die Abteilung versteht sich eher als Managerin des Gesamtprozesses des Wirksamkeitsdialoges und der Steuerungsaspekt müsste in einer anderen Rolle, also in Form und Person der Jugendhilfeplanung eingebracht werden.

Demgegenüber erscheint die Mitwirkung der Jugendhilfeplanung im Wirksamkeitsdialog in der Stadt B sehr ausgewogen: Aus Sicht der Planung stellt die Mitarbeit in der Moderationsgruppe die Beteiligung der Jugendhilfeplanung sicher. Hier hat sie die Möglichkeit, bei der Diskussion der Einrichtungsberichte und der Planung der Rückmeldegespräche, ihre Einschätzungen einzubringen z.B. zu Themen und Problemen, die sich in einem Sozialraum ergeben haben, aber in Einrichtungsberichten noch nicht aufgegriffen werden.

Für eine zwischen steuerungs- und Qualität-sichernden Aspekten ausgewogene Gestaltung des Wirksamkeitsdialogs, ist die Beteiligung der Jugendhilfeplanung entscheidend. Ist die Jugendhilfeplanung im Boot, so wird der Wirksamkeitsdialog steuerungsrelevanter, wird der Wirksamkeitsdialog ausschließlich von der Fachabteilung gemanagt, bleibt er eher strukturkonservativ. Dies schafft Transparenz, weil sich die Politik besser bedient fühlt, aber Veränderungen können kaum auf den Weg gebracht werden. In den Kommunen ist deshalb die gute Kooperation zwischen Jugendhilfeplanung und Fachabteilung eine wichtige Rahmenbedingung für die qualitative Gestaltung von Wirksamkeits- und Qualitätsdialogen. Auch wenn in der Stadt A die Jugendhilfeplanung keine dezidierte Position einnimmt, nimmt die Fachabteilung deren Funktion doch deutlich wahr. Sie denkt bedarfsorientiert, ist sozialraumbezogen und damit auch veränderungsorientiert.

Der Zusammenhang von Wirksamkeitsdialog und Fachdebatte in der Offenen Kinder- und Jugendarbeit

Bei der Auswertung dieser kommunalen Ansätze zeigt sich des Weiteren, dass die Einführung der Wirksamkeitsdialoge die inhaltliche Debatte um die Kinder- und Jugendarbeit anregen und diese deshalb nicht nur als formale Verfahren beschrieben werden können. Aus den Wirksamkeitsdialogen ergibt sich so etwas wie eine Prozessqualität, wenn z.B. wie in C die Auswertung der Qualitätsberichte und die Rückmeldegespräche mit den Einrichtungen, zur Planung und Durchführung von Fachtagungen und Fortbildungsangeboten führen, welche mit den Themen zu tun haben, die in den Gesprächen und Berichten angesprochen werden. So ging es in C beispielsweise um das Thema der verstärkten Abgrenzung von Jugendgruppen und -gruppierungen entlang religiöser oder ethnischer Orientierungen und Merkmale. Ein weiteres Thema ist die beobachtete Abwertung der Gruppen untereinander und ihre gegenseitige Verdrängung. Die Auswertung zeigte, dass in unterschiedlichen Varianten immer wieder die gleichen Probleme und Themen in den Einrichtungen auftreten, unabhängig davon, ob sie in kommunaler oder in freier Trägerschaft geführt werden.

Die in der Folge durchgeführten Fachtage wurden von der Moderationsgruppe verantwortet und nicht nur vom Jugendamt durchgeführt. Damit zeigt sich auch

Die Entwicklung kommunaler Qualitäts- und Wirksamkeitsdialoge

eine deutliche Verbindung der Entwicklung der fachlichen Inhalte mit dem Wirksamkeitsdialog. Die Moderationsgruppe tritt bei solchen Fachtagungen als das entscheidende Gremium auf.

Ein weiterer Zusammenhang zwischen Wirksamkeitsdialog und Qualitätsentwicklung auf Einrichtungsebene zeigt sich dann, wenn sie zu einer konzeptionellen Weiterentwicklung von Einrichtungen führen. Ergebnis des Rückmeldegesprächs ins B war z.b. dass das Profil einer Einrichtung in ihrem Umfeld zu unscharf ist und konzeptionelle Entwicklungen angestoßen werden müssen in Richtung einer klareren Profilbildung der Einrichtung. Solche Anstöße ergeben sind einerseits als Konsequenz der Auswertung der Qualitätsberichte, aber auch aus dem Vergleich mit den anderen Einrichtungen und den Sichtweisen der Jugendhilfeplanung, die Bedarfe anmeldet. So wurde in B das Thema der kulturellen Entwurzelung vieler Jugendlicher mit Migrationshintergrund in den Mittelpunkt der Konzeptentwicklung einiger kommunaler Einrichtungen gestellt. Diese haben inzwischen besondere Angebote für russlanddeutsche Jugendliche entwickelt, führen Projekte mit der Türkei durch und profilieren eine früher eher touristisch orientierte internationale Jugendarbeit, bezogen auf die Themen und Probleme der Zielgruppen von Einrichtungen.

Diese Beispiele zeigen, das Qualitäts- und Wirksamkeitsdialoge die inhaltliche Entwicklung der Offenen Kinder- und Jugendarbeit anstoßen und über die Verfahren Themen in den Blick kommen, die einen Qualifizierungs- und Fortbildungsbedarf nach sich ziehen.

Transfer

Die Beschreibung von Wirksamkeitsdialogen in vier nordrhein-westfälischen Mittelstädten (die man sicher in anderen Bundesländern auch als Großstädte bezeichnen würde) zeigt deutlich, wie es im Rahmen dieser Kommunen möglich ist, die notwendige Dynamik für den Wirksamkeitsdialog zu entwickeln. Die Zahl von Einrichtungen und Projekten ist nicht zu klein, wie in kleinen Kommunen, oder zu groß, wie in großen Großstädten, sondern macht dynamische Qualitäts- und Wirksamkeitsdialoge möglich. Je nach Trägerstruktur existieren kommunale Arbeitsgemeinschaften der freien Träger, die ebenfalls eine wichtige Rolle im Wirksamkeitsdialog spielen können. Auch ist es möglich, eine Steuerungsgruppe aufzubauen, die mit öffentlichen und freien Trägern besetzt, den Motor des Verfahrens darstellt.

In der Regel existiert ein Berichtswesen, das von einem kommunalen Jugendamt gemanagt werden kann und für den Wirksamkeitsdialog wichtige Daten zur

Verfügung stellt. Fast immer gibt es auch eine Jugendhilfeplanung, die ihre Rolle im Wirksamkeitsdialog entsprechend spielen kann. Wichtige Elemente des Wirksamkeitsdialoges sind in Kommunen dieser Größe umsetzbar, etwa die jährliche Rückmeldung an Einrichtungen und Träger, die adäquate Einbeziehung des Jugendhilfeausschusses, die Erstellung eines Gesamtberichtes etc. Auf Grund der Überschaubarkeit dieser Größenordnung der Kommunen ist es möglich, gesamtstädtisch einen Zusammenhang von Wirksamkeitsdialog und Fachdebatte in der Offenen Kinder- und Jugendarbeit herzustellen, sodass hier die Möglichkeit besteht, die Politik mit einzubeziehen. Sozialräumliche Ebenen und Untergliederungen wie sie durch die Sozialraumorientierung der Jugendhilfeplanung in vielen Kommunen vorgegeben sind, können eine Hilfestellung sein, z.B. auf Stadtteilebene überschaubare Einheiten zu bilden. Im Unterschied zu großen Großstädten ist es aber immer noch möglich, zentrale Aufgaben und Fragestellungen gesamtstädtisch zu bearbeiten und so die Ebenen, von der kommunalen, über die Dialogebene, bis zur Einrichtungsebene, miteinander zu verbinden.

Auch wenn diese Kommunen auf Grund ihrer Größe und der übersichtlichen Zahl der Einrichtungen gute Voraussetzungen für kommunale Qualitäts- und Wirksamkeitsdialoge mitbringen, bedarf es einer zentralen Begleitung und Leitung der Prozesse. Dafür spielt das kommunale Jugendamt in der Regel als federführende Stelle eine zentrale Rolle, sei es durch die Fachabteilung oder die Jugendhilfeplanung. Nur wenn die Kommune ein wirkliches Interesse hat, den Arbeitsbereich der Offenen Kinder- und Jugendarbeit fachlich zu qualifizieren, sei es in einem eher steuerungsorientierten oder qualitätssichernden Sinne, werden sich kommunale Qualitäts- und Wirksamkeitsdialoge entwickeln können.

Eine Voraussetzung ist die Mitarbeit der freien Träger, die zum Teil in Trägergruppen organisiert, ebenfalls wesentlich zum Gelingen oder Scheitern eines Wirksamkeitsdialoges beitragen können. Ausschlaggebend ist ein gemeinsames Interesse einer fachlichen Weiterentwicklung des Feldes. Wenn es (nur) um Geld geht, sei es im Sinne von Kürzungen, die durchgesetzt werden sollen oder im Sinne von Trägeranteilen und Claims, die abgesteckt werden müssen, wird sich keine fachliche Grundlage für einen Wirksamkeitsdialog herstellen lassen.

Begünstigend für die Entwicklung solcher Prozesse, ist die in zahlreichen Kommunen zu beobachtende Entwicklung beim öffentlichen Träger, die angesprochene Rollendiffusion aufzulösen und z.B. im Rahmen von Organisationsentwicklungsprozessen eigene Einrichtungen zu privatisieren oder in GmbH's zu führen, d.h. die Rollen zwischen Förderer, Planungsverantwortung und Anbieter zu trennen, deren Vermischung bisher oft zu Problemen geführt hat.

2.4 Großstädte (ab ca. 250.000 Einwohner/innen)

In der **Stadt A** bezieht sich der Wirksamkeitsdialog auf 80 Einrichtungen der OKJA mit pädagogischen Fachkräften, davon befinden sich 40 Einrichtungen in kommunaler Trägerschaft. Es gibt 12 Stadtbezirke und für jeden Stadtbezirk eine/n Jugendpfleger/in, die heute Fachreferent/in heißt.

Einrichtungsebene

In A, mit einer Vielzahl von Einrichtungen, ist es nicht mehr möglich, direkt über Vereinbarungen zwischen Einrichtung und Stadt zu steuern. Die freien Träger sind in der AGOT zusammengeschlossen, die mit der Stadt Fünfjahresverträge abschließt, in denen auch Elemente des Wirksamkeitsdialoges implementiert sind, z.B. die Teilnahme am Berichtswesen. Die Vereinbarung besteht also nicht mit der einzelnen Einrichtung, sie ist aber im Vertrag mit der AGOT einzeln mit der jeweiligen Mittelzuwendung aufgeführt.

Alle Träger, öffentliche wie freie, müssen sich am quantitativen Berichtswesen des Landes beteiligen. Darüber hinaus werden zusätzliche Daten erhoben. Ab Herbst 2005 soll ein differenziertes Berichtssystem beim öffentlichen Träger eingeführt werden. Dies steht im Zusammenhang mit der Einführung eines neuen gesamtstädtischen Finanzcontrollings und deshalb soll auch ein Fachcontrolling aufgebaut werden. Es ist geplant, dieses System später auch bei den freien Trägern einzuführen.

Es gibt zurzeit keine qualitativen Berichte aus den Einrichtungen, auch keine klassischen Jahresberichte mehr. Ab 2006 soll zwischen Fachbereichsleitung und Einrichtungen über **Zielvereinbarungen** gesteuert werden. Entsprechende Jahresziele werden im ersten Schritt auf Ebene der Stadtbezirke formuliert. Partner ist hier das Fachreferat des Bezirks (ehemalige Bezirksjugendpflege). Im zweiten Schritt werden die Jahresziele von der Bezirksebene auf die Einrichtungsebene „heruntergebrochen", d.h. das Fachreferat schließt die Vereinbarungen mit den Einrichtungen in seinem Bezirk. Bei diesem Vorgehen werden qualitative Aspekte des Berichtswesens dann wieder eine neue und verstärkte Bedeutung bekommen.

Dialogebene

In A gibt es flächendeckend in allen Stadtbezirken eine AG 78. Diese setzt sich zusammen aus den Trägern der Jugendarbeit vor Ort, Tageseinrichtungen, Schulen und weitere Institutionen, die peripher mit Jugendarbeit zu tun haben (z.B. Polizei, Kirchengemeinden, usw.) und ist fachübergreifend, d.h. für die gesamte Jugendhilfe im Bezirk zuständig.

Weil es Stadtbezirke mit 15, aber auch nur mit zwei Einrichtungen der OKJA gibt, wird die Jugendarbeit in den Arbeitsgemeinschaften u.a. unterschiedlich gewichtet. Das hat dazu geführt, dass Stadtbezirkskonferenzen ausschließlich für die Jugendarbeit gebildet wurden. Je nach Anzahl der Einrichtungen in einem Stadtbezirk werden diese als eigene Struktur mit eigenen Sitzungsterminen, oder bei einer geringen Zahl der Jugendarbeitseinrichtungen, mit der AG 78 zusammen durchgeführt. Die Stadtbezirkskonferenzen werden durch die Fachreferent/en/innen einberufen und moderiert. Aufgabe der Konferenz ist die Abstimmung der Angebotsstruktur und der Öffnungszeiten zwischen den Einrichtungen.

Auf Stadtebene gibt es parallel eine gesamtstädtische Trägerkonferenz der Jugendarbeit, an der alle stadtweit tätigen Träger und Zusammenschlüsse der Jugendarbeit, also Offene Kinder- und Jugendarbeit und Jugendverbandsarbeit, beteiligt sind. Hier wurde z.B. eine stadtweit durchzuführende Imagekampagne für die Kinder- und Jugendarbeit beschlossen.

Die fachbereichsbezogene **Jugendhilfeplanung** arbeitet bei Erarbeitung des Fachbausteins: Kinder- und Jugendarbeit mit einer Steuerungsgruppe (Projektlenkungsgruppe) zusammen, die vom Jugendhilfeausschuss eingesetzt wurde. Die Gruppe ist paritätisch besetzt, mit Vertreter/innen öffentlicher und freier Träger. Zu den freien Trägern gehören auch der Jugendring und der DPWV. Dieses Gremium ist jetzt auch beauftragt worden, den Kinder- und Jugendförderplan zu entwickeln.

Die Jugendhilfeplanung ist insgesamt stark sozialräumlich orientiert. Die Stadtbezirke sind unterteilt in zwei bis vier Sozialräume, auf die sich die Jugendhilfeplanung bezieht. In diesen Sozialräumen gibt es Arbeitsgruppen aus den Trägern der gesamten Jugendhilfe inklusive Schule, welche die Bedarfe im Sozialraum feststellen. Die Fachreferent/en/innen (frühere Jugendpfleger/innen) übernehmen dabei für den gesamten Bereich der Jugendhilfe die Planungs- und die Moderationsfunktion.

Kommunale Ebene

Auf der kommunalen Ebene arbeiten die Leiter/innen der Einrichtungen des öffentlichen Trägers und die Fachreferent/en/innen von jeweils vier Stadtbezirken in so genannten Regionalteams zusammen. Die insgesamt drei Regionalteams sind einerseits groß genug, um z.B. personelle Ressourcen auszutauschen und sich gegenseitig zu unterstützen und andererseits bleiben sie überschaubar im Unterschied zur gesamten Abteilung auf Stadtebene.

Die Bildung der Regionalteams hat zur Folge, dass auch die Mitarbeiter/innen der Einrichtungen nicht mehr so stark an das Haus gebunden sind, sondern mehr den Stadtbezirk im Vordergrund sehen. „Wir haben nicht mehr Mitarbeiter in Einrichtungen, sondern die werden als Mitarbeiter des Stadtbezirkes geführt. Der Jugendreferent ist der erste Mitarbeiter im Stadtbezirk und dann folgen die Hauptamtlichen, die bisher in den Einrichtungen angestellt waren. Die Einrichtungen werden natürlich weiter als räumliche Ressourcen genutzt, aber die Orientierung liegt im Stadtbezirk" (Interview mit Vertreter Stadt A). Insofern ist die sozialräumliche Orientierung der Bezirksjugendpflege einhergegangen mit einer ebenfalls sozialräumlichen Ausrichtung der bisher in den Einrichtungen stationierten Hauptamtlichen auf den Stadtbezirk hin.

Eine weitere Besonderheit der Stadt ist eine neben der Strukturförderung eingerichtete Projektförderung. Ein großer Teil der Steuerung der Jugendarbeit läuft über Projekte, die ähnlich wie auf Landesebene thematisch auf Stadtebene ausgeschrieben werden und an denen sich die Träger und Einrichtungen beteiligen können. Diese Projekte sind sozialraumorientiert und werden nach einem systematischen Projektmanagementverfahren beantragt und abgewickelt (Bedarfsdarstellung, Zielformulierung, Zielgruppenbeschreibung, Methodik inklusive Finanzrahmen und Evaluation).

In der **Stadt B** bezieht sich der Wirksamkeitsdialog auf 66 Einrichtungen der OKJA mit pädagogischen Fachkräften, davon befinden sich 14 Einrichtungen in kommunaler Trägerschaft.

Einrichtungsebene

Kern des Berichtswesens ist die quantitative Berichterstattung auf Basis der Struktur- und Statistikbögen der Landesebene. Ein weiteres Element ist eine in jeder Einrichtung durchgeführte Nutzerbefragung, die bis jetzt zwei Mal durchgeführt wurde.

Das Berichtswesen wird in Zukunft Veränderungen erfahren, weil angestrebt wird, die Einrichtungen deutlich stärker konzeptionell zu differenzieren und zu profilieren. Hintergrund sind u.a. Konsequenzen aus den Daten und gesellschaftliche Veränderungen im Hinblick auf die Situation von Kindern und Jugendlichen. Dabei geht es um demographische Entwicklung, Entwicklung von Migration, aber auch Einschätzungen zum Stichwort Bildung, Kooperationsbedingungen mit Schule, die familiäre Situation, Einkommenssituation, auch allgemeine Einschätzungen durch Kinder- und Jugendbericht, Shellstudie usw.

Grundlage der Differenzierung sind so genannte Planungsbausteine, die wie folgt beschrieben werden:

- Grundversorgung in Einrichtungen des Nahbereichs

- Besondere sozialräumliche Bedarfe
- Mobile Arbeit im Sozialraum
- Themen- und zielgruppenspezifische Einrichtungen
- Zentrale Angebote
- Jugendverbandliche Arbeit in Einrichtungen (Förderung von Selbstorganisationspotenzialen)

Aus dem ersten Planungsbaustein ergibt sich ein Einrichtungstyp mit Grundversorgungsfunktion im Nahbereich der 6- bis 14-Jährigen. Aus dem zweiten Baustein ergibt sich ein Einrichtungstyp für Kinder und Jugendliche aus sozialräumlich besonders schwierigen Problemlagen. Dritter Planungsbaustein sind die mobilen Angebote außerhalb von Einrichtungen. Ein vierter Typ wendet sich sozialraumübergreifend mit einem themen- und zielgruppenorientierten Angebot an Jugendliche von 14 bis 21 Jahren (z.B. Einrichtungen mit stark subkultureller Orientierung). Weitere Planungselemente beziehen sich auf Angebote der zentralen Kinder- und Jugendarbeit (z.B. Jugendinformationszentrum) und auf selbst organisierte jugendverbandliche Einrichtungen.

Die Bausteine und Typologien wurden in ausführlichen Diskussionsprozessen in der AG 78 entwickelt. Die Einrichtungen geben Selbsteinschätzungen, wie sie sich im Rahmen der genannten Typisierung profiliert sehen. Dies ist eine Art Kurzkonzept und beantwortet vor allem Fragen wie: „Warum wollt ihr eine jugendkulturelle Schwerpunkteinrichtung sein, die sich mit einer bestimmten Zielgruppe beschäftigt, wo seht ihr den Bedarf?". Im nächsten Schritt sollen die Themenmeldungen mit den sozialräumlichen Gegebenheiten verglichen werden.

Dialogebene

In der Stadt B sind die so genannten kollegialen Diskurse ein wichtiges Element im Wirksamkeitsdialog. Sie werden zweimal im Jahr in allen 15, als Sozialräume definierten Bezirken der Stadt geführt. Beteiligt sind alle hauptamtlichen Mitarbeiter/innen der Einrichtungen, moderiert wird die Versammlung durch eine Person aus der AG 78, die aber nicht aus dem gleichen Sozialraum stammt. Zum einen werden im Rahmen des kollegialen Diskurses jährlich die Ergebnisse der Strukturdatenerhebung diskutiert und darüber hinaus gibt es noch ein zweites Element, über das externe Blickwinkel einbezogen werden sollen. Eingeladen werden Multiplikatoren (z.B. Polizei, Bezirksvertreter, Schulleiter), die über die Situation der Kinder- und Jugendarbeit im Sozialraum (Struktur- und Statistikbogen, Aussagen zum Sozialraum der Jugendhilfeplanung) informiert werden. Die Einrichtungen sollen aber auch mit unterschiedlichen Perspektiven von außen konfrontiert werden und so Anstöße für eine Qualitätsentwicklung bekommen.

Die Entwicklung kommunaler Qualitäts- und Wirksamkeitsdialoge

Die kollegialen Diskurse werden als Möglichkeit der Rückmeldung zu den Ergebnissen des Struktur- und Statistikbogen der einzelnen Einrichtung genutzt. Ansonsten gibt es diese Rückmeldeschleife als Einzelgespräche nicht.

In der Stadt B ist die AG 78 die Steuerungsgruppe des Wirksamkeitsdialogs. Zehn Mitglieder dieser AG moderieren die kollegialen Diskurse der Einrichtungen in den Sozialräumen.

Im Zusammenhang mit der Neuorientierung wird an eine Erweiterung der kollegialen Diskurse gedacht. Die Einrichtungen, die im Nahbereich ihre wichtigste Versorgungsfunktion haben, werden sich zukünftig auch mit anderen Anbietern, die keine Einrichtung sind, austauschen. Beispielsweise wurde festgestellt, dass es in einigen Kirchengemeinden Angebote für Kinder und Jugendliche gibt, die einbezogen werden sollten. Für den kollegialen Diskurs würde dies bedeuten, dass nicht nur Einrichtungen der Offenen Kinder- und Jugendarbeit sich austauschen, sondern auch andere Anbieter und Jugendverbände einbezogen sind.

Kommunale Ebene

Der jährliche Bericht an den JHA besteht aus den Ergebnissen der Strukturdatenerhebung im Rahmen des landesweiten Berichtswesens, den ausgewerteten Protokollen der kollegialen Diskurse und den Ergebnissen der Nutzerbefragung.

Die Bezirksebene und Bezirksvertretungen sind am Wirksamkeitsdialog nicht beteiligt.

Von Bedeutung auf kommunaler Ebene sind auch organisatorische Veränderungen im Jugendamt. Die Funktion des öffentlichen Trägers der Jugendarbeit wurde organisatorisch und personell von der Zuständigkeit für die 14 kommunalen Einrichtungen und Projekte getrennt. Dies wird sich insofern auf den Wirksamkeitsdialog auswirken, als die Verantwortlichkeit dafür stärker dem öffentlichen Träger zugeschrieben werden soll und von hier aus auch eine stärkere Steuerung zu erwarten ist.

In der **Stadt C** bezieht sich der Wirksamkeitsdialog auf 65 Einrichtungen der OKJA

Einrichtungsebene

Die Stadt C fördert die OKJA seit 2000 auf der Basis einer vom JHA beschlossenen Richtlinie. Die Richtlinie umfasst neben Aussagen zum Profil der OKJA verbindliche fachliche Standards und Regelungen zur finanziellen Förderung. Die Richtlinie wurde mit den Einrichtungen und Trägern entwickelt und hat insofern auch den Charakter einer gemeinsam entwickelten Zielvereinbarung.

Teil der fachlichen Standards ist ein „qualifiziertes und standardisiertes Berichtswesen/Wirksamkeitsdialog". Hier ist festgelegt, dass jede Einrichtung bzw. jedes Projekt einen jährlichen Sachbericht als Teil des Verwendungsnachweises vorlegt und dafür folgendes Raster verwendet:

Kurz im Überblick
- Einrichtung/Träger/Adresse
- Benennung der Mitarbeiter/innen
- Öffnungszeiten (wöchentlich/jährlich)
- Kurzprogramm in Stichworten

Voraussetzungen
- Beschreibung des Einzugsgebiets anhand von zur Verfügung stehenden Daten
- Räumliche Voraussetzungen der Einrichtung (Fortschreibung bei Veränderungen)
- Vernetzung der Einrichtung im Sozialraum/fachliche Vernetzung

Ziele
- Überprüfbare Ziele benennen/Bezug zur Jugendhilfeplanung
- Profil der Einrichtung/Grenzen der Einrichtung

Inhalt der Arbeit
- Zielgruppenbeschreibung
- Exemplarische Beschreibung von Verläufen erzieherischer Prozesse
- Jahres-, Wochen- und Monatsprogramme
- Statistik/Teilnehmerzahl im Zusammenhang mit Aktivitäten
- Schwerpunktthema

Reflexion/Evaluation
- Zielerreichung überprüfen
- Exemplarische ggf. maßnahmeorientierte Selbstevaluation
- Verbesserungsvorschläge
- Ausblick und Planung

Der Sachbericht bezieht sich auf das vergangene Jahr. In welchem Umfang und mit welcher Qualität in diesem Zusammenhang auch Ziele und entsprechende Planungen formuliert werden, hängt stark von der Einrichtung ab, z.B. gibt es Einrichtungen, die von sich aus dem Sachbericht Planungen beifügen.

Selbstevaluation wird in den Fachgesprächen und Gremien mit den Jugendeinrichtungen thematisiert, aber nicht systematisch angegangen, d.h. einige Einrichtungen haben Selbstevaluation durchgeführt, die meisten aber eher nicht. Gesprochen wird von exemplarischer Selbstevaluation bei konkreten Problemen von Einrichtungen, die dann bearbeitet werden sollen.

Dialogebene

Teil des Wirksamkeitsdialogs sind regelmäßige Fachgespräche der Jugendpflege mit der einzelnen Einrichtung. Die bislang jährlich durchgeführten Gespräche finden ab 2005 nur noch im Rhythmus von zwei Jahren statt, weil der große organisatorische und zeitliche Umfang bei 65 Einrichtungen in der Stadt von den nunmehr nur noch fünf Bezirksjugendpfleger/innen, nicht mehr zu leisten ist. Das Verfahren ist aber prinzipiell so geblieben, d.h. das Gespräch wird zu zweit durchgeführt; der/die zuständige Bezirksjugendpfleger/in führt das Gespräch und ein weiterer Mitarbeiter des Jugendamts führt das Protokoll.

Grundlage des Fachgespräches ist ein von der Jugendhilfeplanung für jede einzelne Einrichtung ausgeführte Auswertung der Daten des Sachberichts, die dann auch ins Verhältnis gesetzt werden können zu vorhandenen Sozialdaten (z.B. Bevölkerungsentwicklung, Ausländeranteil). Im Fachgespräch soll es sowohl um die Praxis im Berichtszeitraum wie auch um Zielsetzungen und Schwerpunkte der zukünftigen Arbeit gehen. Es gibt aber noch kein Kontraktmanagement mit den Einrichtungen, wo die jeweiligen Ziele und Schwerpunkte Teil von verbindlichen Vereinbarungen sind.

Ursprünglich war das Fachgespräch stark mit der Mittelvergabe verbunden, d.h. erst nach dem positiv verlaufenen Fachgespräch wurden die Mittel weiter ausgezahlt. Dieses wurde nicht beibehalten, weil dadurch die Fachgespräche zu vergangenheitsorientiert waren und es zu wenig um Gegenwart und Zukunft der Einrichtung ging. Heute wird vielmehr versucht, ein Klima der Offenheit herzustellen, das ermöglicht, auch Probleme und Defizite zu benennen.

Für das Fachgespräch gibt es einen Gesprächsleitfaden, der allerdings auch Probleme bereitet hat, weil die Träger einen verbindlichen Fragenkatalog wollten, den das Jugendamt aus Gründen mangelnder Flexibilität nicht akzeptieren konnte. Mittlerweile gibt es 5 bis 6 mit den Einrichtungen vorab abgesprochene Fragen an alle (z.B. zu Themen wie Sucht- und Gewaltprävention) und einrichtungsspezifische Fragen, die sich aus dem Sachbericht ergeben bzw. aus der gesamten Vorbereitung.

In der Stadt gibt es einen Dialog zwischen der Einrichtung und dem öffentlichen Träger, aber keinen Anspruch an den Wirksamkeitsdialog, auch einen Dialog zwischen Einrichtungen und Trägern zu führen. Aus diesem Grund ist nachvollziehbar, dass es hier auch keine Moderations- oder Steuerungsgruppe gibt. In der zuständigen Abteilung wird das Thema zusammen mit der Jugendhilfeplanung reflektiert und zu Beginn des Wirksamkeitsdialoges wurden die Bezirksjugendpflegen über Themen wie Datenauswertung und -interpretation, Leitung der AG 78, Durchführung der Fachgespräche „intensiv für den Wirksamkeitsdialog ausgebildet".

Bis 2005 gab es auf Ebene der neun Stadtbezirke je eine AG 78, die von der Bezirksjugendpflege organisiert und gemanagt wurde und an der Träger/Anbieter, Stadtteilkonferenzen, Kinder/Jugendliche sowie Einrichtungen der ambulanten Hilfen, Schule, Sport und Hort beteiligt waren. Die AGs wurden aufgelöst, weil zum einen die Bezirke sich als zu groß erwiesen haben, um eine sozialraumorientierte Planung und Organisation der OKJA zu gewährleisten und weil zum anderen das Management der AGs wegen des Wegfalls von Stellen in der Bezirksjugendpflege nicht mehr durchgeführt werden konnte. Es gibt jetzt den Ansatz einer sozialräumlichen Planung ohne flächendeckenden Anspruch, d.h. es werden ausgewählte Sozialräume für eine begrenzte Zeit in den Blick genommen, dafür sollen nach einem gemeinsamen Beschluss der kommunalen AG 78 (Offene Jugendarbeit) und der AG für die erzieherischen Hilfen beide Arbeitsbereiche intensiver zusammen arbeiten.

Kommunale Ebene

Die Gesamtauswertung, welche die Jugendhilfeplanung zum Wirksamkeitsdialog erstellt (aus der Fragebogenerhebung), geht an die AG 78 für Kinder- und Jugendarbeit und andere Gremien, z.B. das Fachforum Mädchenarbeit und das Fachforum Jungenarbeit, und die Ergebnisse werden dort diskutiert. In der AG 78 wurde z.B. längere Zeit über die Ergebnisse zum Thema Altersstruktur diskutiert, die sehr deutlich zu Gunsten von Kindern und jüngeren Jugendlichen ausfallen. Auch im Vergleich zu den Strukturdaten NRW ist die Zielgruppe der Offenen Kinder- und Jugendarbeit in Köln ausgesprochen jung.

Die Besonderheit der **Stadt D** ist, dass der Wirksamkeitsdialog erst 2004 im Zusammenhang mit dem Beschluss des JHA, einen kommunalen Kinder- und Jugendförderplan zu erstellen, in Gang gekommen ist. Zurzeit werden die Einrichtungen auf der Basis von Zuwendungsverträgen im Rahmen einer Jugendfreizeitstättenbedarfsplanung gefördert.

Einrichtungsebene

Das Berichtswesen beschränkt sich auf ein System von Produkt- und Leistungsbeschreibungen mit Zielvereinbarungen und Kennzahlen, qualitative Aussagen fehlen weitgehend.

Im Zusammenhang mit der Vorbereitung zur Erstellung eines kommunalen Förderplans wurde mit den Einrichtungen verabredet, dass sie Kurzbeschreibungen (Steckbriefe) vorlegen mit Angaben zur Zielgruppe, zu den Öffnungszeiten, dem Profil, den Schwerpunkten und einer kartographischen Darstellung der Einrichtung im Stadtteil. Bei den Schwerpunkten greifen die Einrichtungen insgesamt auf 20 Schwerpunkte zurück, aus denen sie maximal fünf je Einrichtungen auswählen können.

Die Schwerpunkte wurden mit den im Folgenden dargestellten Icons visualisiert. Aufgeführt sind die „Spitzenreiter" der Angebote mit der Zahl der Nennungen aller Einrichtungen.

Dialogebene

In der **Stadt D** werden keine regelmäßigen Jahresgespräche mit Rückmeldungen an die Einrichtungen durchgeführt. Im Rahmen der Planungen für einen kommunalen Förderplan wurde aber ein Fachdialog eingeführt, der im Mai 2005 mit einer ganztägigen Fachveranstaltung begonnen hat, an dem u.a. alle Einrichtungen der Stadt beteiligt waren. Im Herbst/Winter soll eine weitere Veranstaltung folgen.

Ein Ergebnis der ersten Veranstaltung waren Vorschläge und Planungen zur Organisation, zum Personal, zu Aktionen und zu Projekten. Planungen zur Organisation enthalten u.a. die Elemente: Einrichtungsprofile, Qualitätsentwicklung und Standards (s. Kasten).

Eine Lenkungsgruppe aus der AG 78 Jugendförderung steuert den Prozess. Die sechsköpfige Gruppe besteht aus der Amtsleitung, der Abteilungsleitung Jugendförderung, der Jugendhilfeplanung und drei Vertretern der freien Träger.

Organisation

1	**Kinder- und Jugend Infocenter** Es soll ein zentrales Kinder- und Jugend Infozentrum aufgebaut werden. Ziel ist dabei alle Informationen zur Kinder- und Jugendarbeit in Düsseldorf für Kinder, Jugendliche und Eltern an einer Stelle gebündelt vorzuhalten.
2	**Koordination, Konzeption, Kooperation, Vernetzung** Zukünftig soll eine verstärkte Koordination in Bezug auf Konzeptionen, Kooperation und Vernetzungen erfolgen. Hierbei sollen auch Kooperationen und Vernetzungen mit Schulen, Sportvereinen u.a. Berücksichtigung finden. Gemeinsame Konzeptionsentwicklungen für die verschiedenen Aufgabenfelder des Arbeitsfeldes sind als notwendig anzusehen. Dies kann in Form eines Arbeitskreises oder einer Untergruppe der AG nach § 78 SGB VIII erfolgen. *(Fachliche Arbeitskreise, Bildungsauftrag, Fachdialog.)*
3	**Profilgebung von Einrichtungen** Einige Einrichtungen sollen zukünftig neben einem breiten Angebot für alle Kinder und Jugendlichen spezielle interkulturelle und integrative Angebotsschwerpunkte entsprechend den Bedarfen im Sozialraum vorhalten.
4	**Qualität** Im Rahmen der Qualitätsentwicklung (z.B. Qualitätszirkel Kinder und Jugendkulturarbeit, Partizipation u. a.) sollen Methoden und Ansätze des Qualitätsmanagements (u.a. Erstellung eines Qualitätshandbuches) berücksichtigt werden. Dazu gehört auch die Erstellung eines Berichtswesens, basierend auf der PuL.
5	**Kinder- und Jugendschutz** Eine neue Ausrichtung dieses Themenbereiches ist erforderlich. Der Bereich der Maßnahmen ist neu zu erstellen.
6	**Standards** Gleiche Bezahlung für gleiche Arbeit. Wertschätzung der Ehrenamtlichkeit und der Verbandsarbeit. Öffnungszeiten, Konfliktmanagement.

Kommunale Ebene

In der **Stadt D** geht der Wirksamkeitsdialog nicht von den Einrichtungen aus, sondern hier wurde durch das Ausführungsgesetz zum KJHG und durch die Jugendpolitik ein Prozess der Dynamisierung und Veränderungen der OKJA auf gesamtstädtischer Ebene angestoßen, in die dann aber auch die Einrichtungen einbezogen wurden.

Die gesamtstädtische AG 78 Jugendförderung bezieht sich auf den Bereich der Einrichtungen der Offenen Arbeit und auf die Jugendverbandsarbeit. Das ca. 20 Personen umfassende Gremium ist derzeit wie folgt besetzt:

- Leiter des Jugendamtes
  - Jugendhilfeplaner
    - Abteilungsleitung 51/3 (Jugendförderung)
    - Vertreter/innen aller Träger bzw. Trägerverbünde der „Offenen Arbeit"
    - Vertreter/innen der Jugendverbände und des Jugendringes
    - Bezirksjugendpfleger/innen

Die AG 78 hat dem JHA den Vorschlag gemacht, einen Plan zu entwickeln, der eine Bestandaufnahme der Kinder- und Jugendarbeit enthält, das Arbeitsfeld entlang der Gliederung der Jugendarbeit nach dem Ausführungsgesetz zum KJHG beschreibt und Maßnahmen und Perspektiven formuliert. Der Entwurf wurde in Projektgruppen erarbeitet, an denen neben den Mitgliedern der AG 78 auch weitere Fachleute der freien und der öffentlichen Träger beteiligt waren. Die Bestandserhebung wurde von der Jugendhilfeplanung unterstützt.

Im nächsten Jahr soll der Plan verabschiedet werden. In der Folge werden auch die Verträge der Stadt mit den Trägern angepasst, d.h. die Planungen werden in die Produkt- und Leistungsbeschreibungen eingearbeitet und es wird Zielvereinbarungen geben, die so vereinbart werden, dass sie auch überprüft werden können.

Zusammenfassung

Steuerung: dezentral versus zentral

Allein aufgrund der Größe ergeben sich in Großstädte andere Bedingungen für den Wirksamkeitsdialog als in kleinen Kommunen. Wegen der Vielzahl der Einrichtungen und Träger hat die einzelne Einrichtung in den Großstädten kein so großes Gewicht mehr, als dass sie noch im Fokus des Dialogs stehen könnte. Zudem sind die Großstädte in eine Vielzahl von Sozialräumen geteilt, die jeweils besondere Anforderungen an die Angebote der OKJA stellen.

Die Ergebnisse der untersuchten Großstädte zeigen unterschiedliche Lösungen für die mit dem Wirksamkeitsdialog verbundenen Planungs- und Steuerungserfordernisse. In A setzt man auf der Basis einer sozialräumlich orientierten Jugendhilfeplanung ganz klar auf eine dezentrale Mittelebene, die sich auf Stadtbezirke und Sozialräume bezieht. Die Bezirksjugendpflege wurde zu Fachreferaten in den Stadtbezirken umgestaltet, die zukünftig mit den Einrichtungen im Stadtbezirk Zielvereinbarungen abschließen und den Wirksamkeitsdialog führen. Die Stadt steuert ihrerseits durch Vereinbarungen mit den Bezirken und dem stadtweiten Zusammenschluss der freien Träger. In allen Stadtbezirken gibt es Stadtbezirkskonferenzen für die Kinder- und Jugendarbeit als Unterarbeitsgemeinschaft der AG 78.

Für eine zentrale Steuerung steht die Stadt C. Die OKJA wird auf der Basis einer stadtweit gültigen Richtlinie gefördert, alle Einrichtungen berichten nach einem einheitlichen Raster. Die Daten werden von der Jugendhilfeplanung ausgewertet und sind Grundlage für die Fachgespräche mit den Einrichtungen. Trotz ihrer Größe hat die Stadt einen Wirksamkeitsdialog entwickelt, der insofern einen dialogischen Kreislauf besitzt, als er über das Berichtswesen Daten, Informationen von den Einrichtungen nach „oben" in die Zentrale gibt. Diese werden in umgekehrter Richtung wiederum im Vergleich mit anderen Einrichtungen im so genannten Fachgespräch kommuniziert.

Einen Mittelweg zwischen zentraler und dezentraler Steuerung stellt der Wirksamkeitsdialog in der Stadt B dar. Ein wichtiges Element im Wirksamkeitsdialog ist der kollegiale Diskurs in den Stadtbezirken, an dem die Fachkräfte der Einrichtungen, aber auch Multiplikatoren aus dem Sozialraum, die mit Kindern- und Jugendlichen arbeiten, beteiligt sind. Diese sozialräumliche Orientierung wird ergänzt durch eine stadtweite Neuplanung des Angebots. Auf der Basis von Planungsbausteinen werden Strukturen und Profile der OKJA definiert, die sich z.B. im Bezug auf zielgruppenspezifische Angebote nicht mehr nur auf den Stadtbezirk beziehen. Die mit den Einrichtungen und Trägern erarbeitete Neukonzeptionierung der OKJA ist Grundlage für die weitere Förderung, das entsprechende Berichtswesen und damit Basis für eine stadtweite Steuerung des Feldes.

Dynamik des Dialogs mit den Trägern und zwischen den Einrichtungen

In allen Kommunen gibt es eine AG 78 für die Jugendförderung, allerdings sind die Bedeutung und der Einfluss nicht einheitlich. Während sie in der Stadt B als Steuerungsgruppe fungiert, die in dieser Funktion auch die Dialoge in den Stadtbezirken moderiert, hat sie in C eher eine beratende Funktion. In der Stadt D trägt insbesondere die AG 78 die Weiterentwicklung der OKJA im Rahmen eines Kinder- und Jugendförderplans; eine Unter-AG der AG 78 steuert als Lenkungsgruppe diesen Prozess.

Ein Dialog zwischen den Einrichtungen ist in einer Großstadt auf gesamtstädtischer Ebene kaum noch möglich. Die Städte A und B verlegen diesen Dialog in die Stadtbezirke, wenngleich auch in unterschiedlicher Form: als kollegialer

Diskurs bzw. als Stadtteilkonferenz, die durch das Fachreferat moderiert wird. Im Rahmen der Planungen für einen kommunalen Förderplan finden in der Stadt D Fachdialoge als ganztägige Veranstaltungen statt, an der alle Einrichtungen der Stadt beteiligt sind. In der Stadt C fehlt dagegen eine dialogische Struktur für den Wirksamkeitsdialog zwischen den unterschiedlichen Einrichtungen, Trägern im Sozialraum oder dem Bezirk. Dafür können allenfalls vorhandene Stadtteilgremien, Runde Tische etc. genutzt werden.

Überwindung der Einrichtungsorientierung und Kooperation mit anderen Feldern der Jugendhilfe

Ein grundsätzliches Problem aller Wirksamkeitsdialoge ist eine mehr oder weniger starke Fixierung der Struktur und der Prozesse auf die stationären Einrichtungen und ihre Angebote. Möglicherweise stellt sich dieses Problem in Großstädten stärker, weil sich hier Sozialstrukturen stärker differenzieren und gesellschaftliche Veränderungsprozesse und Konfliktlagen schneller wahrnehmbar werden. Die Untersuchung der Dialoge in den Großstädten zeigt sehr unterschiedliche Modelle und Ansatzpunkte, mit veränderten Angeboten und Fördermodellen zu reagieren.

In der Stadt A wurde eine Projektförderung installiert, die jenseits der Förderung der Einrichtungen für besondere Projekte und Vorhaben Mittel bereitstellt. Auch in C wird unterschieden zwischen Jugendeinrichtungen mit hauptamtlichen Stellen und Jugendprojekten, womit auch mobile, flexible und zeitlich begrenzte Projekte gemeint sind. Über eine jährliche Ausschreibung von Projektmitteln kann eine gewisse Flexibilität erreicht werden. In B ist die mobile Jugendarbeit ein definierter Planungsbaustein der OKJA.

Ein von der Anlage her dynamisches Modell einer Qualitätsentwicklung der Kinder- und Jugendförderung, die über die Offene Kinder- und Jugendarbeit hinausgeht, hat sich in D nicht über den Wirksamkeitsdialog entwickelt, sondern steht im Zusammenhang mit der Erarbeitung eines ersten kommunalen Kinder- und Jugendförderplans. Damit kommen neben der OKJA auch die Arbeitsbereiche Jugendsozialarbeit und Kinder- und Jugendschutz in den Blick.

Transfer

Die beschriebenen Probleme der Einführung kommunaler Qualitäts- und Wirksamkeitsdialoge in großen Großstädten lassen sich nur durch eine konsequente Sozialraumorientierung verändern. Hierzu bedarf es allerdings angemessener Sozialraumzuschnitte, die Größenordnungen schaffen (etwa wie mittleren Großstädten), in denen z.B. 5 bis 20 Einrichtungen in einen Dialog eintreten können. Nicht unproblematisch ist allerdings die Bereitstellung einer Datenbasis, die für die entsprechenden Sozialräume und die dort vorhandenen Einrichtungen nicht nur einrichtungsspezifische Daten liefern sollte, sondern etwa auch Vergleichsdaten zwischen den Einrichtungen in einem Sozialraum.

Die mit der Sozialraumorientierung verbundene Entsäulung der Kinder- und Jugendhilfe, z.B. durch eine bessere Kooperation mit den ebenfalls sozialräumlich orientierten Hilfen zur Erziehung, schafft in vielen Kommunen auch die Möglichkeit, feldübergreifende Dialoge zu führen. Wie in Nordhrein-Westfalen durch das Kinder- und Jugendfördergesetz bereits angestoßen, bieten große Großstädte die Chance, auf Grund der großen Zahl von unterschiedlichen Einrichtungen und Projekten in den zahlreichen Feldern der Kinder- und Jugendhilfe kleinräumige sozialräumlich bezogene Dialoge zu entwickeln. Diese sind bereits übergreifend angelegt und stellen somit Fragestellungen des Sozialraums bzw. der Bewohnerinnen und Bewohner in den Mittelpunkt und weniger institutionelle oder fachbereichsbezogene Themen.

Für die einzelnen Einrichtungen und Sozialräume weniger interessant sind hier gesamtstädtische oder landesweit formulierte Themen, die eher eine Leitbildfunktion für die gesamte Jugendhilfe übernehmen, geht es vielmehr um die Besonderheiten, Chancen und Probleme der jeweiligen Sozialräume und den daraus erwachsenen Ansprüchen an die unterschiedlichen Bereiche der Jugendhilfe.

Die Erfahrungen mit einer dezentralen Steuerung bis hin zur Bildung von Sozialraumbudgets – aber auch die positiven Entwicklungen des Quartiersmanagements im Rahmen des Bundesprogramms Soziale Stadt – zeigen, dass die Überwindung einer nach wie vor vorhandenen Einrichtungsorientierung (nicht nur in der Kinder- und Jugendarbeit) und die Kooperation zwischen den Feldern der Jugendhilfe eine fachliche Notwendigkeit ist, die sich gerade auf Grund der Großstadtsituation ergibt.

3 Bausteine eines kommunalen Qualitäts- und Wirksamkeitsdialogs

3.1 Einrichtungsebene

Berichtswesen

In vielen Kommunen in Nordrhein-Westfalen gehört inzwischen ein Berichtswesen für die Offene Kinder- und Jugendarbeit zum Qualitätsstandard. Nicht zuletzt hatte die Einführung des quantitativen Berichtswesens im Rahmen des Wirksamkeitsdialoges auf Landesebene eine wichtige Funktion für das kommunale Berichtswesen, d.h. auch wegen der Notwendigkeit, sich an dem landesweiten Berichtswesen beteiligen zu müssen, haben viele Kommunen ein Berichtswesen entwickelt, um so die Daten für den Landesbericht ohne großen Aufwand zur Verfügung stellen zu können. Damit stehen vielen Kommunen erhebliche Datengrundlagen zur Verfügung, die entsprechend genutzt werden können.

Auf der Ebene von Einrichtungen und Trägern kann man konstatieren, dass der früher weit verbreitete Widerstand z.B. gegenüber der Zählung von Besuchern weitgehend abgebaut ist. Viele Fachkräfte haben verstanden, dass auch quantitative Daten die Qualitäten der Offenen Kinder- und Jugendarbeit darstellen. Andererseits muss festgestellt werden, dass das Berichtswesen immer noch bei vielen Einrichtungen als große Belastung empfunden wird und es deshalb entscheidend für die Akzeptanz ist wie z.B. Besucherzählungen vorgenommen werden, ob dies täglich kontinuierlich erfolgt oder an bestimmten Wochen im Jahr, ob die Zählung PC-unterstützt ist und relativ einfach organisiert werden kann oder ob umständliche Listen geführt werden müssen.

Da es auch vor Einführung von Qualitäts- und Wirksamkeitsdialogen Verfahren der Berichterstattung gegeben hat, gehen einige Kommunen den Weg, diese Verfahren, z.B. Verwendungsnachweise oder Sachberichte auf Grund der Anforderungen von Qualitäts- und Wirksamkeitsdialogen entsprechend zu verändern und damit ein altbekanntes Instrument in neuer Form anwenden zu können, was die Akzeptanz bei Einrichtungen und Fachkräften meist deutlich erhöht, weil so nicht der Eindruck entsteht, das vorhandene Verfahren durch neue ergänzt und nicht abgelöst werden. Insofern verbergen sich hinter den „alten" Begriffen wie Verwendungsbericht und Jahresbericht in zahlreichen Kommunen moderne Instrumente eines quantitativen und qualitativen Berichtswesens.

Im Einzelnen hat die Analyse des Berichtswesens in den untersuchten Kommunen ergeben, dass sich in etwa folgende Vorgehensweisen bzw. Varianten unterscheiden lassen:

- Jährliche Verwendungsberichte (d.h. einschließlich Finanzmittelverwendung) auf der Basis einer vorgegebenen strukturierten Gliederung. Neben quantitativen Daten werden begrenzt auch qualitative Daten abgefragt.
- Regelmäßige und zeitnahe EDV-gestützte Datenerhebungen bzw. Tagesprotokolle; die Auswertung dieser Daten ist Teil des Jahresberichts.
- Ein auf vorhandenen Produkt- und Leistungsbeschreibungen aufsetzendes Berichtswesen.
- Ein Berichtswesen, das die Berichtspflicht gegenüber der landesweiten Strukturdatenerhebung bedient; ein qualitatives Berichtswesen ist zum Teil in Vorbereitung.
- Ein quantitatives Berichtswesen und davon noch getrennt ein Qualitäts- oder Sachbericht, den es oft schon vor Einführung eines Berichtswesens gab.
- Qualitätsberichte als Instrument zur Integration qualitativer und quantitativer Daten

Wie das Berichtswesen entwickelt wurde, hängt im Kern wenig mit der Größe der Kommune zusammen, d.h. die Varianten finden sich sowohl in kleinen wie in großen Kommunen. Das Problem der Größe stellt sich im Wesentlichen erst auf der Ebene der Auswertung und Darstellung der Ergebnisse auf gesamtstädtischer Ebene. Während sich in der Kleinstadt jede Einrichtung einzeln abbilden lässt und in der Mittelstadt bzw. im Kreis die Zahl der Einrichtungen noch relativ überschaubar bleibt (15 bis 20), ist die Großstadtsituation von einer Vielzahl von Einrichtungen geprägt, deren Daten in ihrer Fülle nur bedingt darstellbar sind.

Fast alle Kommunen orientieren sich im quantitativen Berichtswesen an der auch in der Strukturdatenerhebung des Landes angewendeten Gliederung mit den Dimensionen: Finanzen, Angebote, Personal und Besucher/innen, wobei die Berichterstattung zu den Finanzen zum Teil noch getrennt über die so genannten Verwendungsnachweise erfolgt. Aber anders als im landesweiten Berichtswesen werden in den Kommunen in der Regel die Angebote inhaltlich weiter differenziert (z.B. schulbezogene Angebote, kreative Angebote etc). Allerdings kreiert hier jede Kommune eine eigene Differenzierung mit bis zu 15 einzelnen Angeboten, die einen Vergleich der Kommunen untereinander nicht möglich machen. In einige Kommunen berichten die Einrichtungen nur, welche Angebote aus der vorgegebenen Klassifikation von ihnen gemacht werden, während in anderen Kommunen die Einrichtungen gefordert sind, bei den unterschiedlichen Angeboten auch die dafür aufgewendeten Stunden zuzuordnen. Nur in Ausnahmefällen werden die Angebote auch danach quantifiziert, wie viel Besucher/innen oder Teilnehmer/innen diese jeweils genutzt haben.

Die grundsätzliche Ausrichtung von Wirksamkeitsdialogen zwischen den Polen mehr Planungs- bzw. Steuerungsorientierung oder mehr Qualitätssicherung wirkt sich auch auf die Entwicklung und Ausrichtung des Berichtswesens aus. Dort wo Steuerungsaspekte im Vordergrund stehen finden wir ein ausgearbeitetes quantitatives Berichtswesen mit differenzierten Daten. Auch im Bereich der qualitativen Angaben sind steuerungsorientierte Wirksamkeitsdialoge darauf angelegt, z.B. Zielformulierungen und Schwerpunktbildungen von Einrichtungen zeitnah zu diskutieren, so dass dort zum Teil mit Halbjahresberichten gearbeitet wird. Liegt die Orientierung eher im Bereich der Qualitätssicherung, so ist auch das Berichtswesen stärker qualitativ orientiert.

Auf Grund der Komplexität der Entwicklung kommunaler Qualitäts- und Wirksamkeitsdialoge ist eine deutliche Einrichtungszentriertheit zu beobachten, die sich z.B. im Berichtswesen auch dadurch ergibt, dass Einrichtungen quantitative Daten zur Verfügung stellen können über Besucher/innen, Fachkräfte etc. In der Praxis der Offenen Kinder- und Jugendarbeit haben sich in den letzten Jahren allerdings zahlreiche Ansätze einer mobilen einrichtungsübergreifenden Arbeit entwickelt, die stark bedarfsorientiert sind, aber schwer in ein quantitatives Berichtswesen zu integrieren sind. Es besteht deshalb der Anspruch, nach der Entwicklung eines einrichtungsbezogenen Berichtswesens solche Projekte in kommunale Wirksamkeitsdialoge zu integrieren und dazu ein entsprechendes Berichtswesen zu schaffen.

Grundsätzlich stellt sich immer die gleiche Frage: Wer benötigt welche Daten wozu, was ist auf Einrichtungsebene wichtig, was auf der Sozialraumebene für Steuerungs- und Moderationsgruppen, was für die Jugendhilfeplanung, die Fachabteilung, die Träger und schließlich die Politik? Die Ergebnisse der Untersuchung zeigen deutlich, dass allein die Tatsache des Vorhandenseins von Daten noch keinen Wirksamkeitsdialog in Gang bringt, erst deren Interpretation, der Dialog zwischen Einrichtungen und Politik macht aus den Daten Informationen über Wirkungen und Qualitäten, die interpretiert und ausgetauscht werden müssen.

Selbstevaluation als Teil der Qualitätsentwicklungen der Einrichtungen

In kaum einem anderen Baustein kommunaler Qualitäts- und Wirksamkeitsdialoge zeigen sich die Schwierigkeiten der Einführung von Verfahren so, wie in dem Baustein Selbstevaluation als Teil der Qualitätsentwicklung von Einrichtungen.

Die schon vor Einrichtung des Wirksamkeitsdialoges im Rahmen der Qualitätsdebatte diskutierten Verfahren von Selbstevaluation (vgl. von Spiegel 2000, Projektgruppe WANJA 2000) sind elaboriert und detailliert ausgeführt, in der Praxis allerdings kaum auffindbar. Im Rahmen dieser Studie konnten wir lediglich zwei Beispiele finden, die annähernd den Ansprüchen dieser Verfahren genügen können, insbesondere im Hinblick auf die methodische Vielfalt und die notwendige Trennung der unterschiedlichen Schritte im Verfahren einer Selbstevaluation.

Das Beispiel der Stadt C (Mittelstädte) zeigt, wie mit entsprechender Unterstützung auch Verfahren einer vereinfachten Selbstevaluation, die zu einer Qualifizierung der Einrichtungen führen, durchgeführt werden können.

Demgegenüber gibt es zahlreiche Beispiele, wo Projekte der Selbstevaluation z.B. im Rahmen eines Berichtswesens einfach abgefragt werden, ohne nach der qualitativen Güte zu fragen. In einigen Kommunen werden zwar Projekte der Selbstevaluation von den Einrichtungen gefordert, die im Qualitätsbericht dokumentiert werden müssen, dazu werden aber weder fachliche Grundlagen geliefert, noch fachliche Begleitungen, Beratungen etc. angeboten.

Aus diesen Befunden ergeben sich u.a. kritische Anfragen an Modellprojekte, wissenschaftliche Begleitungen und Forschungsprojekte, welche die Arbeit der Einrichtungen zum Teil mit hohem Aufwand über eine gewisse Zeit begleiten, die Hoffnung hegen, dass die intendierten Verfahren sich dann verselbständigen und in der Praxis entsprechend adaptiert werden. Dabei wird leicht übersehen, dass bei solchen Modellprojekten und wissenschaftlichen Begleitungen besondere Bedingungen gegeben sind (z.B. in der Regel hoch motivierte Einrichtungen, qualifizierte Beratung und Begleitung). Es stellt sich somit die Frage, wie eine besonders qualifizierte Entwicklung etwa im Bereich der Selbstevaluation aus einem Modellprojekt dann auf eine große Zahl von Einrichtungen transferiert werden kann, die über keine oder im Vergleich zum Modellprojekt nur sehr mäßige Unterstützung verfügen können.

Offensichtlich müssen bei der Einführung von Qualitäts- und Wirksamkeitsdialogen wissenschaftliche Verfahren entsprechend vereinfacht werden können, so dass sie für die Praxis nutzbar sind und die Einrichtungen nicht überfordert werden. Es reicht auf keinen Fall aus, Instrumente wie die Selbstevaluation qua Verfahren quasi anzuordnen, ohne den Einrichtungen entsprechenden Support zu geben. Die Einführung von Qualitäts- und Wirksamkeitsdialogen bedeutet auch die Etablierung von Fort- und Weiterbildungsmöglichkeiten auf allen Ebenen.

Die Entwicklung kommunaler Qualitäts- und Wirksamkeitsdialoge

Nicht mehr die individuelle Fortbildung, die zum Teil ohne Auswirkungen auf Einrichtungen und Kommunen blieb, sondern Fort- und Weiterbildung für Teams, für Moderatoren/innen, für Qualifizierungen zur Selbstevaluation etc. sind erforderlich und tragen zu einer wirklichen Qualifizierung des gesamten Systems bei.

Eine große Bedeutung hat in diesem Zusammenhang die Konzeptentwicklung. Die Weiterentwicklung ihrer Konzepte z.b. in Richtung einer sozialräumlichen Orientierung (s. Kasten) ist eine permanente Aufgabe von Einrichtungen und Projekten der Offenen Kinder- und Jugendarbeit und gleichzeitig eine gute Grundlage für die Selbstevaluation.

> Eine Konzeption, die an den Lebensbedingungen der Kinder und Jugendlichen im Sozialraum orientiert ist, benötigt als Grundlage eine detaillierte Lebensweltanalyse, um darauf aufbauend Anforderungen, Ziele und Aufgaben der Kinder- und Jugendarbeit entwickeln zu können. In der sozialräumlichen Konzeptentwicklung (Deinet 2005) ist die Ebene des Sozialraums/der Lebenswelt der Kinder und Jugendlichen Grundlage für die Maßnahmeplanung und -konzipierung, die Formulierung von Zielen sowie die Entwicklung von Schwerpunkten für einzelne Einrichtungen bzw. für Einrichtungen und Projekte in einem Sozialraum.
>
> Schritte einer sozialräumlichen Konzeptentwicklung sind:
> 1. eine Sozialraum- und Lebensweltanalyse als Basis einer Bedarfsermittlung und Zielbestimmung,
> 2. die Analyse der Kinder- und Jugendarbeit als Aneignungsraum, die Sicht von Kindern und Jugendlichen; Ressourcen der Einrichtungen etc.,
> 3. die Entwicklung von Schwerpunkten und konzeptionellen Differenzierungen,
> 4. eine Konzeptevaluation als kontinuierlicher Prozess, wobei die Methoden der Analyse auch zur Evaluation eingesetzt werden.
>
> Auf einem subjektorientierten Verständnis aufbauend, versucht eine sozialräumliche Konzeptentwicklung Einblicke in die unterschiedlichen Lebenswelten und Sozialräume von Kindern, Jugendlichen, Mädchen, Jungen verschiedenen Cliquen usw. zu erhalten. Qualitative Methoden einer Lebensweltanalyse ermöglichen die erforderlichen differenzierten Einblicke. Durch die Anwendung unterschiedlicher Methoden wie z.B. Stadtteilbegehungen mit Kindern und Jugendlichen, Cliquenraster usw. (vgl. Deinet/Krisch 2002) – interpretiert auch unter der Zuhilfenahme quantitativer sozialstruktureller Daten – ergeben sich Anforderungen an die Jugendarbeit, welche zu Zielen umformu-

liert werden können, die an die Lebenswelten von Kindern und Jugendlichen anschließen.

Der Begriff der Lebensweltanalyse wird in diesem qualitativen Verständnis als „Gegenbegriff" zu einer rein formalen, quantitativen Sozialraumanalyse verstanden. Eine qualitative sozialräumlich orientierte Kinder- und Jugendarbeit verfügt über ein methodisches Repertoire, um die Lebenswelten von Kindern und Jugendlichen zu erkunden und daraus Anforderungen nicht nur für die eigene Arbeit zu gewinnen. Sozialraum- und Lebensweltanalyse werden als Basis einer Bedarfsermittlung und Zielbestimmung betrieben und unterstützen damit auch eine sozialraumorientierte Jugendhilfeplanung.

Die Qualität einer sozialräumlich orientierten Kinder- und Jugendarbeit kann in folgenden Punkten zusammengefasst werden:

- Kinder- und Jugendarbeit hat ein subjektorientiertes Bild vom Sozialraum als Aneignungsraum
- Kinder- und Jugendarbeit gewinnt ihre konkreten (und sich verändernden!) Ziele aus einer qualitativen Sozialraum/Lebensweltanalyse
- Ziele werden nicht (nur) aus abgefragten Bedürfnissen sondern aus Bedarfen entwickelt
- Kinder- und Jugendarbeit versteht sich als Unterstützung der Entwicklung von Kindern und Jugendlichen und stellt dazu Aneignungs- und Bildungsmöglichkeiten auf unterschiedlichen Ebenen zur Verfügung.
- Kinder- und Jugendarbeit gewinnt die Kompetenzen einer Expertin für die Belange von Kindern und Jugendlichen im sozialen Raum und tritt deshalb für die Revitalisierung öffentlicher Räume als Aneignungsräume für Kinder und Jugendliche ein.

Die Kommunen sind gefragt, wie sie die Konzeptentwicklung und Selbstevaluation der Einrichtungen und Projekte unterstützen können, welche Personalressourcen (Jugendpfleger/innen, Berater/innen etc.) dazu zur Verfügung stehen, welcher Fortbildungsbedarf sich ergibt und wie diese Ebene nachhaltig qualifiziert werden kann. Auf der Einrichtungsebene ergeben sich im Rahmen der Konzeptentwicklung weitere Themen der Organisations- und Teamentwicklung, die bis hin zur Notwendigkeit von Supervision, Organisationsentwicklung, Personalmanagement etc. gehen. Einrichtungen und Projekte, die auf diesen Ebenen entwickelt sind, können sich an einem kommunalen Qualitäts- und Wirksamkeitsdialog aktiv beteiligen und werden diesen auch als Gewinn sehen.

Die Entwicklung kommunaler Qualitäts- und Wirksamkeitsdialoge 93

Zielvereinbarungen, Jahresschwerpunktziele

Kontrakte und Vereinbarungen über Ziele und Schwerpunkte, die von den Einrichtungen bearbeitet werden sollen, sind ein Hauptelement der Steuerung im Rahmen kommunaler Wirksamkeits- und Qualitätsdialoge auf der Einrichtungsebene. Zielvereinbarungen sind auch wesentlicher Bestandteil des in vielen Verwaltungen über neue Steuerungsmodelle eingeführten Kontraktmanagements zwischen den einzelnen Ebenen der Verwaltung und Politik. Auch wenn die anfängliche Euphorie bei der Einführung neuer Steuerungsmodelle inzwischen verflogen ist, gehören Produkt- und Leistungsbeschreibungen sowie Controllingverfahren als Grundlage eines Kontraktmanagements und der Evaluation zum Standard von Institutionen und Bereichen der sozialen Arbeit, etwa den Hilfen zur Erziehung.

Einerseits kann festgestellt werden, dass es mittlerweile weit verbreitet ist, Konzepte zu entwickeln und operationalisierbare Ziele zu formulieren bzw. Jahresschwerpunktziele zu setzen. Den meisten Einrichtungen steht dies heute als Standard zur Verfügung. Andererseits gibt es hier zahlreiche Probleme bei der Handhabung des Instruments. So werden immer wieder Ziele formuliert, die redundant, wenig nachvollziehbar und wenig mit Wirkungen auf der Ebene der Kinder und Jugendlichen zu tun haben. Zum Beispiel kann das von einer Einrichtung formulierte Ziel der „besseren Zusammenarbeit mit anderen Einrichtungen der Offenen Kinder- und Jugendarbeit" wohl nur als begleitende Zielsetzung gesehen werden, um konkretere Wirkungen bei Kindern und Jugendlichen zu erreichen. Ein Problem ist auch die Operationalisierung von Zielen, damit die Zielerreichung überprüft werden kann. Hier dürfte eine Rolle spielen, dass viele Fachkräfte für eine solche Tätigkeit nicht ausreichend qualifiziert sind.

Im Einzelnen hat die Analyse des Vorgehens in den untersuchten Kommunen ergeben, dass sich in etwa folgende Varianten unterscheiden lassen:

- Ziele sind Teil der Konzeption der Einrichtung. Sie werden eher allgemein formuliert und ändern sich gegebenenfalls erst mit einer Änderung der Konzeption
- Im Jahresbericht der Einrichtungen werden Jahresziele für den Berichtszeitraum und ein Jahresziel für das kommende Jahr formuliert
- Ziele werden auf Ebene der Angebote formuliert und Kriterien zur Überprüfung der Zielerreichung erarbeitet
- Ziele sind Leistungsvereinbarungen, die über einen längeren Zeitraum abgeschlossen, aber in halbjährlichen Planungsgesprächen aktualisiert und auch dann jeweils wieder schriftlich festgehalten werden

- In Zielanalysen werden Ziele in verschiedenen Dimensionen differenziert und operationalisiert

Wie detailliert auf Einrichtungsebene Zielvereinbarungen getroffen werden, hat ebenfalls grundsätzlich wenig mit der Größe einer Kommune zu tun. Die Größe ist aber entscheidend dafür, inwieweit z.B. Zielvereinbarungen mit einzelnen Einrichtungen auf kommunaler Ebene noch kommuniziert werden können, oder, wie dies in den großen Kommunen zum Teil üblich ist, Kontrakte nur noch mit Trägergruppen oder für ganze Sozialräume abzuschließen, ohne die einzelne Einrichtung in den Blick zu nehmen.

Für die Einrichtungen und Projekte bewirken Zielvereinbarungen einen ständigen Prozess, sich mit intendierten Wirkungen und deren Bewertung auseinandersetzen zu müssen, sich entsprechende Instrumente anzueignen und insgesamt zielorientierter zu arbeiten. Operationalisierte Ziele sind Grundlage jeder Evaluation und insofern sind die beschriebenen Probleme mit der Methode der Selbstevaluation auch Ausdruck einer Entwicklung des Feldes, die in vielen Bereichen erst am Anfang steht.

Dabei sind Zielvereinbarungen das wesentliche Steuerungselement im Wirksamkeitsdialog. Dieses Instrument wird auf den verschiedenen Ebenen eingesetzt und bezieht sich nicht nur auf die Einrichtungsebene. Nur durch die vertragliche Vereinbarung und die damit verbundene Sicherheit der Ressourcen über mehrere Jahre konnte eine Planungssicherheit erreicht werden, welche die Träger und Einrichtungen dann auch in die Lage versetzt, sich auf Verfahren und Bausteine einer Qualitätsentwicklung und Evaluation einzulassen, ohne direkte Auswirkungen auf die Förderung fürchten zu müssen. Solche Moratorien und mehrjährige Kontrakte bilden in zahlreichen Kommunen den strategischen Hintergrund, auf dem die Einführung von Qualitäts- und Wirksamkeitsdialogen überhaupt nur möglich war.

Wie im Folgenden dargestellt, sind Zielsetzungen und Zielvereinbarungen wesentliche Bestandteile der Rückmeldegespräche mit den Einrichtungen, sowohl im Sinne einer Überprüfung vorhandener Ziele, als auch im Sinne einer Formulierung neuer Bedarfe und entsprechender Zielsetzungen für Einrichtungen und Projekte.

3.2 Dialogebene

Rückmeldungen an Einrichtungen und Träger

Gespräche zur Rückmeldung an Einrichtungen und Träger sind elementare Bausteine erfolgreicher Wirksamkeitsdialoge. Bei den untersuchten Kommunen verzichten nur drei Kommunen auf regelmäßige und strukturierte Rückmeldegespräche. Hinsichtlich der Form lassen sich in etwa drei Varianten unterscheiden:

- das Jugendamt führt einzelne Gespräche mit der Einrichtung
- die Rückmeldung an die einzelne Einrichtung ist Teil kollegialer Diskurse, an dem sich alle Einrichtungen bzw. deren Fachkräfte beteiligen
- die Rückmeldung erfolgt durch die Moderationsgruppe

Die Diskussion und Interpretation der Ergebnisse des Berichtswesens sind wesentlicher Bestandteil der meisten Rückmeldegespräche. Zum Teil geht es auch um Vergleiche zu anderen Einrichtungen im Sozialraum oder der Gesamtstadt.

Dem Blick zurück folgt ein Blick nach vorn, d.h. in einigen Kommunen beziehen sich die Gespräche im zweiten Schritt auf Zielformulierungen, die in Halbjahresberichten, Planungen, Qualitäts- und Jahresberichten formuliert worden sind und einerseits in den Feedback-Gesprächen evaluiert und andererseits auf Grund veränderter Bedarfe usw. im Sinne einer Planung neu formuliert werden. Die so gemeinsam formulierten Schwerpunktziele für das nächste halbe oder ganze Jahr werden dann zum Teil Bestandteil des Kontraktmanagements bzw. der Förderverträge für den nächsten Förderzeitraum. Demgegenüber stehen andere Kommunen, wo solche Rückmeldegespräche relativ offen geführt werden, ohne dass sie Bestandteil konkreter Leistungs- und Zielvereinbarungen werden.

Auch hinsichtlich der Rückmeldegespräche zeigen sich keine grundsätzlichen Unterschiede zwischen kleineren oder größeren Kommunen bzw. Landkreisen. In Kreisen und Großstädten besteht allerdings ein erhebliches Problem darin, die notwendigen personellen Ressourcen für die große Zahl von Rückmeldegesprächen zur Verfügung zu stellen, weshalb z.B. eine Großstadt auf einen zweijährigen Rhythmus umgestellt hat.

Alle Jugendämter betonen die Bedeutung der Rückmeldegespräche für die Einrichtungen, aber auch für die Moderations-/Steuerungsgruppen und die Qualitäts- und Wirksamkeitsdialoge insgesamt; einige Kommunen sprechen davon, dass die Rückmeldegespräche der zentrale Punkt der Wirksamkeitsdialoge seien. Die mit solchen Rückmeldegesprächen verbundenen Effekte werden positiv eingeschätzt. Die Einrichtungen haben das Gefühl, dass ihre Berichte und Daten auch tatsächlich gelesen und ausgewertet werden, dass sie eine Rückmeldung erfahren und dass man sich mit ihrer Situation beschäftigt. Solche Gespräche haben dann zum Teil auch Beratungen zur Folge bzw. Hilfestellungen bei Konzeptentwicklungen u. ä.

Die meisten Jugendämter, die Erfahrungen mit solchen Gesprächen haben, berichten aber auch, dass diese im ersten Jahr sehr zögerlich und zum Teil in einer schwierigen Atmosphäre geführt werden mussten. Erst allmählich entwickelte sich bei den Einrichtungen das Gefühl, ein offenes Gespräch führen zu können. Erleichternd wirkte sich aus, wenn auf Seiten der Politik klargestellt wurde, dass solche Gespräche keine sofortigen Wirkungen hinsichtlich der finanziellen Förderung haben werden. Dennoch – so die Einschätzung der Jugendämter – können hier Steuerungsaspekte tatsächlich umgesetzt werden, sozialräumliche Bedarfe angemeldet und Schwerpunkte und Zielsetzungen entsprechend verändert werden.

Steuerung des gesamten Prozesses, Moderations- und Dialoggruppen, Einbeziehung der freien Träger

Hinsichtlich der Steuerung des Wirksamkeitsdialogs lassen sich zwischen den untersuchten Kommunen deutliche Unterschiede erkennen. Keineswegs alle untersuchten kommunalen Wirksamkeitsdialoge habe zur Steuerung des Gesamtprozesses eine so genannte Moderations- oder Dialoggruppe eingesetzt, die sich durch die Beteiligung der Mitarbeiter/innen der Einrichtungen und der freien Träger auszeichnet.

Ein Teil der Kommunen verzichten auf eine Moderationsgruppe, weil sie die Aufgabe der Steuerung einzig und allein bei der Politik und beim öffentlichen Träger verankert sehen. Solche Prozesse haben in erster Linie im Bezug zur einzelnen Einrichtung einen dialogischen Charakter und entsprechen sonst eher dem Typus, der von der Projektgruppe WANJA mit dem Zitat: „Der öffentliche Träger plant und steuert ..." charakterisiert wurde. In einer Kommunen wird deswegen vom Planungs- und Wirksamkeitsdialog gesprochen.

Aber auch Kommunen, die stark auf eine Qualitätssicherung der Einrichtungen orientiert sind, verzichten auf eine Steuerungsgruppe. Hier gibt es zum Teil verbindlich arbeitende Arbeitskreise aus Fachkräften aller Einrichtungen, die in erster Linie den Qualitätsdialog untereinander führen und nur sehr begrenzt Steuerungsfunktionen übernehmen. Die Jugendpflege hat in der Regel eine moderierende Funktion.

Dort, wo eine Moderationsgruppe als Steuerungsgruppe eingerichtet wurde, hat sie die Dynamik des Dialogs befördert, weil die notwendige Scharnierfunktion zwischen der Einrichtungs- und der kommunal-/jugendpolitischen Ebene ausgefüllt wurde. Die Besetzung kann jedoch ebenso unterschiedlich sein wie deren konkrete Funktion.

Typisch für alle Moderations- und Steuerungsgruppen ist die Beteiligung der Fachkräfte aus Einrichtungen der freien Träger und der Kommune, der Beratungsebene (z.B. Jugendreferenten, Jugendpfleger), der Jugendhilfeplanung und der Abteilungsleitung. In zwei Kommunen sind auch Vertreter der Politik Mitglieder der Moderations- und Steuerungsgruppe, wobei Erfahrungen abgewartet werden müssen, ob sich diese Vermischung der Fachebene und der politischen Ebene bewährt.

In den Moderations- und Steuerungsgruppen werden die für die Kommunikation mit der kommunal-/jugendpolitischen Ebene wichtigen Gesamtberichte der OKJA beraten und formuliert. Sie übernehmen die Auswertung des Berichtswesens und der Qualitätsberichte bis hin zur kriteriengeleiteten Bewertung der einzelnen Berichte und die Planung bzw. auch Durchführung der Rückmeldegespräche. In einer Kommune kann es also durchaus vorkommen, dass in einem Rückmeldegespräch mit der Einrichtung des öffentlichen Trägers ein/e Vertreter/in eines freien Trägers die Moderationsgruppe vertritt.

Im Unterschied zu Trägerkonferenzen oder anderen größeren Gremien sind Moderations- und Steuerungsgruppen kleiner, überschaubarer und damit handlungsfähiger. Es kann aber durchaus zu Konflikten zwischen großer Beteiligung versus Effektivität in den Steuerungsgruppen kommen.

Die große Chance der Moderations- und Steuerungsgruppen liegt in der breiten Beteiligung und der höheren Akzeptanz, wenn es gelingt, die Mitarbeiter/innen und die freien Träger frühzeitig in Steuerungsgruppen einzubeziehen und damit auch in die Verantwortung hinein zunehmen. Auch wenn die Einrichtung einer solchen Gruppe mit seiner Scharnierfunktion ein herausragendes Instrument des Wirksamkeitsdialogs ist, können auch anders gesteuerte Wirksamkeitsdialoge eine Dynamik entfalten, wenn andere Bausteine entsprechend ausgebaut sind.

Rollen und Funktion der Jugendhilfeplanung/Fachabteilung

Im Idealfall werden Wirksamkeitsdialoge von der Fachabteilung des Jugendamtes, der Jugendhilfeplanung und den kommunalen Einrichtungen gemeinsam getragen, deren Vertreter/innen bilden dann den Kern der Moderations- und Steuerungsgruppe auf Seiten des öffentlichen Trägers. Dabei ergeben sich naturgemäß deutliche Unterschiede je nach Größe der Kommune.

Kleine Kommunen haben in der Regel keine eigene Jugendhilfeplanung bzw. diese wird in Personalunion z.B. durch die Jugendpflege oder die Amtsleitung wahrgenommen. In vielen mittelgroßen Kommunen und Kreisen gibt es eine eigenständige Jugendhilfeplanung und insofern ist eine Zusammenarbeit zwischen Jugendhilfeplanung und Fachabteilung als gute Voraussetzung für die Entwicklung von Wirksamkeitsdialogen gegeben. Hier wirkt sich eher die unterschiedliche personelle Ausstattung der Jugendhilfeplanung aus, die es nicht in jedem Fall ermöglicht, dass sich die Jugendhilfeplanung kontinuierlich am Wirksamkeitsdialog beteiligt.

Fachlich angemessen erscheinen Lösungen, in denen die Jugendhilfeplanung den Prozess mit aufgebaut, danach die Beteiligung reduziert, aber z.B. Mitglied der Moderationsgruppe bleibt und die entsprechenden Daten zur Verfügung stellt.

Dagegen erscheint die Situation in Großstädten nicht unproblematisch, denn dort ist die Jugendhilfeplanung häufig aufgeteilt zwischen einer zentralen Planung bei der Amtsleitung und einer bereichsbezogenen Planung in den einzelnen Abteilungen der Jugendhilfe. Nicht nur in Großstädten wird der Aufbau von Wirksamkeitsdialogen auch überlagert durch andere gesamtstädtische Prozesse der Jugendhilfe, etwa einer Sozialraumorientierung bei den Hilfen zur Erziehung und der Dezentralisierung zentraler Aufgaben.

Aus Sicht der Jugendhilfeplanung ist der Bereich der Offenen Kinder- und Jugendarbeit mit einem entwickelten Wirksamkeitsdialog sehr viel besser in gesamtstädtische Steuerungsprozesse zu integrieren. Allerdings wurde in Gesprächen mit Planern auch deutlich, dass die intensive Mitarbeit der Jugendhilfeplanung bei der Entwicklung von Wirksamkeitsdialogen zum Teil ambivalent beurteilt wird. Aus der Beteiligung ergeben sich Ansprüche, die mit der normalen Personalausstattung oft nicht zu gewährleisten sind, etwa durch die Mitarbeit an in Großstädten vielfach durchgeführten sozialräumlichen Dialogen und Stadtteilkonferenzen. Eine Empfehlung könnte hier sein, dass sich die Jugendhilfeplanung nicht zu sehr in das operative Geschäft der einzelnen Fachbereiche und Fachabteilungen einbeziehen lassen sollte, sondern mehr auf der Ebene des strategischen Managements und der Politikberatung präsent ist.

Abgesehen von den institutionellen und organisatorischen Problemen der Beteilung der Jugendhilfeplanung an Wirksamkeitsdialogen, hat diese inhaltlich eine besondere Bedeutung, die grundsätzlich aber auch von der Fachabteilung übernommen werden kann. Eine sozialräumlich orientierte kommunale Jugendhilfeplanung ermittelt die Datengrundlage für sozialräumliche Planungen, kann Bedarfe ermitteln und formulieren und diese an die Offene Kinder- und Jugendarbeit im Rahmen von Wirksamkeitsdialogen weitergeben. Damit trägt sie wesentlich zur Entwicklung einer bedarfsorientierten Dynamik bei. Das Problem der Einrichtungszentriertheit und einer zu starken Orientierung an aktuelle Besucherinnen und Besucher von Einrichtungen und Projekten wird durch den sozialräumlichen Blick einer Jugendhilfeplanung erweitert, die auf der Grundlage sozialräumlicher Daten Bedarfe feststellt und formuliert, welche aus Einrichtungssicht nicht zwangläufig gesehen werden müssen. Auf der Ebene einzelner Sozialräume kann es dabei um einzelne Gruppen, Wohnquartiere, Institutionen wie Schulen oder den öffentlichen Raum gehen, in denen die Jugendhilfeplanung durch eigene Erkenntnis oder die Hinweise aus anderen Bereichen (z.B. Hilfen zur Erziehung) Bedarfe sieht und daraus Ansprüche an die Offene Kinder- und Jugendarbeit und deren Einrichtungen formuliert.

Auf der gesamtstädtischen Ebene vergleicht eine sozialräumlich orientierte Jugendhilfeplanung die Bedarfe unterschiedlicher Sozialräume miteinander und kann so auch gesamtstädtische Defizite ausmachen, die aus der Sicht der einzelnen Sozialräume nicht gesehen werden können. Diese in der Fachdiskussion nicht unumstrittene Orientierung bis hin zur Bildung von Sozialraumbudgets kann wesentlichen Einfluss z.B. auf die Neuplanung von Einrichtungen haben, wenn bestimmte Sozialräume unterversorgt sind. Vielfach sind die Angebote der Offenen Kinder- und Jugendarbeit, die sich in den letzten Jahrzehnten entwickelt haben, heute nicht mehr bedarfsgerecht, weil sich Sozialräume verändert haben. Daraus kann sich durchaus eine brisante Dynamik aus der Sicht einer sozialräumlich orientierten Jugendhilfeplanung auf die Offene Kinder- und Jugendarbeit und deren Struktur ergeben.

Der Einfluss einer sozialräumlichen Jugendhilfe auf den kommunalen Wirksamkeitsdialog hängt allerdings entscheidend davon ab, mit welcher Orientierung dieser verfolgt wird. Im Rahmen eines mehr steuerungsorientierten Dialogs ist es sicher eher möglich, auf Grund veränderter Bedarfe notwendige Entwicklungsprozesse der Offenen Kinder- und Jugendarbeit bis hin zur Verlagerung von Einrichtungen, Schließung bisheriger Standorte und Aufbau neuer Projekte anzustoßen. Wirksamkeitsdialoge, die sich stark auf die Qualitätsentwicklung in den Einrichtungen beziehen, laufen Gefahr, in der Wirkung zu strukturkonservativ zu sein, um solche Veränderungen möglich zu machen.

Zum Teil hat sich im Prozess der Wirksamkeitsdialoge ein Problem ergeben, dass mit den unterschiedlichen Rollen des kommunalen Jugendamts verbunden ist. Die Vertreter/innen treten als Planer, öffentlicher Träger, Anbieter, Berater und Förderer der Offenen Kinder- und Jugendarbeit auf. In einigen, insbesondere größeren Kommunen, werden deshalb Veränderungsprozesse in Gang gesetzt, um diese Rollendiffusion zu vermeiden und die Rollen stärker zu klären. In einer

Großstadt wird beispielsweise eine organisationsinterne Trennung zwischen öffentlichem Träger und Anbieter vorgenommen.

Begleitet wird die Entwicklung des Wirksamkeitsdialoges durch größere jugendpolitische Veränderungen auf kommunaler Ebene, die in letzter Zeit dazu geführt haben, dass zahlreiche größere Kommunen ihre Einrichtungen der Offenen Kinder- und Jugendarbeit in freie Trägerschaft überführt haben. Für den Wirksamkeitsdialog ist diese Entwicklung nicht negativ zu sehen, weil sie eher zu einer Klärung der Rollen zwischen öffentlichem Träger, Planer, Förderer und Anbieter führt. Dennoch ist es auch von Vorteil, wenn zahlreiche Jugendämter eigene Einrichtungen vorhalten und diese dann z.B. in Form von Eigenbetrieben verwalten.

3.3 Kommunale Ebene

Berichtswesen

In der Regel wird im Rahmen eines eingeführten Wirksamkeitsdialogs ein jährlicher Gesamtbericht über die Offene Kinder- und Jugendarbeit für den kommunalen Jugendhilfeausschuss erstellt. Die Form des Berichts ist in hohem Maße von der Größe der Kommune und damit von der Zahl der einbezogenen Einrichtungen abhängig. Bei wenigen Einrichtungen ist der Bericht vielfach so gestaltet, dass er noch jede Einrichtung einzeln abbildet, zum Teil werden die Daten aus dem quantitativen Berichtswesen aggregiert dargestellt. In größeren Kommunen werden die Angaben aus den Einzelberichten zusammengefasst, zum Teil differenziert nach Angebotsbereichen. In einigen Kommunen ist auch die Darstellung der Ergebnisse des Dialogs mit den Einrichtungen Teil des Gesamtberichts.

Oft ist der Gesamtbericht Produkt der gemeinsamen Beratung in einer Moderations- und Steuerungsgruppe. Er ist damit Resultat einer Gesamteinschätzung im Rahmen eines dialogischen, trägerübergreifenden Verfahrens und hat insofern einen höheren Stellenwert im Wirksamkeitsdialog als dies bei einem reinen Verwaltungsbericht für den Jugendhilfeausschuss der Fall ist. In anderen Kommunen herrscht dagegen ein Verständnis vor, wonach es dem öffentlichen Träger als Planungsverantwortlichem obliegt, der Politik Bericht zu erstatten. Ein solches Verständnis wird zum Teil mit der starken Rolle der freien Träger im Jugendhilfeausschuss begründet, der die Verwaltung beauftragt, einen Bericht über die Offene Kinder- und Jugendarbeit zu erstellen. Grundsätzlich widerspricht es diesem Verständnis aber nicht, wenn ein solcher Bericht in einer Moderations- oder Steuerungsgruppe unter Einbeziehung der freien Träger formuliert wird. Ein dialogisches Verfahren wird die Beteiligung der freien Träger auf allen Ebenen fördern und wird deshalb von vielen Jugendämtern favorisiert.

Die Vertreter/innen der befragten Kommunen gehen überwiegend von positiven Resultaten einer regelmäßigen Berichterstattung gegenüber der Politik aus. Ähnlich wie auf der Dialogebene mit den Einrichtungen wird ein solcher Gesamtbericht oft verbunden mit einer grundsätzlichen jugendpolitischen Diskussion der Offenen Kinder- und Jugendarbeit und ihrer zukünftigen Orientierung. Allerdings sind nicht selten die Ausschüsse mit der Formulierung strategischer Ziele ähnlich überfordert wie die Einrichtungen mit der Formulierung ihrer Jahresziele. Andererseits gehört es zu einem dynamischen Gesamtprozess, wenn die Kommunalpolitik strategische Ziele formuliert, die dann entsprechend bearbeitet werden können.

Ein positiver Aspekt einer regelmäßigen Berichterstattung ist auch die dadurch entstandene Transparenz eines zum Teil bis dahin sehr unübersichtlichen Feldes. Transparenz erhöht die Legitimation dieses Bereichs der Jugendhilfe und die Offene Kinder- und Jugendarbeit kommt nicht mehr nur dann in das Blickfeld der politischen Gremien, wenn es z.B. Probleme in Einrichtungen gibt. Damit kann die OKJA an Entwicklungen anschließen, die in anderen Feldern der Jugendhilfe bereits Standard sind. In Einzelfällen berichten Kommunen und Kreise in diesem Zusammenhang über Beschlüsse zur mittel- und langfristigen, auch finanziellen Stabilisierung der OKJA.

Im Hinblick auf die Rolle und Bedeutung der AG 78 im Prozess der Wirksamkeitsdialoge konnten große Unterschiede festgestellt werden. Dies hängt nicht zuletzt von der Größe der Kommune ab. Großstädte haben zum Teil in allen Stadtbezirken eine AG 78 eingerichtet oder haben die AG 78 geteilt und verfügen über eine AG 78 nur für die Jugendförderung/Jugendarbeit.

Sozialräumliche Ebenen

Insbesondere in Landkreisen und mittleren und großen Kommunen stellt sich die Notwendigkeit, Dialogebenen auch unterhalb des Kreises bzw. der Kommune zu eröffnen. In Landkreisen geht es um den Einbezug der kreisangehörigen Gemeinden und in größeren Kommunen um die Berücksichtigung der unterschiedlichen Stadtbezirke und Sozialräume. In größeren Kommunen sind die Bezirksvertretungen auch deshalb von Bedeutung, weil sie zum Teil über eigene Budgets verfügen und von daher ein Interesse an der Steuerung des Feldes haben.

Die Einbeziehung der Bezirksvertretungen ist mit unterschiedlichen Erfahrungen verbunden. In einigen mittleren Kommunen wird diese Ebene intensiv in Wirksamkeitsdialoge einbezogen, in anderen spielt sie keine Rolle. In großen Städten erscheint die Bezirksebene als noch zu groß, weil sie zum Teil über 100.000 Einwohner umfasst und deshalb nicht als sozialraumorientierte Ebene zur Verfügung stehen kann. Aber auch dort, wo unterhalb der Stadtbezirke Sozialräume definiert werden, gehen die Kommunen unterschiedlich vor. Eine große Kommune verfügt über eine sehr detaillierte Sozialraumorientierung mit mehr als 170 ausgewiesenen kleinen Sozialräumen, für die auch sozialstrukturelle Daten zur Verfügung stehen, während andere sehr viel größere Sozialraumzuschnitte wählen.

Die Entwicklung von Wirksamkeitsdialogen trifft hier auf die in der Fachdebatte allgemein diskutierte Frage, wie die in den unterschiedlichen Bereichen der Jugendhilfe jeweils spezifisch diskutierte Sozialraumorientierung umgesetzt werden kann (s. Kasten). Dies sind hauptsächlich Fragen der Jugendhilfeplanung, die sich aber auf die Bereiche der Jugendhilfe auswirken und in einer Großstadt in NRW dazu führen, dass es für die unterschiedlichen Bereiche insgesamt vier verschiedene Sozialraumzuschnitte gibt, die eine Kommunikation und Kooperation naturgemäß erheblich erschweren. Die sozialräumliche Entwicklung von Wirksamkeitsdialogen ist jedenfalls eine entscheidende Frage auch für die zukünftige Perspektive der Offenen Kinder- und Jugendarbeit, die sich immer stärker mit Ansprüchen anderer Bereiche der Jugendhilfe, insbesondere der Hilfen zur Erziehung auseinander setzen muss.

Ein weiterer Aspekt, der für eine stärkere Sozialraumorientierung spricht, ist die notwendige Überwindung einer Einrichtungszentriertheit, so wie sie oben schon dargestellt wurde. Allerdings kann eine zu kleinteilige Sozialraumorientierung nicht auf Bedarfe eingehen, die sozialraumübergreifend entstehen, wenn etwa Jugendliche durch ihre gewachsene Mobilität ihre Wohnplätze verlassen und stadtweit oder regional agieren. Eine zu planerisch formalistische Festlegung von Sozialräumen verengt auch den Blick für die Gestaltung von Sozialräumen als subjektive Lebenswelten, wie sie typisch für die Entwicklung von Kinder und Jugendlichen ist.

> Insgesamt findet in der deutschen Jugendhilfe ein Paradigmenwechsel von der Einzelfall- über die Zielgruppen- zu einer stärkeren Sozialraumorientierung statt. Dass dies nicht nur eine theoretische Diskussion ist, sieht man an zahlreichen Organisationsentwicklungsprozessen in Jugendämtern, die ihre sozialen Dienste regionalisieren, Sozialraumteams bilden bis hin zur Einstellung von Quartiersmanagern mit dem Auftrag, die Ressourcen in einem Quartier zu bündeln und neue Formen der sozialen Arbeit zu entwickeln.

Bei dieser Umorientierung in der Jugendhilfe spielt die Jugendhilfeplanung als Querschnittsaufgabe eine entscheidende Rolle. Viele Jugendämter in NRW haben die Definition von Sozialräumen als Planungsräume abgeschlossen und können heute sozialraumbezogene sozial-strukturelle Daten zur Verfügung stellen, die in die unterschiedlichen Planungsverfahren einfließen, z.B. bei der Planung der Offenen Ganztagsgrundschule. Grundlage für die Entwicklung des sozialräumlichen Planungsinstrumentariums ist eine Sozialraumanalyse, die zurzeit intensiv diskutiert und zu der zahlreiche Veröffentlichungen publiziert werden.

Ein weiterer Aspekt der Sozialraumorientierung ist die Verknüpfung mit bestimmten Finanzierungsformen (Stichwort: Sozialraumbudgetierung oder Sozialraumbudget). In der Praxis geht es nicht nur um die Festlegung von Sozialraumbudgets für bestimmte Stadtteile, sondern auch um die Bildung von Sozialraumteams, d.h. die Dezentralisierung von Dienstleistungen und die Regionalisierung der Hilfen zur Erziehung bis hin zur Bildung von Jugendhilfezentren als kleinen Einheiten, die stadtteilnah und bürgernah Leistungen der Jugendhilfe anbieten. Grundlage für die Definition von Sozialraumbudgets und die Organisation der Hilfen zur Erziehung in diesem Sinne ist auch hier eine differenzierte Sozialraumanalyse.

Eine weitere Wurzel für die gegenwärtige Sozialraumdebatte ist die Stadtentwicklung und insbesondere das damit verbundene Bund-Länder-Programm „Soziale Stadt" (vgl. www.Soziale.Stadt.de). Hier geht es darum, Sozialräume und Quartiere als Lebensräume zu stärken und Stadtentwicklung und soziale Arbeit zu verschränken. Im Zentrum stehen „Stadtteile mit besonderem Erneuerungsbedarf" und strukturschwache ländliche Regionen. Ziel der Projekte ist es, die Maßnahmen des Kinder- und Jugendplanes des Bundes zusammenzufassen und die Arbeit im Rahmen der Kinder- und Jugendhilfe in diesen Sozialräumen zu qualifizieren und weiterzuentwickeln.

Notwendig erscheint nicht zuletzt eine Klärung der Begriffe, da die Begriffe Sozialraumorientierung und Sozialraumanalyse nicht isoliert, sondern im Zusammenhang etwa mit der Lebensweltorientierung der Kinder- und Jugendhilfe gesehen werden müssen. Insbesondere in der Jugendhilfeplanung ist ein Begriff des Sozialraums dominant, der Sozialräume als Planungsräume und sozialgeographisch begrenzt als Stadtteile, Dörfer, Regionen versteht, d.h. in einer Sozialraumanalyse werden die sozialstrukturellen Daten dieser begrenzten Räume erfasst, interpretiert und ausgewertet.

Neben diesem Begriff des Sozialraums existieren in der Diskussion zahlreiche andere, zum Teil synonym verwendete Begriffe, die oft unscharf und wenig klar benutzt werden: Quartier, Milieu, Lebenswelt usw. Insbesondere der Begriff der Lebenswelt deutet auf einen Aspekt der Sozialraumorientierung hin, der nicht auf eine administrative Planungsgröße reduziert werden kann, sondern individuelle subjektive Bezüge in den Vordergrund stellt. So hat Hans Thiersch (1998) in seinem Ansatz zur Lebensweltorientierung immer wieder auf die subjektive Sichtweise von sozialen Räumen hingewiesen. In dieser Tradition steht auch der Ansatz der sozialräumlichen Jugendarbeit: Dieser Ansatz, in der "Pädagogik des Jugendraums" (Böhnisch/Münchmeier 1990) grundgelegt, sieht Jugendarbeit als einen zentralen "Ort" im Rahmen sozialräumlicher Zusammenhänge, in dem Kinder und Jugendliche aufwachsen. Die Jugendarbeit entwickelt entsprechend dieser – auf das Lebensumfeld bezogenen Bedürfnisse und Interessen der Zielgruppen – adäquate und flexible Angebote. Offene Jugendarbeit versucht aber auch Kinder und Jugendliche bei der Erschließung und Aneignung öffentlicher Räume im Gemeinwesen zu fördern und zu unterstützen (Deinet 2005).

3.4 Der Wirksamkeitsdialog als dynamisches Modell und die Bedeutung von Zielvereinbarungen

Insgesamt kann man zwischen zwei Orientierungen des Wirksamkeitsdialoges unterscheiden:

- Ein eher Qualität-sichernder Dialog mit starker Beteiligung der Mitarbeiter/innen und Einrichtungen, der darauf angelegt ist, das Feld zu stabilisieren, aber auch Transparenz und Legitimation zu schaffen. Einrichtungsübergreifende Veränderungen können im Rahmen solcher Wirksamkeitsdialoge nur schwer vorgenommen werden, weil der Steuerungsaspekt relativ weit draußen bleibt.
- Dem stehen Wirksamkeitsdialoge gegenüber, die stark steuerungs- und veränderungsorientiert sind: Diese Modelle sind eher in der Minderzahl und beruhen meist auf einem durch die Jugendhilfeplanung stark eingebrachten Steuerungsinteresse, das zum Teil auch zu Spannungen mit Einrichtungen und Trägern führt. Diese Dialoge sind eher in der Lage, auf notwendige Veränderungen, die sich in den letzten Jahren immer wieder ergeben haben, einzugehen und müssen aber unter Umständen auch brisante jugendpolitische Fragen, z.B. welche Einrichtungen bei weiteren finanziellen Kürzungen geschlossen werden müssen, zum Thema machen. Sie sind handlungsfähiger, wenn z.B. Angebote zwischen einzelnen Sozialräumen umgeschichtet werden müssen, weil sich die Alterstrukturen jeweils geändert haben.

Die Entwicklung kommunaler Qualitäts- und Wirksamkeitsdialoge

Jenseits der angesprochenen Orientierung eines Wirksamkeitsdialogs zwischen stärker Qualität-sichernden, einrichtungsbezogenen und stärker steuernden, bedarfsorientierten Aspekten, scheint die Entwicklung einer Dynamik zwischen den am Wirksamkeitsdialog beteiligten Ebenen und Protagonisten ein herausragendes Merkmal zu sein, das weitgehend unabhängig ist von den genannten Orientierungen. Die „Kunst" besteht darin, einen solchen dynamischen Prozess in Gang zu setzen und in Bewegung zu halten und die Einrichtungsebene über die Dialogebene mit der kommunalen Ebene und zurück in Verbindung zu bringen. D.h. die dargestellten Ebenen, Bausteine und Akteursgruppen müssen dafür in eine dynamische Verbindung gebracht werden.

Im Rahmen dieser Studie wird bewusst darauf verzichtet, weitere Typisierungen zu konstruieren, einzelne Typen von Wirksamkeitsdialogen als übertragbar darzustellen oder ein idealtypisches Modell eines Wirksamkeitsdialogs zu konstruieren. Die Beschreibung der Entwicklung in den vier Größenklassen der Kommunen hat gezeigt, dass es zwar notwendige Rahmenbedingungen gibt, die auch hinreichend beschrieben werden konnten, die Praxis aber so unterschiedlich ist, dass z.B. nicht festgelegt werden kann, dass ein Wirksamkeitsdialogs ohne Moderations- und Steuerungsgruppe nicht funktioniert. Die Komplexität der Realität in der Offenen Kinder- und Jugendarbeit stellt vielmehr die Anforderungen an alle Beteiligten aus Jugendpolitik, Jugendhilfe und Praxis, ihren eigenen Dialog zu entwickeln.

Dies hängt auch damit zusammen, dass „hinter" dem Wirksamkeitsdialog noch andere Debatten geführt werden, die entsprechende Auswirkungen haben, etwa die „neue Steuerung", die in zahlreichen Kommunen zu diversen unterschiedlichen Entwicklungen in Bezug auf die Offene Kinder- und Jugendarbeit geführt hat. In vielen Kommunen ist deshalb der Terminus des Fachcontrollings ein entscheidender Schlüssel für den jeweiligen Wirksamkeitsdialog. Noch entscheidender scheint die historisch gewachsene Kultur der Kommunikation zwischen öffentlichem und freiem Träger zu sein, die sich auf den Wirksamkeitsdialog auswirkt.

Die Einführung des Wirksamkeitsdialoges in NRW war für viele Jugendämter eine Initialzündung, vorhandene Bausteine der Qualitätsentwicklung zusammenzuführen und gemeinsam weiter zu entwickeln. Die im Vergleich zu anderen Feldern der Jugendhilfe überfällige Einführung standardisierter und akzeptierter Verfahren der Qualitätsentwicklung wurde durch den Wirksamkeitsdialog forciert. Das Berichtswesen auf Landesebene ist ein Hinweis für die gemeinsame Anstrengung, die Offene Kinder- und Jugendarbeit in ein vergleichbares System der Qualitätsentwicklung zu bringen.

Sicher kann festgestellt werden, dass die Entwicklung der Einrichtungsebene, d.h. Fragen der Konzeptentwicklung und des Berichtswesen, unverzichtbare Grundlagen eines Wirksamkeitsdialogs sind. Auch ist es erforderlich, dialogische Elemente oberhalb der Einrichtungs- und unterhalb der kommunalen/politischen Ebene zu installieren wie in den vielfach vorhandenen Moderations- und Steuerungsgruppen und dem Instrument der regelmäßigen Rückmeldegespräche mit den Einrichtungen. In Großstädten und Landkreisen muss diese Dialogebene auch sozialräumlich noch weiter differenziert werden. Ebenso gehört die Einbeziehung der Politik z.B. durch eine regelmäßige Berichterstattung und die Formulierung strategischer Ziele durch die politischen Gremien zu einem dynamischen Kreislauf des Wirksamkeitsdialogs.

Entscheidender Schlüssel sind ebenfalls die Kompetenzen und Fähigkeiten der Moderatoren auf der intermediären Ebene, d.h. der Jugendpflegerinnen, Jugendpfleger, Abteilungsleiter/innen, Fachreferenten bei freien Trägern. Diese sind deshalb wichtig, weil sie die Qualitätsentwicklung der einzelnen Einrichtungen fördern können; sie bilden die Transmissionsriemen zur Verwaltung und Politik. Deutlich wird, dass es gerade auf dieser Ebene einen großen Beratungs- und Fortbildungsbedarf gibt, da die eigenen Kompetenzen oft nicht ausreichen, um den hohen Anforderungen der kommunikativen Prozesse gerecht werden zu können. Es verwundert also nicht, dass insbesondere die relativ gut ausgebildeten Jugendhilfeplaner/innen in NRW die Initiative im Wirksamkeitsdialog übernommen haben und zum Teil deutlich die dominierende Stellung einnehmen.

Mehr als zurzeit vorhanden dürfte in Zukunft die Steuerung des Feldes über Zielvereinbarungen im Sinne eines Kontraktmanagements an Bedeutung gewinnen. Diese Richtung wird mit dem neuen Kinder- und Jugendfördergesetz des Landes NRW erheblich gestärkt. Die dort intendierte Planungssicherheit über eine Legislaturperiode passt in Zukunft besser zu der kommunalen Ebene, in der es zum Teil schon mehrjährige Vereinbarungen z.B. mit den freien Trägern gibt. Insofern entspricht es den Erwartungen vieler Träger und Kommunen, wenn der Landesjugendplan als Instrument des Landes eine Umorientierung von einer haushaltsjährlichen Projektorientierung, die immer wieder zu erheblichen Problemen führte, hin zu einer strategischen Planung des Feldes durch eine stärkere Planungssicherheit und Verlässlichkeit, erfährt.

Der mit Kontrakten gewonnenen Planungssicherheit und Verlässlichkeit steht eine Dynamisierung des Feldes gegenüber, die durch Zielvereinbarungen z.B. über Jahresschwerpunktziele mit Einrichtungen gewonnen wird. Solche Zielvereinbarungen auf unterschiedlichen Ebenen bringen die notwendige Dynamik in das Feld und in die zu entwickelnden kommunalen Qualitäts- und Wirksamkeitsdialoge.

Zielvereinbarungen als wichtigste Bestandteile von Kontrakten, gebunden an entsprechende Ressourcen schaffen also sowohl Kontinuität und Verlässlichkeit für das Feld, als auch Dynamik und Steuerungsmöglichkeiten.

Die Ebenen für Zielvereinbarungen sind:

- Kommunale Ebene: Zielvereinbarungen und Kontrakte zur Steuerung des gesamten Feldes, strategische Ziele die zwischen Politik, öffentlichen und freien Trägern verabredet werden.
- Dialogebene: Zielvereinbarungen zwischen öffentlichem Träger und Trägergruppen, kommunale und sozialraumspezifische Zielsetzungen und Kontrakte (vgl. Sozialraumbudget).
- Einrichtungsebene: Öffentlicher Träger kontraktiert Halbjahres- oder Jahresschwerpunktziele mit Projekten und Einrichtungen der Offenen Kinder- und Jugendarbeit.

Im Rahmen des Kontraktmanagements hat der öffentliche Träger auf allen Ebenen eine besondere Verantwortung auf Grund seiner Planungsverantwortung und der in vielen Bereichen der Jugendhilfe als Standard formulierten Sozialraumorientierung.

Diese macht insbesondere die Einbeziehung der Jugendhilfeplanung notwendig, da Ziele nicht mehr „frei formuliert", sondern entsprechend sozialräumlicher Bedarfe definiert werden sollen.

Die vielfach diskutierte Notwendigkeit einer engeren Zusammenarbeit der Bereiche der Jugendhilfe, auch der Hilfen zur Erziehung und der Offenen Kinder- und Jugendarbeit macht deutlich, dass auf der Sozialraumebene Zielsetzungen nicht nur bereichsspezifisch definiert werden können, sondern Verfahren entwickelt werden müssen, um die vorhandene Segmentierung der Bereiche der Jugendhilfe zu überwinden. Dazu finden sich in zahlreichen Qualitäts- und Wirksamkeitsdialogen interessante Ansätze, etwa durch multiperspektivische Arbeitsgruppen, in denen Vertreter/innen aus verschiedenen Bereichen der Jugendhilfe zusammenarbeiten, aber auch der im Rahmen der Evaluation entwickelten Verfahren die Sicht von anderen Bereichen der Jugendhilfe und weiteren Institutionen (etwa Schule) einzuholen und in den Gesamtprozess zu integrieren.

Wie diese Elemente in einer eher steuerungs- oder qualität-sichernden Orientierung aber angeordnet werden und welche Bedeutungen die einzelnen Bausteine haben, wird vor Ort in vielfacher Weise variiert und entwickelt. Eine idealtypische Konstruktion eines Wirksamkeitsdialogs am Schluss dieser Studie widerspricht unserem Grundverständnis einer revisionären Planung, in der es vor Ort immer wieder darum gehen muss, Dynamiken herzustellen über Veränderungen und keine statischen Verfahren einzuführen.

4 Resümee – Empfehlungen zur Einführung kommunaler Qualitäts- und Wirksamkeitsdialoge

Grundlagen schaffen: Qualitätsentwicklung auf Projekt- und Einrichtungsebene stärken. Verschriftlichung der Konzeptionen nach einer mit allen Trägern und Einrichtungen vereinbarten gemeinsamen Gliederung, Weiterentwicklung der Jahresberichte zu Qualitätsberichten, Entwicklung eines einrichtungsinternen Qualitätsdialoges, z.b. durch die regelmäßige Beteiligung und Partizipation von Kindern und Jugendlichen, regelmäßige Gespräche mit Trägern, Fachberatung etc., Reflexions- und Planungstage, sozialräumliche Öffnung der Einrichtungen, auch Einbeziehung der Einsichten und Ansichten von Nichtbesucher/innen, Nachbarn, Institutionen.

Ein wichtiger Qualitätsschritt zur Entwicklung eines kommunalen Qualitäts- und Wirksamkeitsdialoges besteht darin, **trägerübergreifend vereinheitlichte und gemeinsame Bausteine der Qualitätsentwicklung auf Einrichtungsebene** zu entwickeln. Hier darf es nicht zu einem Nebeneinander unterschiedlicher Bausteine und Prozesse kommen, in dem etwa ein Träger Leitlinien entwickelt, der andere Schlüsselprozesse und der dritte die Selbstevaluation fördert.

Es ist deshalb wichtig, an dieser Stelle schon eine **Steuerungs- bzw. Moderationsgruppe** für die Entwicklung eines Qualitäts- und Wirksamkeitsdialoges einzurichten, die trägerübergreifend agieren kann und so die Konzeptions- und Qualitätsentwicklung auf Einrichtungsebene anregt und steuert. Dies ist die beste Grundlage für einen sich noch entwickelnden Dialog, der behutsam angegangen werden muss.

Einführung vereinheitlichter Jahres- bzw. Qualitätsberichte, die sowohl qualitative als auch quantitative Daten enthalten. Alternative: Trennung von Jahresbericht, d.h. von qualitativen Daten und quantitativem Berichtswesen, das separat eingeführt wird. Die Einführung eines Berichtswesens, insbesondere die Abfrage quantitativer Daten ist eine weitere wichtige Grundlage für die Einführung kommunaler Qualitäts- und Wirksamkeitsdialoge: Hier muss es eine Stelle geben, in der die Daten fachlich gut ausgewertet werden, damit diese sowohl in Richtung Politik aggregiert eine höhere Transparenz für das Feld schaffen, als auch als Diskussionsgrundlage für eine fachliche Auseinandersetzung über inhaltliche Fragen an die Einrichtungen und Fachleute zurückgegeben werden können. Wenn die Fachkräfte das Gefühl haben, dass sie als „Datenknechte" ständig Zahlen nach oben weitergeben müssen, ist dies keine Grundlage für einen Dialog.

Institutionalisierung einer Planungs- und Steuerungsgruppe oder Moderationsgruppe für den Wirksamkeitsdialog auf der **Grundlage eines politischen Beschlusses,** damit das gesamte Verfahren auch von der Politik gewollt wird. Damit einhergehen können auch Beschlüsse, die sich auf die Förderung beziehen und z.b. ein Moratorium festlegen, um für die Entwicklung der Dialoge eine notwendige Voraussetzung zu schaffen, damit die freien Träger auch Daten liefern können, ohne das Gefühl zu haben, dass diese möglicherweise zu Mittelkürzungen führen.

Institutionalisierung einer trägerübergreifenden Moderations- und Steuerungsgruppe (s.o.), in der die Ergebnisse der Qualitätsentwicklung der Einrichtungen sowie die Ergebnisse des Berichtswesens zusammengetragen, interpretiert und kommentiert werden, damit Vorlagen und Empfehlungen für die Politik, aber auch in Richtung der Einrichtungen und Träger entwickelt werden können.

Beteiligung der Jugendhilfeplanung an Moderations- und Steuerungsgruppen, um eine Dynamisierung und Flexibilisierung zu erreichen, die darin bestehen kann, dass die Jugendhilfeplanung auf besondere Bedarfe in Sozialräumen bzw. auf veränderte Bedarfslagen hinweist, damit die Einrichtungen nicht nur vom Ist-Stand und ihren aktuellen Besucherinnen und Besuchern ausgehen.

Sozialräumliche Orientierung, d.h. Einbeziehung weiterer Institutionen und deren Erwartungen sowie Kooperationen in den Qualitäts- und Wirksamkeitsdialog, etwa die Kooperation zwischen Offener Kinder- und Jugendarbeit und den Hilfen zur Erziehung. Hier müssen kommunalspezifische Schnittstellen geschaffen werden, weil es nicht darum gehen kann, die Aufgaben der Kinder- und Jugendarbeit und die der Hilfen zur Erziehung oder anderer Bereiche (etwa Schule) unzulässig zu vermischen, aber geeignete Schnittstellen zu schaffen, sodass mehr und gezieltere Kooperationen möglich werden.

Einbeziehung der Politik in den Wirksamkeits- und Qualitätsdialog, z.B. Bildung eines Unterausschusses oder Teilnahme von Politiker/innen an Moderations- oder Steuerungsgruppen, Klausuren mit Jugendhilfeausschüssen, gemeinsame Sitzung zwischen Jugendpolitikerinnen und Steuerungs- und Moderationsgruppen, um auch die Jugendpolitik entsprechend in den Dialogcharakter einzubeziehen.

Aufbau und Ausbau geeigneter Rückmeldeschleifen zu den Einrichtungen, regelmäßige Feedback- oder Rückmeldegespräche zwischen den Mitgliedern der

Moderations- und Steuerungsgruppe und den Einrichtungen, Organisation von Transfer und Diskussionsrunden, z.b. in einzelnen Sozialräumen (in großen Großstädten oder Landkreisen), Einführung kollegialer Diskurse oder ähnlicher Bausteine, die gewährleisten, dass die kommunal geführten Diskussionen mit dem Jugendhilfeausschuss und der Jugendpolitik auch wieder in Richtung der Einrichtungen und Fachkräfte kommuniziert werden können.

Bei dem Aufbau neuer Gremien sollte man zunächst davon ausgehen, **vorhandene Gremien einzubeziehen** bzw. ihnen neue Aufgaben im Rahmen von Qualitäts- und Wirksamkeitsdialogen geben.

Indikatoren für gelungene kommunale Qualitäts- und Wirksamkeitsdialoge:

- Politiker/innen fühlen sich besser über das Feld der Offenen Kinder- und Jugendarbeit informiert.
- Politik ist im Rahmen des Wirksamkeitsdialoges mit Steuerungs- und Moderationsgruppen in einer ständigen Kommunikation eingebunden und das Thema Offene Kinder- und Jugendarbeit wird regelmäßig besprochen und nicht nur dann, wenn es Probleme gibt.
- Durch ein Berichtswesen gibt es eine ausreichende Transparenz über Leistungen, Angebote und Wirkungen der Offenen Kinder- und Jugendarbeit in einer Kommune.
- Jugendhilfe- und Sozialplanung sind in der Lage, im Rahmen des Wirksamkeitsdialoges Bedarfslagen zu formulieren, etwa durch Veränderungen in Sozialräumen, die dann auch vom Feld aufgegriffen und bearbeitet werden.
- Die Trägeridentifikation von Einrichtungen und Fachkräften wird erweitert in Richtung einer gemeinsamen Mandatsträgerschaft für die Gestaltung der Kinder- und Jugendarbeit in einer Kommune im Sinne der Kinder und Jugendlichen.
- Einrichtungen agieren nicht nur bezogen auf Besucherinnen und Besucher, sondern sozialräumlich, d.h. sie haben Kinder und Jugendliche in ihrem Sozialraum im Blick.
- Über definierte Schnittstellen gibt es zahlreiche Kooperationen und Entwicklungen zwischen der Offenen Kinder- und Jugendarbeit und weiteren Bereichen der Jugendhilfe, etwa den Hilfen zur Erziehung sowie insbesondere Schulen und anderen Einrichtungen.
- Fachkräfte aus Einrichtungen können die Ziele ihrer Arbeit formulieren und Außenstehenden gegenüber transparent ihre Leistungen beschreiben.

Die Entwicklung kommunaler Qualitäts- und Wirksamkeitsdialoge

- Durch gezielte Projekte der Selbstevaluation werden Wirkungen der Offenen Kinder- und Jugendarbeit untersucht und dokumentiert.
- Die Beteiligung und Partizipation von Kindern und Jugendlichen ist sowohl auf der Einrichtungsebene als auch auf der kommunalen Ebene (etwa durch die Einbeziehung von Vertreterinnen und Vertretern von Jugendparlamenten in Moderations- und Steuerungsgruppen) gewährleistet.

5 Literatur

Deinet, Ulrich/Krisch, Richard: Der sozialräumliche Blick der Jugendarbeit. Methoden und Bausteine zur Konzeptentwicklung und Qualifizierung, Opladen 2002

Deinet, Ulrich/Reutlinger, Christian: „Aneignung" als Bildungskonzept der Sozialpädagogik. Beiträge zur Pädagogik des Kindes- und Jugendalters in Zeiten entgrenzter Lernorte, Wiesbaden 2004

Deinet Ulrich (Hrsg.): Sozialräumliche Jugendarbeit. Grundlagen, Methoden, Praxiskonzepte, völlig überarbeitete und erweiterte Auflage, Wiesbaden 2005

Ulrich Deinet, Maria Icking (Hrsg.): Jugendhilfe und Schule. Analysen und Konzepte für die kommunale Kooperation, Leverkusen-Opladen 2006

Gilles, Christoph/Buberl-Mensing, Heide: Qualität in der Jugendarbeit gestalten. Konzeptentwicklung, Evaluation und Fachcontrolling. Landschaftsverband Rheinland, Köln 2000

Krisch, Richard: Über die pädagogische Aufschließung des Stadtraumes: Sozialräumliche Perspektiven von Jugendarbeit, in: Liegle Ludwig/Thiersch Hans/Treptow Rainer (Hrsg.) Zur Neubestimmung des Bildungsbegriffs in der Pädagogik der frühen Kindheit und in der Sozialpädagogik. Lambertus Verlag; Freiburg im Breisgau 2002

Landesjugendring NRW: 1. Bericht Wirksamkeitsdialog Landesjugendring NRW e.V., Neuss 2004

Ministerium für Frauen, Jugend, Familie und Gesundheit des Landes Nordrhein-Westfalen: Offene Kinder- und Jugendarbeit. Der Wirksamkeitsdialog, Düsseldorf, 2002

Ministerium für Schule, Jugend und Kinder des Landes Nordrhein-Westfalen: Strukturdaten der Offenen Kinder- und Jugendarbeit in Nordrhein-Westfalen 2001. Befunde der ersten NRW-Strukturdatenerhebung im Rahmen des landesweiten Berichtswesens zur Offenen Kinder- und Jugendarbeit, Düsseldorf 2003

Ministerium für Schule, Jugend und Kinder des Landes Nordrhein-Westfalen: Die Offene Kinder- und Jugendarbeit in Nordrhein-Westfalen. Befunde der zweiten Strukturdatenerhebung zum Berichtsjahr 2002, Düsseldorf 2004

Projektgruppe WANJA (Hrsg.): Handbuch zum Wirksamkeitsdialog in der Offenen Kinder- und Jugendarbeit. Qualität sichern, entwickeln und verhandeln. Münster 2000

Sturzenhecker, Benedikt/Deinet, Ulrich (Hrsg.): Konzeptentwicklung in der Kinder und Jugendarbeit. Reflexionen und Arbeitshilfen für die Praxis. Weinheim 2007, i.E.

Spiegel, Hiltrud von (Hrsg.): Jugendarbeit mit Erfolg. Arbeitshilfen und Erfahrungen zur Qualitätsentwicklung und Selbstevaluation. Münster 2000
Thiersch, Hans: Lebensweltorientierte soziale Arbeit und Forschung, in: Thomas Rauschenbach/Thole, Werner (Hrsg.) Sozialpädagogische Forschung, Weinheim und München 1998, Seite 81 ff.

Kommunales Berichtswesen als Grundlage der Qualitätsentwicklung

Marco Szlapka

1 Einleitung

Wer die Qualität in der Kinder- und Jugendarbeit definieren, sie bewerten oder sie gar steuern möchte, braucht als Grundlage erst einmal eine Beschreibung dessen, was sie eigentlich beinhaltet und leistet. Ein Verweis auf die gesetzlichen Grundlagen des Sozialgesetzbuches in den Leistungsbereichen §§ 11 bis 14 SGB VIII oder – soweit vorhanden – den Landesausführungsgesetzen hilft nur bedingt weiter. Die vom Gesetzgeber vorgegebenen Leistungsverpflichtungen für die Kinder- und Jugendarbeit sind durch viele unbestimmte Rechtsbegriffe geprägt. Der weit gefasste Bereich von Jugendarbeit wird zwar als eigenständiger Leistungsbereich benannt, doch sieht der Gesetzgeber bewusst davon ab, die Kinder- und Jugendarbeit für sich genommen als Leistungsbereich zu beschreiben und damit detailliert Strukturen, Inhalte und Formen vorzugeben. Stattdessen wird die in Anspruchnahme der einzelnen Angebote durch junge Menschen, verstanden als Teilnahme an allgemein zugänglichen Veranstaltungen oder auch die Nutzung entsprechender Einrichtungen der Freien und Öffentlichen Jugendhilfe, als Leistung der Jugendhilfe beschrieben[1]. Inhalt und Dauer von Angeboten sowie Art und Anzahl von Einrichtungen sollen sich nach dem örtlichen Bedarf richten, wie er sich aus der kommunalen Jugendhilfeplanung ergibt. Dies setzt aber voraus, dass die örtliche Jugendhilfe erst einmal definiert, was sie zur Kinder- und Jugendarbeit zählt und im Anschluss daran ein Berichtswesen aufbaut, welches regelmäßig Auskunft über Inhalt und Dauer sowie Anzahl und Art der Leistungen bietet.

Was auf den ersten Blick einfach erscheint, nämlich die Beschreibung dessen, was Kinder- und Jugendarbeit beinhaltet und was daher auch als Leistungsbereich der Jugendhilfe durch öffentliche Gelder gefördert wird, lässt in der Praxis selbst hauptberufliche Mitarbeiter/innen in der Jugendarbeit an ihre Grenzen stoßen. Dabei ist eine strukturelle Abgrenzung – wenn beispielsweise ein Bür-

---

[1] vgl. Wiesner u.a.: SGB VIII – Kinder- und Jugendhilfe, München 1995

germeister behauptet, die Duldung eines Treffpunktes von Jugendlichen in einer Bushaltestelle sei schon ein offener Treff – noch einfach vorzunehmen. Schwieriger wird es schon bei der Frage nach Teilnehmer/innen an einem Leistungsangebot. Gilt der oder die Besucher/in einer Discoveranstaltung im Jugendzentrum schon als Teilnehmer/in eines Leistungsangebotes der Jugendhilfe? Noch heikler wird es bei der Definition von Inhalten: Ab wann zählt ein religiöses Angebot in einer verbandlichen Gruppenstunde – im Sinne der Vermittlung von Werten und damit Orientierung – noch als Leistungsangebot der Jugendhilfe und nicht nur als religiöse Erziehung und Bildung, die keiner öffentlichen Förderung unterliegt?

Wenn schon die Beschreibung dessen, was eigentlich zur Kinder- und Jugendarbeit gehört, nicht einfach ist, liegt es auf der Hand, dass der Aufbau eines Berichtswesens eine Herausforderung darstellt. So wird in der Verbandlichen Jugendarbeit bis heute darüber diskutiert, ab wann ein Mitglied im Rahmen der Berichterstattung und Mittelverteilung auch als solches zu gelten hat. Gehören beispielsweise alle evangelischen Kinder und Jugendlichen im Alter von 6 bis 27 Jahre einer Gemeinde automatisch zur Evangelischen Jugend und werden daher als Mitglieder gezählt? Gehören alle Gewerkschaftsmitglieder oder Mitglieder von Sportvereinen unter 27 Jahren automatisch zur Gewerkschaftsjugend bzw. zur Sportjugend? Oder gilt es vielmehr, für eine Berichterstattung und damit auch für die Förderung von Jugendverbänden die aktiven Mitglieder zu berücksichtigen? Wobei die Frage bestehen bleibt, ab wann eine Person als aktiv gilt. Aus der Gesamtverantwortung sowie der Planungsverpflichtung[2] ergibt sich für den örtlichen Öffentlichen Träger der Jugendhilfe die Notwendigkeit, sich diesen Definitionsfragen zu stellen.

Auch wenn über 80% der Jugendämter in Nordhrein-Westfalen angeben[3], über ein kommunales Berichtswesen für die Offene Kinder- und Jugendarbeit zu verfügen, zeigt die Beratungspraxis in den Kommunen – und das nicht nur in NRW – einen eher zurückhaltenden Umgang mit der Wahrnehmung der Planungs- und Steuerungsverantwortung für die Kinder- und Jugendarbeit. Häufig reduziert sich die Planungsverantwortung auf die Erstellung und Verabschiedung der Richtlinien für die kommunalen jugendpflegerischen Mittel sowie die Förderrichtlinien für die Offene und Verbandliche Jugendarbeit. Über Verwaltungskräfte aus dem Jugendamt erfolgt dann die Bearbeitung der Antragsstellung und die Mittelauszahlung entsprechend der jeweiligen Richtlinien sowie eine mehr oder weniger systematische Auswertung der Verwendungsnachweise im Hinblick auf ver-

---

[2] §§ 79 und 80 SGB VIII
[3] vgl. Liebig 2005, S. 93

Kommunales Berichtswesen als Grundlage der Qualitätsentwicklung

pflichtende Berichterstattung, wie beispielsweise für das quantitative Berichtswesen zur Offenen Kinder- und Jugendarbeit in Nordrhein-Westfalen.

An dieser Situation in den Kommunen haben – am Beispiel von Nordrhein-Westfalen festgemacht – auch die zahlreichen Versuche des Landes, Impulse für eine stärkere Planungs- und Steuerungsverantwortung in den Kommunen zu setzen, kaum etwas verändert. Die Grundlage hierzu war eigentlich schon mit der Verpflichtung zur Jugendhilfeplanung im Jahr 1990 gegeben. Der spätere Versuch, die Verantwortungsübernahme über den kommunalen Wirksamkeitsdialog[4] oder über die Verpflichtung zur Erstellung und Verabschiedung eines kommunalen Kinder- und Jugendförderplanes[5] voranzubringen, haben im Grundsatz nur wenig verändert. Örtliche Träger der Jugendhilfe, die schon die Planungsverpflichtung des Kinder- und Jugendhilfegesetzes ernst genommen hatten, haben auch im Rahmen des Wirksamkeitsdialoges oder der Erstellung des Kinder- und Jugendförderplanes keine Probleme. In Kommunen, die dieser Verpflichtung nur begrenzt nachgekommen sind, hat sich in der Regel auch durch den Wirksamkeitsdialog oder den Kinder- und Jugendförderplan nicht viel verändert. Auch durch den vielfach zu beobachtenden Trend, die Verantwortung für die Mittelverteilung und damit auch der Steuerung per Delegationsvertrag an die Stadt- oder Kreisjugendringe oder dafür gegründete Trägerzusammenschlüsse der Offenen Kinder- und Jugendarbeit zu delegieren, ist das Problem nicht geringer geworden.

Als Hauptursache für diese Situation, die vor allem für kleinere und mittlere Kommunen zutrifft, haben das Landesjugendamt Westfalen-Lippe und das Institut für Sozialplanung und Organisationsentwicklung folgende Punkte ausgemacht:

- Aufgrund der Vielfalt von Trägern, Methoden und damit auch Angeboten in der Kinder- und Jugendarbeit fällt es vielfach schwer, zu einheitlichen Definitionen und Beschreibungen von Arbeitsprozessen und Arbeitsergebnissen zu gelangen. Stattdessen wird sich nur auf die Beschreibung von Arbeits- und Angebotsstrukturen konzentriert.
- Mit Verweis auf das satzungsgemäße Eigenleben und die Autonomie der Träger, welche scheinbar im Widerspruch zu einer Planung und Steuerung des Leistungsbereiches stehen, werden entsprechende Planungsansätze verhindert.

---

[4] siehe hierzu auch die Ausführungen von Ulrich Deinet und Maria Icking im Beitrag „Die Entwicklung kommunaler Qualitäts- und Wirksamkeitsdialoge".
[5] Der Kinder- und Jugendförderplan bezieht sich auf das Kinder- und Jugendfördergesetzes des Landes NRW.

- In den Jugendämtern fehlen vielfach die Ressourcen für eine systematische Entwicklung, Erfassung und Auswertung von Leistungsbeschreibungen und Verwendungsnachweisen in der Kinder- und Jugendarbeit.

Ausgehend von dieser gemeinsamen Analyse wurde zwischen dem Landesjugendamt Westfalen-Lippe sowie dem Institut für Sozialplanung und Organisationsentwicklung ein Kooperationsprojekt mit den Städten Datteln, Gronau, Hemer, Ibbenbüren sowie Rheine[6] in Nordrhein-Westfalen initiiert, welches die Entwicklung und Implementation eines kommunalen Berichtswesens für die Kinder- und Jugendarbeit zum Ziel hat. Die nachfolgenden Ausführungen basieren weitgehend auf den Ergebnissen dieses Projektes sowie den Erfahrungen des Institutes für Sozialplanung und Organisationsentwicklung aus den unterschiedlichsten Projektberatungen.

1.1 Grundlagen eines Berichtswesens

Bei einer Betrachtung und Analyse von Verfahren, wie in der Kinder- und Jugendarbeit Leistungsziele vorgegeben und damit auch die Höhe der zur Verfügung stehenden Fördermittel festgelegt werden, lassen sich zwei unterschiedliche Modellvarianten beschreiben. Bei der einen Variante handelt es sich um ein Verfahren, welches sich als „Basar-Modell" beschreiben lässt und bei der anderen Variante um ein „Instrumenten-Modell". Beiden Modellen ist zu Eigen, dass jeweils fiskalische und nicht fachliche Argumentationsmuster ausschlaggebend für die Festlegung von Leistungszielen sind. Beim „Basar-Modell" kommt es zu einer Aushandlung zwischen Politik, Verwaltung des Jugendamtes sowie den Freien Trägern, bei der nicht fachliche Erkenntnisse auf der Grundlage eines Berichtswesen von Bedeutung sind, sondern die Frage der politischen Einflussnahme sowie der öffentlichkeitswirksamsten Argumentation. Gefördert wird dieses Verfahren noch durch die unmittelbare Mitwirkung von Vertreter/innen der großen Jugendverbände im Jugendhilfeausschuss und damit in der Regel auch in den jeweiligen Fraktionen, soweit sie diesen angehören. Das „Instrumenten-Modell" ist vor allem dann anzutreffen, wenn die jugendpolitische Einflussnahme der Verbände nicht zum Tragen kommt, weil die jeweiligen Akteure nicht über den notwendigen Einfluss verfügen oder sich die Verwaltung des Jugendamtes dem „Basar" entzieht. Bei dieser Variante werden durch die Verwaltung des Jugendamtes ohne Dialog mit den Freien Trägern Steuerungsinstrumente zur Berechnung und Verteilung der Fördermittel vorgegeben, die dann häufig über

---

[6] Im Sinne der Unterscheidung von Ulrich Deinet und Maria Icking in diesem Buch handelt es sich um Kleine Kommunen und Mittelstädte.

Kommunales Berichtswesen als Grundlage der Qualitätsentwicklung 117

Jahre hinweg fortgeschrieben werden, ohne dass eine Überprüfung und Anpassung auf der Grundlage eines kontinuierlichen Berichtswesen erfolgt. Beide Modellvarianten – die auch in anderen Leistungsbereichen der Jugendhilfe anzutreffen sind – haben sich entwickeln können, da in den Kommunen vielfach ein kontinuierliches Berichtswesen für die Jugendhilfe fehlt.

Für den Aufbau eines Berichtswesens als Grundlage von Planung und Steuerung in der Kinder- und Jugendarbeit ist es hilfreich, erst noch einmal die unterschiedlichen Facetten der Arbeit und die damit verbundenen Steuerungsfragen in den Blick zu nehmen (siehe nachfolgende Grafik). So lässt sich die Kinder- und Jugendarbeit definieren als eine Organisationseinheit, in der ehren- und hauptberufliche Mitarbeiter/innen, in unterschiedlichen Kontexten (rechtliche, organisatorische, methodische, sozialpolitische u.a.m.) Leistungen und Dienste erbringen, für und zusammen mit jungen Menschen zu deren Lebenslage und -bewältigung.

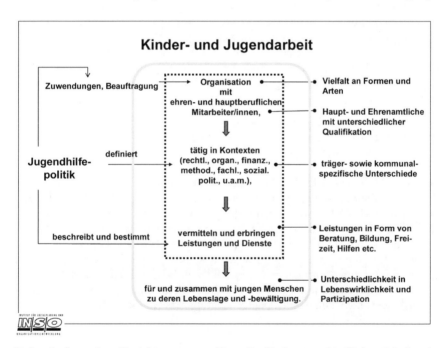

Beim Aufbau eines Berichtswesens sollten die fünf unterschiedlichen Merkmale der Kinder- und Jugendarbeit in ausreichendem Maße in den Blick genommen werden. So gilt es, erstens die Vielfalt an unterschiedlichen Formen und Arten von Organisationseinheiten und zweitens der Trägerstrukturen zu berücksichtigen bzw. eine Möglichkeit anzubieten, die jeweiligen spezifischen Eigenarten auch darzustellen. Zum Dritten ist in kaum einem anderen Leistungsbereich von Sozialer Arbeit die Unterschiedlichkeit an Qualifikationen der Mitarbeiter/innen so groß wie in der Kinder- und Jugendarbeit. Dabei spielt nicht nur die Frage von Ehren- und Hauptberuflichkeit eine Rolle, sondern auch die Frage über welche Qualifikation ehrenamtliche Mitarbeiter/innen verfügen (Gruppenleiterausbildung, Übungsleiterausbildung etc.). Die jeweiligen Kontexte, die die Kinder- und Jugendarbeit bestimmen, sind nicht nur sehr stark trägerspezifisch sondern auch regional geprägt. Daraus ergibt sich viertens die Unterschiedlichkeit der angebotenen Leistungen und Dienste. Fünftens gilt es, auch die verschiedenartige Orientierung an Lebenswirklichkeiten von jungen Menschen sowie deren Partizipation an Leistungen im Kontext eines Berichtswesens zu erfassen und zu verdeutlichen.

Im Zusammenhang mit Planung und Steuerung gilt es zu beachten, dass Jugendhilfepolitik auf drei der erwähnten Aspekte unmittelbar Einfluss nimmt. So wird über Jugendhilfepolitik immer eine Zuwendung und Beauftragung von Organisationen und/oder Trägern erfolgen, sie definiert unterschiedliche Kontexte, an denen sich die Kinder- und Jugendarbeit zu orientieren hat, und nicht zuletzt bestimmt sie, welche Leistungen und Dienste kommunal gefördert und unterstützt werden.

Ein weiterer wesentlicher Aspekt beim Aufbau eines Berichtswesens betrifft die Frage der Informationsgewinnung. Die ehrenamtlichen und hauptberuflichen Mitarbeiter/innen in der Kinder- und Jugendarbeit haben sehr unterschiedliche Methoden, wie sie ihre Arbeitsergebnisse dokumentieren und sichern. Dabei lässt sich diese Unterschiedlichkeit in der Regel nicht von Träger zu Träger sondern von Mitarbeiter/in zu Mitarbeiter/in feststellen. Je nach individueller Arbeitsweise und Vorliebe werden Leistungen in Form eines Gruppen-, Einrichtungs- oder Handbuches, einfach nur in der Erinnerung des oder der Mitarbeiter/in oder in träger- bzw. einrichtungsspezifischen Dokumentationsbögen festgehalten. Ein Berichtswesen setzt aber voraus, dass entsprechende Informationen über eine Leistungserbringung übergreifend erfasst und ausgewertet werden können. Entsprechend müssen träger- und einrichtungsübergreifende Dokumentationsbögen entwickelt werden (siehe nachfolgende Grafik).

Kommunales Berichtswesen als Grundlage der Qualitätsentwicklung 119

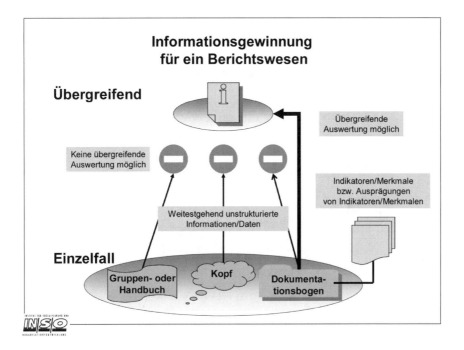

Die entscheidende Arbeit bei der Entwicklung eines Berichtswesens besteht somit in der Definition und Festlegung der zu dokumentierenden Leistungsmerkmale. In der Praxis hat es sich als sinnvoll erwiesen, zusammen mit ausgewählten Mitarbeiter/innen aus dem jeweiligen Handlungsfeld die Arbeitsinhalte zu differenzieren. In der Diskussion hilft dabei eine Unterscheidung nach Kernprozessen, Teilprozessen, Aktivitäten und Tätigkeiten (siehe nachfolgende Grafik). Erst durch eine so vorgenommene Differenzierung gelingt es, einzelne Arbeitsaspekte, die dem jeweiligen Mitarbeiter bzw. der Mitarbeiterin oder auch dem Träger als besonders wichtig erschienen, in einen übergreifenden fachlichen Kontext einzuordnen.

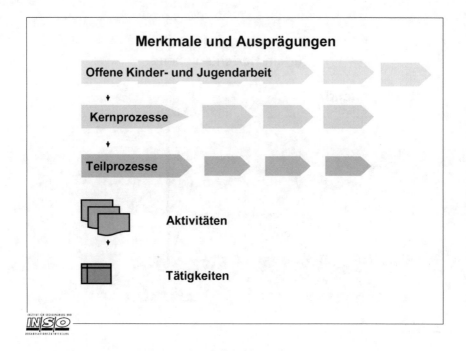

Im Rahmen des Kooperationsprojektes wurde im Leistungsbereich der Kinder- und Jugendarbeit erst einmal grundsätzlich zwischen der Offenen Kinder- und Jugendarbeit, der Verbandlichen Kinder- und Jugendarbeit, der Jugendsozialarbeit sowie dem Erzieherischen Kinder- und Jugendschutz unterschieden, auch wenn einzelne Freie Träger in allen vier Arbeitsbereichen aktiv sind. Für die Offene Kinder- und Jugendarbeit konnten dann als Kernprozesse der Offene Treff, die Kinder- und Jugendbildung, der Bereich Freizeit und Unterhaltung sowie die Kooperation Schule und Jugendhilfe definiert werden. Als Teilprozesse für den Offenen Treff gelten das Gender Mainstreaming, die interkulturelle Bildung, die Berücksichtigung besonderer Lebenslagen sowie die Partizipation junger Menschen. Diesen Teilprozessen konnten dann einzelne Aktivitäten und damit im Zusammenhang stehende Tätigkeiten zugeordnet werden.[7]

---

[7] Zur weiteren Differenzierung siehe die Ausführungen unter Punkt 3 Berichtswesen für die Offene Kinder- und Jugendarbeit.

1.2 Ziele eines Berichtswesens

Ein Berichtswesen stellt niemals einen Selbstzweck dar. Das planlose Sammeln und Erheben von Daten, in der Hoffnung daraus hinterher interessante Informationen zu filtern, ist eine Verschwendung von Ressourcen. Jedem Berichtswesen sollte daher eine Definition von Zielen zu Grunde liegen, die mit Hilfe des Berichtswesens erreicht werden sollen. Gibt es einen politischen Auftrag zur Entwicklung eines Berichtswesens, muss auch politisch definiert werden, welche Zielsetzungen und damit Erwartungen die Politik mit einem Berichtswesen verbindet. Dies gilt auch für den Fall, dass die Verwaltung eines Jugendamtes eigeninitiativ ein Berichtswesen aufbaut oder einen Stadt- bzw. Kreisjugendring mit dem Aufbau eines Berichtswesens beauftragt. Besonders problematisch wird es, wenn mit der Forderung nach einem Berichtswesen versteckte Zielsetzungen einhergehen, wie zum Beispiel geplante Mittelkürzungen oder eine Umverteilung zwischen den Trägern. Für alle Beteiligten muss daher vor dem Einstieg in eine (gemeinsame) Entwicklung des Berichtswesens transparent sein, welche Absichten damit vom Initiator verfolgt werden.

Ziel eines Berichtswesens sollte immer die Vergewisserung des eigenen Handelns der jeweiligen Ebene (Einrichtung, Träger, Geldgeber) sein und damit die Grundlage für Entscheidungen über den sinnvollen und gewünschten Einsatz der Ressourcen (Inhalte, Zeit, Personal, Geld ...) bilden. Diese Aufgabe kann ein Berichtswesen nur dann erfüllen, wenn es Auskunft darüber gibt, was tatsächlich geleistet wird.

In der Regel wird es beim Aufbau eines Berichtswesens also immer um die Steuerung von Leistungen und/oder auch um die Einhaltung von Vorgaben und Zielvereinbarungen (Controlling) gehen. Wird ein Berichtswesen näher analysiert lässt sich zwischen drei Funktionen unterscheiden (siehe nachfolgende Grafik). Dabei handelt es sich um die Informationsfunktion, die Dialogfunktion sowie die Kooperationsfunktion. Je nach beabsichtigter Funktion erhöht sich die Komplexität eines Berichtswesens bezogen auf Erfassung, Auswertung, Kommunikation und Bewertung.

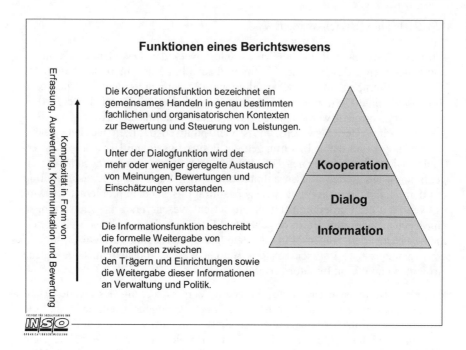

Ein kommunales Berichtswesen tangiert immer drei unterschiedliche Ebenen in einer Kommune. Dabei handelt es sich um die Einrichtungs- oder auch Handlungsebene (örtliche Jugendgruppe, Jugendfreizeitstätte, Abenteuerspielplatz etc.), die Planungs- und Organisationsebene oder auch Dialogebene genannt (Verbände, Träger, Planungsgruppen, Arbeitsgemeinschaften etc.) sowie um die Steuerungs- und Entscheidungsebene, auch Kommunale Ebene genannt (Verwaltungsspitze, Jugendhilfeausschuss, Politik etc.). Auch wenn in manchen Fällen vor Ort der Eindruck entsteht, ein Berichtswesen würde nur zwei dieser Ebenen betreffen, ist dies irreführend. Bei näherer Betrachtung wird nämlich deutlich, dass in solchen Fällen eine dieser Ebenen in versteckter Form mitwirkt und sich damit der Diskussion über ihre Ziele, Ressourcen, Regeln und ihre Kultur entzieht. Genau über diese vier systemischen Aspekte sollte aber für alle drei Ebenen Klarheit herrschen.

Kommunales Berichtswesen als Grundlage der Qualitätsentwicklung   123

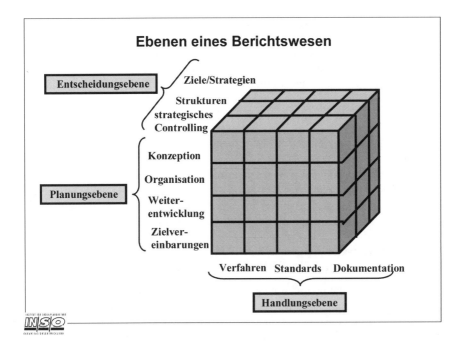

Beim Aufbau eines Berichtswesens gilt es, für die Handlungsebene die Verfahren, Standards und auch die Formen der Dokumentation festzulegen. Dabei ist wichtig, dass diese Verfahren möglichst leicht in den Handlungsalltag integriert werden können und nach Möglichkeit gleichzeitig bei der Gestaltung des alltäglichen Handelns hilfreich sind. Hierzu gehört unter anderem die operative Planung und Steuerung der eingesetzten Ressourcen (Inhalte, Zeit, Personal, Geld etc.).

Die Planungsebene hat die gesamte Organisation des Berichtswesens zu verantworten. Hierzu gehört unter anderem die konzeptionelle Entwicklung für das Berichtswesen in Form einer definitorischen Festlegung der Begrifflichkeiten und Abgrenzungen (Reden wir über dasselbe?) sowie der Erfassungsmodalitäten und Verfahren (Abbildung der Realität und nicht nur Wahrnehmungen und Wünsche). Gleichzeitig dient sie dem fachlichen Dialog und dem Austausch der Fachleute, als Grundlage für eine Weiterentwicklung von Leistungen sowie für die Entwicklung von Zielvereinbarungen.

Die Entscheidungsebene legt die Ziele und Strategien für den jeweiligen Leistungsbereich fest und verantwortet damit die Leistungsverpflichtung des Öffentlichen Trägers. Daraus ergibt sich die Notwendigkeit, Strukturen und Verfahren festzulegen bzw. einzufordern, die die Entscheidungsebene regelmäßig darüber informiert, was tatsächlich im Leistungsbereich vor sich geht. Entscheidungen müssen auf der Grundlage von Wissen und nicht von Wünschen, Halbwahrheiten und Vermutungen getroffen werden können. Dies erfordert ein strategisches Controllingverfahren.

1.3 Ressourcen und Regeln für das Berichtswesen

Ein Berichtswesen kann nur dann funktionsfähig sein, wenn jede Ebene über ausreichende Ressourcen zur Umsetzung und Wahrnehmung ihrer in diesem Rahmen festgelegten Aufgaben verfügt. Hierzu ist eine detaillierte Beschreibung der qualitativen und quantitativen Anforderungen erforderlich. Je nach Leistungsbereich muss dabei berücksichtigt werden, dass gegebenenfalls auf allen drei Ebenen haupt- und ehrenamtliche Akteure tätig sind, die über sehr unterschiedliche fachliche, zeitliche und verfahrensbezogene Möglichkeiten verfügen.

Die im Zusammenhang mit einem Berichtswesen festgelegten Verfahren zur Erfassung, Auswertung und Bewertung müssen transparent und nach Möglichkeit auf der Grundlage eines breiten Konsenses festgelegt werden. Dabei gilt es, einen Konsens über alle drei Ebenen hinweg zu erreichen. Hierzu gehören unter anderem eindeutige Vereinbarungen zur Erfassung, zum Umgang und zur Weitergabe, zu den festgelegten Zeiträumen sowie zur Auswertung der Daten.

Entscheidungsebene (Kommunale Ebene)

Ein Berichtswesen für die Kinder- und Jugendarbeit sollte auf der kommunalen Ebene abgestimmt sein mit anderen Formen der Berichterstattung, die der strategischen Entscheidung und Steuerung dienen. Hierzu gehören unter anderem bestehende Controllingverfahren, (Produkt-)Haushalte, konzeptionelle Berichte oder auch Zielvereinbarungen. Es ist in erster Linie eine Aufgabe der Verwaltung des Jugendamtes für diese Abstimmung und Kompatibilität zu sorgen.

Des Weiteren bedarf es eines festgelegten Verfahrens, in welcher Form eine regelmäßige Berichterstattung und eine damit verbundene strategische Zielvorgabe erfolgt. Hierzu gehört auch die Absicherung von Planungssicherheit für die jeweiligen Leistungsanbieter. Besonders die politischen Mandatsträger dürfen sich in diesem Zusammenhang bei ihren Entscheidungen weniger von tagespolitische Ereignissen als mehr von ihrem eigenen Berichtswesen und den damit verbundenen Zielvorgaben leiten lassen.

Planungsebene (Dialogebene)

Arbeitstreffen zum fachlichen Austausch und Dialog gibt es in der Regel auf der Ebene der Fachleute im ausreichenden Maße. Es ist daher in den seltensten Fällen notwendig, zusätzliche Arbeitsgruppen oder Gremien für die Dialogebene eines kommunalen Berichtwesens zu bilden. Sinnvoll ist vielmehr, die bestehenden Strukturen – gegebenenfalls durch geringfügige Anpassungen – für diese Funktion zu nutzen.

Der Arbeitsauftrag für die Dialogebene muss in einem ausreichenden Maß durch die Jugendhilfepolitik definiert und entsprechende Verfahren festgelegt und eingeübt werden. Hierzu zählen unter anderem der Umgang mit vertrauenswürdigen Informationen, die Frage von Offenheit bei Nachfragen und fachlicher Kritik sowie die Verfahren bei nicht Einhaltung von Verfahrensregeln in Form von Sanktionierung.

Handlungsebene (Einrichtungsebene)

Auf der Einrichtungsebene muss die Unterschiedlichkeit in den jeweiligen Leistungsbereichen berücksichtigt werden. Hierzu gehört unter anderem auch, dass gegebenenfalls der Einrichtungsebene zusätzliche Ressourcen zur Verfügung gestellt werden müssen, um überhaupt die vereinbarten Erfassungen vornehmen zu können. Die Einrichtungsebene muss ihrerseits rechtzeitig eine Klärung der Zuständig- und Verantwortlichkeiten auf ihrer Ebene für das Berichtswesen festlegen.

Als wesentlich ist zu beachten, dass die im Rahmen eines Berichtswesen eingesetzten Dokumentationsbögen und Verfahren in den Alltag und die bereits bestehenden Arbeitsabläufe der Handlungsebene integriert werden können. Hierzu zählt vor allem die Vermeidung von Doppelarbeit in Form von Meldungen, Verwendungsnachweisen und ähnlichem. Form, Rhythmus und Methoden der im Rahmen des Berichtswesens zum Tragen kommenden Verfahren sollten des Weiteren mit den sonstigen Verfahren in den Leistungsbereichen übereinstimmen.

2 Berichtswesen für die Offene Kinder- und Jugendarbeit

Der Aufbau eines Berichtswesens für die Offene Kinder- und Jugendarbeit geschieht nicht in einem Vakuum, sondern in einer lebendigen Jugendhilfelandschaft. Diese ist geprägt von bestehenden fachlichen Diskussionen auf der Ebene der Mitarbeiter/innen sowie der Träger, bereits entwickelten Berichtswesen der Freien Träger, von einem häufig schon seit Jahren etablierten Verfahren zur

Erstellung und dem Umgang mit Verwendungsnachweisen sowie u. U. vor dem Hintergrund bestehender Zielvereinbarungen auf der Ebene des Landes oder auch der Kommune. Ein Berichtswesen kann sich in dieser Situation nur dann erfolgreich entwickeln und implementieren lassen, wenn auf die bestehende Ausgangssituation eingegangen wird. Dies setzt nicht nur eine intensive Auseinandersetzung mit der Ausgangssituation voraus, sondern auch die Entwicklung eines flexiblen Verfahrens zur Datenerfassung.

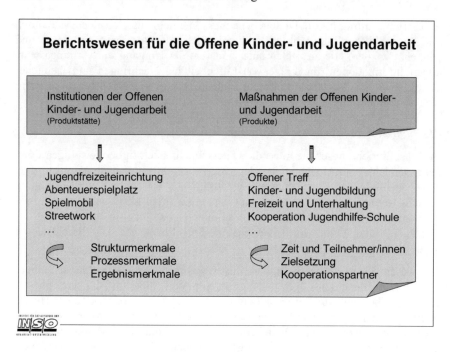

2.1 Strukturen, Prozesse und Ergebnisse

Zwei unterschiedliche Zugänge/Perspektiven bieten sich an, um die Offene Kinder- und Jugendarbeit zu beschreiben und die wesentlichen Merkmale dieses Arbeitsfeldes in Form eines Berichtswesens zu erfassen. So gibt es einmal den Blick auf den Ort bzw. die Institution als so genannte Produktstätte[8] – Jugend-

---

[8] Zum Thema Produktstätten und Produkte vergleiche unter anderem: Beisenkötter u.a.: Produktdefinitionen für die katholische Kinder- und Jugendarbeit. Paderborn 1997

Kommunales Berichtswesen als Grundlage der Qualitätsentwicklung

freizeiteinrichtung, Abenteuerspielplatz, Spielmobil oder auch Streetwork – und zum anderen die Betrachtung der Angebote und Maßnahmen als deren Produkte. Eine Beschreibung und damit auch Erfassung der Produktstätten ist unter steuerungsrelevanten Gesichtspunkten unerlässlich, da Angebote und Maßnahmen erst im Kontext ihrer Erbringung zu beurteilen sind. Spezifische Merkmale sind die handelnden Personen und ihre Zielsetzungen, der zeitliche Rahmen sowie die räumlichen Bedingungen. In der Offenen Kinder- und Jugendarbeit wird in diesem Zusammenhang gerne zwischen den räumlichen, zeitlichen und personellen Strukturen sowie den angebotenen oder ermöglichten Aktivitäten unterschieden.

Bei der Beschreibung bzw. der Erfassung der Institution wurde sich im Rahmen des Kooperationsprojektes bewusst an die Qualitätsdiskussion angelehnt und zwischen den Ergebnissen, den Prozessen sowie den Strukturen der Offenen Kinder- und Jugendarbeit unterschieden. Da es sich um ein spezifisches Kooperationsprojekt in Nordrhein-Westfalen handelte, wurden gleichzeitig die Anforderungen der Datenerfassung zum Quantitativen Wirksamkeitsdialog berücksichtigt.[9] Die am Kooperationsprojekt beteiligten Kommunen sind somit in der Lage, die von ihnen an das Land zu liefernden Daten mit dem entwickelten Berichtswesen zu erfassen und weiterzugeben.

Strukturmerkmale der Offenen Kinder- und Jugendarbeit

Als für ein Berichtswesen zu erfassende Strukturmerkmale können Informationen zum Träger, zur Angebotsform, zum Personal, zur Infrastruktur sowie zu den Kosten gelten. Bei einer entsprechenden Definition müssen die örtlichen Besonderheiten berücksichtigt werden. Hierzu gehört auch, sich eingehend über verwendete Begriffe und damit verbundene Einordnungen und Abgrenzungen zu verständigen. Die Ergebnisse dieser Verständigung müssen unbedingt schriftlich festgehalten und allen Beteiligten zur Verfügung gestellt werden. Spätestens wenn die Erfassungsbogen an die Träger und Einrichtungen gehen ist es notwendig, die entsprechenden Definitionen mitzuliefern.

Die trägerbezogenen Strukturmerkmale der Offenen Kinder- und Jugendarbeit beziehen sich auf die Art des Trägers, auf seine spezifischen Zielsetzungen sowie die im Vorgrund des Angebotes stehenden Arbeitsformen. Hierzu bietet sich eine relativ einfache statistische Erfassung in folgender Form an:

---

[9] Erfassung der Strukturdaten der Offenen Kinder- und Jugendarbeit in NRW durch die Universität Dortmund.

Träger der Offenen Kinder- und Jugendarbeit:			
☐ Kirchen	☐ Wohlfahrtsverbände	☐ Vereine/Initiativen	☐ Jugendamt
☐ Jugendverbände	☐ sonstiges:		

Beschreibung spezifischer Zielsetzungen:

Im Vordergrund stehende Angebotsformen der Offenen Kinder- und Jugendarbeit:			
☐ Haus der Offenen Tür	☐ Spielmobil	☐ Abenteuerspielplatz	☐ Streetwork
☐ Sozialräumliche Angebote			
☐ sonstiges:			

Der zweite Bereich der Strukturmerkmale bezieht sich auf die eingesetzten Mitarbeiter/innen. Dabei sollte zwischen den unterschiedlichsten Gruppen der Hauptberuflichen sowie den Ehrenamtlichen unterschieden werden. Relevant dürfte dabei nicht nur die Anzahl sondern auch die Qualifikation der Mitarbeiter/innen sein.

Mitarbeiter/innen:	davon weiblich	davon männlich	davon mit Migrationshintergrund
Vollbeschäftigte Mitarbeiter/innen:			
Teilzeit beschäftigte Mitarbeiter/innen (über/bis 19,25 Stunden):			
Teilzeit beschäftigte Mitarbeiter/innen (unter 19,25 Stunden):			
Nicht Hauptberufliche Mitarbeiter/innen (Honorarkräfte, Zivi, etc.)			
Ehrenamtliche Mitarbeiter/innen:			

Ausbildung der Mitarbeiter/innen:	Anzahl (Ehrenamtliche)	Anzahl (Honorarkräfte)	Anzahl (Hauptberufliche)
Dipl. Sozialpädagoge(in) / Dipl. Sozialarbeiter/in:			
Erzieher/in:			
Diplom-Pädagoge(in):			
andere Hochschulabschlüsse:			
sonstige soziale/(religions-)pädagogische Ausbildung:			
andere Berufsausbildung:			
(noch) keine Ausbildungsabschluss:			
Anzahl der hauptberuflichen Mitarbeiter/innen mit zusätzlicher zertifizierter Qualifikation:			

Die Erfassung der Infrastruktur sollte sich auf die zur Verfügung stehenden Räumlichkeiten sowie auf die Frage, ob es sich dabei um eigene oder nur gemietete Infrastrukturen handelt konzentrieren.

Infrastruktur:				
	Anzahl	Quadratmeter	eigene Infrastruktur	Nutzung der Infrastruktur von anderen
Räumlichkeiten:			☐ ja	☐ ja
Außengelände:			☐ ja	☐ ja
Sporthallen:			☐ ja	☐ ja
Spielmobile:			☐ ja	☐ ja

Bei der Implementierung eines Berichtswesens stellt die Frage nach den Kosten einer Institution die wohl schwierigste Aufgabe dar. Dabei liegt das Problem weniger an der Definition dessen, was als Kosten zu gelten hat, sondern vielmehr am Umgang mit diesen Informationen sowie an der Erfassung.

In einem ersten Schritt muss zwischen den Trägern sowie dem Jugendamt Einvernehmen erzielt werden, dass diese Informationen überhaupt erfasst und damit transparent werden. Dabei spielt nicht nur die Frage nach der Trägerkonkurrenz eine Rolle. Auch innerhalb eines Trägerverbandes ist es nicht immer erwünscht, dass unterschiedliche Finanzierungen einzelner Institutionen der Offenen Kinder- und Jugendarbeit transparent werden.[10] Aber selbst wenn an dieser Stelle zwischen den Trägern Einvernehmen erzielt wurde kann es bei der Erfassung zu Problemen kommen, wenn nämlich der Träger selbst keine betriebswirtschaftliche Differenzierung seiner Kosten bezogen auf die einzelne Institution der Offenen Kinder- und Jugendarbeit vornimmt bzw. über diese nicht selbstständig verfügen kann. Dieses Problem tritt vor allem bei größeren Trägerzusammenschlüssen auf, bei denen Zuschüsse und Kosten nicht differenziert nach einer einzelnen Institution sondern Pauschal nach einer Kostenstelle Offene Kinder- und Jugendarbeit verbucht werden. In solchen Fällen ist erst einmal eine differenziertere Buchhaltung des Trägers erforderlich. Diese lässt sich aber mit Verweis auf die Trägerautonomie nicht ohne weiteres durchsetzen. Dabei muss beachtet werden, dass in vielen Kommunen auch der Öffentliche Träger zurzeit

---

[10] Dies gilt zum Beispiel für die Finanzierung von Einrichtungen in kirchlicher Trägerschaft, bei denen der Eigenanteil der jeweiligen Kirchengemeinden sehr unterschiedlich hoch sein kann.

nicht in der Lage ist eine solche betriebswirtschaftliche Differenzierung für seine eigenen Einrichtungen vorzunehmen.[11]

Bei der Erfassung der Kosten für eine Institution der Offenen Kinder- und Jugendarbeit sollte nach Möglichkeit zwischen den Kostenanteilen des Öffentlichen Trägers, des Landes sowie des Trägeranteils unterschieden werden.

Kosten der Offenen Kinder- und Jugendarbeit:	
Kostenanteil des örtlichen Trägers der Jugendhilfe:	☐ unbekannt
Kostenanteil der kreisangehörigen Gemeinde	☐ unbekannt
Kostenanteil des Landes (Landesjugendplan):	☐ unbekannt
Kostenanteil des Trägers:	☐ unbekannt
Weitere Einnahmen der Einrichtung:	☐ unbekannt
Gesamtkosten der Offenen Jugendarbeit:	☐ unbekannt

Prozessmerkmale der Offenen Kinder- und Jugendarbeit

Während die Strukturmerkmale noch recht einfach zu definieren und zu erfassen sind, ergeben sich für die Prozessmerkmale schon schwierigere Fragestellungen. Es bietet sich eine Unterscheidung zwischen den Arbeitsprozessen und den Angebotsprozessen der entsprechenden Institution an. Die Arbeitsprozesse beziehen sich dabei auf die Mitarbeiter/innen, die Angebotsprozesse hingegen auf die unmittelbaren Leistungen für junge Menschen.

Bezogen auf die Konzeptentwicklung innerhalb einer Einrichtung sowie der entsprechenden Arbeitsplanung kann nach der Art, der Häufigkeit sowie den Inhalten solcher Arbeitsprozesse gefragt werden. Ähnliches gilt für die Frage nach den Kooperationspartnern.

---

[11] Mit der Einführung des Neuen Kommunalen Finanzmanagement (NKF) wird sich dies aber in den Kommunen ändern.

Zur Konzeptentwicklung und Arbeitsplanung gibt es folgende interne Arbeitsstrukturen:		
Strukturen:	Anzahl im Jahr:	Stichworte zu den Themen:
☐ Teambesprechungen		
☐ Trägergespräche		
☐ Fortbildungen; Fachtagungen		
☐ sonstiges, und zwar _____		

Im Rahmen der Arbeitsplanung ist es zu folgenden Kooperationen gekommen:		
Institutionen/Gremien/Personen:	Anzahl der Arbeitstreffen im Jahr:	Stichworte zu den Themen:
☐ Arbeitsgemeinschaft der Offenen Tür (AGOT), AG 78, etc.		
☐ Stadtteilkonferenzen / Bürgerversammlungen, Sozialraumkonferenzen, etc.		
☐ Jugendpflege (Jugendamt)		
☐ Schulen		
☐ Sozialpädagogische Einrichtungen		
☐ sonstiges, und zwar _____		

Eine standardisierte Beschreibung von Angebotsprozessen für junge Menschen lässt sich institutionell übergreifend kaum entwickeln. Stattdessen kann bezogen auf eine einzelne Institution der Offenen Kinder- und Jugendarbeit gefragt werden, wie sie in ihren Angebotsprozessen die wesentlichen Grundsätze Offener Kinder- und Jugendarbeit umsetzt. Die unterschiedlichen Antworten lassen sich dann zusammenfassen und als Grundlage für ein Fachgespräch[12] in der Offenen Kinder- und Jugendarbeit verwenden.

Im Rahmen des Kooperationsprojektes wurden als die vier wesentlichen Grundsätze der Offenen Kinder- und Jugendarbeit die Selbstbestimmung innerhalb der Angebotsprozesse (Partizipation), die Freiwilligkeit der Teilhabe, die Offenheit der Prozesse für alle Interessierten sowie die Gemeinsamkeit in Form des Verzichtes auf Selektion nach Leistung genannt. Eine Institution der Offenen Kinder- und Jugendarbeit muss in ihren Angebotsprozessen diese Grundsätze berücksichtigen.

---

[12] Das Fachgespräch kann dann auch als Baustein eines örtlichen qualitativen Wirksamkeitsdialoges dienen.

Grundsatz:	Umsetzung:	Bemerkung:
☐ Selbstbestimmung (Partizipation) ☐ Freiwilligkeit		
☐ Offenheit		
☐ Gemeinsamkeit		

Wenn ich als Institution der Offenen Kinder- und Jugendarbeit diese Grundsätze als Maßstäbe für die Gestaltung meiner Angebotsprozesse betrachte, muss ich auch in der Lage sein, deren Umsetzung in meiner Institution zu beschreiben. Aus dieser Beschreibung heraus, ggf. in Verbindung mit kurzen Anmerkungen, lassen sich dann im Rahmen des bereits erwähnten Fachgespräches die Besonderheiten der Angebotsprozesse in der Offenen Kinder- und Jugendarbeit – zum Beispiel in Abgrenzung zu schulischen Angeboten – herausarbeiten.

Im Zusammenhang mit dem Grundsatz der Selbstbestimmung beinhaltet eine solche Beschreibung dann Aussagen zu Sprecherfunktionen innerhalb einer Institution, zu den Möglichkeiten der eigenverantwortlichen Angebotsgestaltung, zu Plenarsitzungen oder Vollversammlungen, auf denen Angebote und Veranstaltungen besprochen und beschlossen werden, zu gemeinsam festgelegten Formen des Umgangs innerhalb der Institution oder auch zur räumlichen Ausgestaltung der Institution selbst. Die Erfahrungen innerhalb des Kooperationsprojektes zeigen, dass nach einer Phase des Sammelns eine ganze Reihe von Merkmalen für die Umsetzung benannt werden können, die dann zu einer lebhaften Diskussion über die Gestaltung von Angebotsprozessen führen.

Ergebnismerkmale der Offenen Kinder- und Jugendarbeit

Am schwierigsten festzulegen sind die Ergebnismerkmale der Offenen Kinder- und Jugendarbeit. Ergebnisse im Rahmen eines Berichtswesens lassen sich in erster Linie auf die Umsetzung von Zielvereinbarungen beziehen. Je präziser diese Zielvereinbarungen für die Institutionen der Offenen Kinder- und Jugendarbeit abgeschlossen werden, umso leichter kann die einzelne Institution deren Umsetzungen in ihrer Arbeit beschreiben und gleichzeitig eine Bewertung vornehmen.

Wenn Kommunen über keine eigenen Zielvereinbarungen verfügen, lassen sich Ergebnismerkmale nur über den Weg der Landesvorgaben definieren. So können beispielsweise in Nordrhein-Westfalen die Vorgaben des Kinder- und Jugendfördergesetzes als Grundlage genutzt werden.

Zielvereinbarungen:	Umsetzung:
☐ Angebote für besondere Zielgruppen (§ 12 KJFöG NRW)	
☐ spezifische Angebote zur Förderung junger Menschen (§ 12 KJFöG NRW)	
☐ spezifische Angebote zur Prävention (§ 12 KJFöG NRW)	

Im Rahmen des Berichtswesens beschreiben die Institutionen der Offenen Kinder- und Jugendarbeit wie sie die Zielvereinbarungen in ihrer Arbeit umgesetzt haben. Diese Beschreibungen lassen sich dann vergleichen und können als Grundlage für ein Fachgespräch sowie eine Berichterstattung an die Politik zur Umsetzung von Zielvereinbarungen dienen. Beachtet werden sollte, dass insbesondere kommunale Zielvereinbarungen Struktur-, Prozess- und Angebotsmerkmale wie Mindestöffnungszeiten, verpflichtende Kooperationen oder auch eine Anzahl an Angeboten oder Angebotsformen beinhalten. Bezogen auf die Ergebnisse der Offenen Kinder- und Jugendarbeit ist eine Präzisierung und Qualifizierung von Zielvereinbarungen erforderlich. Diese müssen stärker inhaltliche Aufgabenstellungen und damit Anforderungen an die Offene Kinder- und Jugendarbeit aufzeigen, zum Beispiel Förderung der körperlichen Gesundheit. Die Ausgestaltung in Form von Themen und Angeboten zu Bewegung, Ernährung, Hygiene etc. wird dann in Abhängigkeit der Lebenssituation sowie den Erfordernissen von den Institutionen der Offenen Kinder- und Jugendarbeit selbst festgelegt.

Ein Berichtswesen zu den Ergebnismerkmalen darf jedoch nicht auf der reinen Beschreibung der Umsetzung in der entsprechenden Institution stehen bleiben, sondern muss verdeutlichen, in welcher Form dort die Umsetzung überprüft und bewertet wird. Die Selbstevaluation enthält darüber hinaus Aussagen, welche Konsequenzen die jeweilige Institution für ihre Arbeit abgeleitet haben und/oder wo sie weiteren Handlungsbedarf für den eigenen oder andere Arbeitsbereiche der Jugendhilfe sehen.

Die Überprüfung und Fortschreibung der eigenen Zielsetzungen erfolgte wie folgt (Selbstevaluation):			
Themen:	Methode der Überprüfung:	Bewertung der Zielerreichung:	Ergebnisse / Konsequenzen:
Angebote für besondere Zielgruppen (§ 12 KJFöG)		☐1 ☐2 ☐3 ☐4 ☐5 ☐6	
spezifische Angebote zur Förderung junger Menschen (§ 12 KJFöG)		☐1 ☐2 ☐3 ☐4 ☐5 ☐6	
spezifische Angebote zur Prävention (§ 12 KJFöG)		☐1 ☐2 ☐3 ☐4 ☐5 ☐6	

2.2 Maßnahmenerfassung, Verwendungsnachweise und Jahresberichte

Ein steuerungsbezogenes Berichtswesen kann sich nicht nur auf die Erfassung von Struktur-, Prozess- und Ergebnismerkmale begrenzen, sondern muss vorab definierte Maßnahmen in der Offenen Kinder- und Jugendarbeit mit einschließen. Ein so verstandenes umfassendes Berichtswesen wird bei den Trägern nur dann auf Akzeptanz stoßen, wenn es gleichzeitig die bestehenden Verwendungsnachweise und Jahresberichte ersetzt. Ein neues Berichtswesen muss also eine Alternative zu den bisherigen Verwendungsnachweisen darstellen und deren wesentliche Kernabfragen integrieren.

Maßnahmenerfassung in der Offenen Kinder- und Jugendarbeit

In den meisten Kommunen gibt es, definiert durch die Jugendhilfeplanung oder die bisherigen Förderrichtlinien des Öffentlichen Trägers, eine Reihe von vorgegebenen Maßnahmen der Offenen Kinder- und Jugendarbeit, die geförderte Institutionen der Offenen Kinder- und Jugendarbeit zu erfüllen haben. Da nicht jede einzelne Maßnahme zum Gegenstand eines Berichtswesens werden kann – der damit verbundene Erfassungsaufwand würde in keinem Verhältnis zum Erkenntnisgewinn stehen –, sollten Maßnahmen nach Angebotsformen unterschieden und diese dann zum Gegenstand des Berichtswesen werden. Solche Angebotsformen können der Offene Treff, die Kinder- und Jugendbildung, der Bereich Freizeit und Unterhaltung sowie die Kooperation mit Schulen sein. Da Institutionen der Offenen Kinder- und Jugendarbeit – orientiert am jeweiligen Sozialraum und den konkreten Lebenssituationen von jungen Menschen und ihren Familien – immer wieder unterschiedliche Angebotsformen entwickeln, sollte ein Berichtswesen so offen gestaltet werden, dass auch andere, nicht vorab definierte Angebotsformen, nach einem einheitlichen Schema erfasst und für die weitere Fachdiskussion genutzt werden können.

Kommunales Berichtswesen als Grundlage der Qualitätsentwicklung 135

In die Erfassung der Angebotsformen sollten grundsätzlich Informationen zum zeitlichen Umfang, zu den Zielen und den Zielgruppen sowie den Kooperationspartnern einfließen.

Bei der zeitlichen Erfassung gilt es zwischen wöchentlichen, monatlichen oder auch quartalsbezogenen Angeboten zu unterscheiden. Gleichzeitig muss aber auch gewährleistet sein, dass die projektbezogene Arbeit in diesem Zusammenhang erfasst und dokumentiert werden kann.

Kontinuierliche Angebote für junge Menschen:								
Stunden	Mo.	Di.	Mi.	Do.	Fr.	Sa.	So.	flexibel
wöchentlich:								Stunden
alle 14 Tage:								Stunden
einmal im Monat:								Stunden
Quartalsweise:								Stunden

Zeitlich begrenzte Angebote (Projekte, Veranstaltungen, etc.):			
Anfang (Datum)	Ende (Datum)	Dauer (Stunden)	Beschreibung:

Die unterschiedlichen Angebote in der Offenen Kinder- und Jugendarbeit stellen keinen Selbstzweck dar, sondern sind immer im Kontext einer pädagogischen Zielsetzung zu betrachten. Ohne eine solche Zielsetzung ließe sich ein Angebot weder pädagogisch planen noch bewerten. Welche Zielsetzung im Einzelnen mit einer Angebotsform verfolgt wird, kann sich entweder aus den Bundes-, Landesoder kommunalen Vorgaben ableiten lassen oder ausschließlich aus der Perspektive einer Institution der Offenen Kinder- und Jugendarbeit. Im Rahmen eines Berichtswesens muss daher geklärt werden, von welcher dieser Ebenen ausgehend eine Erfassung und Bewertung für die jeweilige Angebotsform erfolgen soll. Bedingt durch die jeweiligen Kinder- und Jugendförderpläne[13] und die damit verbundenen Förderrichtlinien wird ein Berichtswesen häufig mehrere Ebenen gleichzeitig bedienen müssen.

---

[13] In Nordrhein-Westfalen gilt es so zum Beispiel den Vorgaben des Kinder- und Jugendförderplan des Landes sowie den kommunalen Kinder- und Jugendförderplänen zu entsprechen.

Wenn sich entsprechende Vorgaben ergänzen, zum Beispiel Gender Mainstreaming als Vorgabe des Landes sowie Bildungsangebote für Mädchen mit Migrationshintergrund als Anforderung der Kommune, lassen sich diese Aspekte im Rahmen der Angebotsgestaltung – und damit auch im Berichtswesen – zusammenfassen. Dies wird jedoch dort nicht gelingen, wo Vorgaben des Landes und der Kommune existieren, die bei der Angebotsgestaltung unabhängig voneinander zu berücksichtigen sind. In diesen Fällen muss auch das Berichtswesen auf die unterschiedlichen Vorgaben eingehen. Da nicht alle Institutionen der Offenen Kinder- und Jugendarbeit im selben Umfang den Vorgaben entsprechen, denn die Gestaltungsspielräume sind abhängig vom Sozialraum sowie den damit verbundenen Lebenssituationen von jungen Menschen, muss ein Berichtswesen eine Differenzierung der Umsetzung in Verbindung mit einer entsprechenden Bewertung durch die Mitarbeiter/innen beinhalten.

Kommunales Berichtswesen als Grundlage der Qualitätsentwicklung 137

Zielsetzungen für die Kinder- und Jugendbildung:		
Beispiele für Vorgaben des Bundes, des Landes sowie der Kommune	**Umsetzung**	**Bewertung (Zielerreichung)**
☐ Bildungsangebote (entsprechend § 11 SGB VIII)	☐ Allgemeine Bildung	☐1 ☐2 ☐3 ☐4 ☐5 ☐6
	☐ Politische Bildung	☐1 ☐2 ☐3 ☐4 ☐5 ☐6
	☐ Soziale Bildung	☐1 ☐2 ☐3 ☐4 ☐5 ☐6
	☐ Gesundheitliche Bildung	☐1 ☐2 ☐3 ☐4 ☐5 ☐6
	☐ Kulturelle Bildung	☐1 ☐2 ☐3 ☐4 ☐5 ☐6
	☐ Naturkundliche Bildung	☐1 ☐2 ☐3 ☐4 ☐5 ☐6
	☐ Technische Bildung	☐1 ☐2 ☐3 ☐4 ☐5 ☐6
☐ **Schwerpunkte der Kinder- und Jugendarbeit** (Vorgabe des Kinder- und Jugendfördergesetzes NRW)	☐ Gender Mainstreaming	☐1 ☐2 ☐3 ☐4 ☐5 ☐6
	☐ Interkulturelle Bildung	☐1 ☐2 ☐3 ☐4 ☐5 ☐6
	☐ Besonderer Lebenslagen	☐1 ☐2 ☐3 ☐4 ☐5 ☐6
	☐ Partizipation der jungen Menschen	☐1 ☐2 ☐3 ☐4 ☐5 ☐6
☐ **Vorgaben des kommunalen Kinder- und Jugendförderplanes** (Vorgabe des örtlichen Öffentlichen Trägers)	☐ Angebote zur schulischen Kinder- und Jugendarbeit	☐1 ☐2 ☐3 ☐4 ☐5 ☐6
	☐ Angebote zur politischen Bildung	☐1 ☐2 ☐3 ☐4 ☐5 ☐6
	☐ Angebote zur gesundheitlichen Bildung	☐1 ☐2 ☐3 ☐4 ☐5 ☐6

Auch wenn die meisten Mitarbeiter/innen sowie Träger in der Offenen Kinder- und Jugendarbeit die Erfassung der Teilnehmer/innen einer Angebotsform ablehnen, gehört eine quantitative Einschätzung der Angebotsnutzung zum Berichtswesen. Dabei muss allen Beteiligten – Mitarbeiter/innen, Träger, Planer/innen sowie Politik – bewusst sein, dass es eine Überprüfbarkeit für die jeweiligen Angaben in der Offenen Kinder- und Jugendarbeit nicht geben kann.

Zielgruppen (regelmäßige Teilnahme):	davon weiblich	davon männlich	davon mit Migrationshintergrund
6 bis 11 Jahre:			
12 bis 14 Jahre:			
15 bis 17 Jahre:			
18 bis 21 Jahre:			
22 bis 26 Jahre:			
27 Jahre und älter:			

Kooperationspartner der Angebote lassen sich dagegen ohne Probleme benennen. Gleichzeitig können diese im Rahmen der Auswertung eine evaluierende Funktion übernehmen.

Kooperationspartner:			
☐ Kirchen	☐ Wohlfahrtsverbände	☐ Vereine/Initiativen	☐ Jugendamt
☐ Jugendverbände	☐ Schulen	☐	
☐ sonstiges:			

Verwendungsnachweise und Jahresberichte in der Offenen Kinder- und Jugendarbeit

Wenn die Offene Kinder- und Jugendarbeit nicht mit bürokratischen Anforderungen überfrachtet werden soll, verbietet sich eine parallele Struktur von Berichtswesen, Verwendungsnachweisen und Jahresberichten. Dies gilt sowohl für Anforderungen des Öffentlichen Trägers als auch des Freien Trägers selbst. Es ist daher beim Aufbau eines Berichtswesens erforderlich, schon direkt zu Beginn des Prozesses die jeweiligen Anforderungen zu berücksichtigen.

Im Rahmen des Kooperationsprojektes haben sich daher die beteiligten Kommunen sowie die Träger in den jeweiligen Kommunen darauf verständigt, dass jeweils zum Jahresende (31. Dezember eines jeden Jahres) von jeder Institution der Offenen Kinder- und Jugendarbeit ein kompletter Bericht zu den Struktur-, Prozess- und Ergebnismerkmalen sowie zu den Angebotsformen erstellt und an den Öffentlichen Träger der Jugendhilfe weitergeleitet wird. Die gesamte Datenerfassung im Rahmen des Kooperationsprojektes erfolgt mit Hilfe einer im Auftrag des Landesjugendamtes Westfalen-Lippe entwickelten Software.[14] Die Institutionen der Offenen Kinder- und Jugendarbeit haben die Möglichkeit, die entsprechenden Eingaben direkt in die Software einzugeben oder aber in Papierform abzugeben. Dieser Bericht ersetzt die bisherigen Jahresberichte.

Die Verwendungsnachweise umfassen nur noch den Nachweis der korrekten Mittelverwendung für Personal, Sachmittel sowie Infrastruktur. Auf diesen Nachweis wollten und konnten die Kommunen zurzeit noch nicht verzichten. Es ist jedoch beabsichtigt, die kommunalen Fördermittel zukünftig ausschließlich an Vorgaben zu den Struktur- und Prozessmerkmalen sowie an die Zielvereinbarungen zu koppeln. Spätestens mit der Einführung des Neuen Kommunalen Finanzmanagement (NKF) und dem damit verbundenen Produkthaushalt mit Leistungs- und Kennzahlensystemen soll dies umgesetzt werden.

Die Kommunalen haben gleichzeitig mit den Freien Trägern vereinbart, dass diese eine Auswertung der erfassten Daten spezifisch für ihren Trägerbereich erhalten.

2.3 Auswertungen für die Einrichtungs-, Planungs- und Entscheidungsebene

Die Akzeptanz eines Berichtswesens hängt nicht zuletzt davon ab, ob die jeweilige Ebene mit den durch das Berichtswesen gewonnenen Informationen zufrieden ist. Zufriedenheit bedeutet in erster Linie, dass die gesammelten Informationen einen praktischen Nutzen für die Arbeit in der Einrichtung haben sowie der Planungs- und Entscheidungsebene für aktuelle Diskussionen dienen können. Dies setzt voraus, dass das Berichtswesen flexibel gestaltet und entsprechend aktueller Diskussionen angepasst werden kann. Nicht hilfreich sind also starre Erfassungsprogramme, insbesondere im Bereich der Software. Zwar sollten bestimmte Stammdaten immer abgefragt werden, aber es muss Möglichkeiten geben, weitere gegebenenfalls auch einmalige Erfassungen vorzunehmen.

Im Sinne einer auf Kontinuität angelegten Auswertung ist es hilfreich, zwischen einem Stammdatenbereich und einem Themen- oder auch Zielvereinbarungsbereich zu unterscheiden. Der Stammdatenbereich beschreibt dabei die jährliche Erfassung und Auswertung von Struktur-, Prozess- und Ergebnisdaten der Offenen Kinder- und Jugendarbeit. Diese Daten lassen sich kontinuierlich fortschreiben und belegen somit langfristige Entwicklungen. Der Themen- und Zielver-

---

[14] Zur Software **Report Jugendarbeit** siehe die gesonderten Ausführungen unter Punkt 5.

einbarungsbereich hingegen umfasst jährlich festgelegte Themenschwerpunkte oder auch mittelfristig festgelegte Zielvereinbarungen im Rahmen eines Kommunalen Kinder- und Jugendförderplanes für die Erfassung und Auswertung.

Bei allen vorab definierten Festlegungen von Erfassungsmerkmalen und damit definierten Auswertungen sollte sich bewusst gemacht werden, dass nicht immer alle gewonnenen Informationen in jedem Bericht Berücksichtigung finden müssen. Bezogen auf eine entsprechende Auswertung und einen damit verbundenen Bericht sollte differenziert beurteilt werden, welche Informationen in der aktuellen Diskussion für die jeweilige Ebene tatsächlich von Bedeutung sind. Auch bei einem Berichtswesen gilt, nicht die Quantität sondern die Qualität ist von Bedeutung.

Auswertungen in der Offenen Kinder- und Jugendarbeit

Ein Berichtswesen für die Offene Kinder- und Jugendarbeit muss auf der Ebene der Einrichtung dazu dienen können, das eigene Handeln zu dokumentieren und vor allem im jeweiligen Team zu reflektieren. Wenn das Berichtswesen nichts weiter darstellt als den Ersatz eines Verwendungsnachweises, der einmal im Jahr von der Einrichtungsleitung ausgefüllt und dann über den Träger weitergeleitet wird, geht der Gewinn für die Arbeit in der Einrichtung gegen null. Erforderlich ist eine einrichtungsbezogene Auswertung und damit verbunden eine fachliche Diskussion im jeweiligen Team. Hierzu gehört es auch, dass eigene Fragestellungen entwickelt und in die einrichtungsbezogene Erfassung mit eingearbeitet werden können.

Die Planungsebene – auch als Dialogebene der Fachleute verstanden – muss das Berichtswesen und eine damit verbundene Auswertung als zentralen Bestandteil ihrer Arbeit verstehen. Hier sind nicht nur die notwendigen Definitionen und Verfahren festzulegen, sondern vor allem auch eine fachliche Bewertung und Gewichtung vorzunehmen. Hierzu kann gehören, bei aktuellen Entwicklungen im laufenden Jahr einzugreifen und eine Korrektur von der Einrichtungs- oder Entscheidungsebene zu erwarten/einzufordern.

Die Entscheidungsebene hingegen sollte sich, außer die gesellschaftspolitischen Entwicklungen erfordern anderes, auf den jährlichen Bericht aus der Offenen Kinder- und Jugendarbeit konzentrieren.

In der Offenen Kinder- und Jugendarbeit hat also die jeweilige Ebene die Verpflichtung, sich unterschiedlich intensiv mit einem Berichtswesen und den daraus abzuleitenden Konsequenzen zu beschäftigen. Als Orientierung kann davon ausgegangen werden, dass die Einrichtungsebene sich jeden Monat, die Dialog-

Kommunales Berichtswesen als Grundlage der Qualitätsentwicklung 141

ebene einmal im Quartal und die Entscheidungsebene einmal im Jahr mit der Auswertung beschäftigen sollte.

Dabei könnte sich zum Beispiel die maßnahmenbezogene Auswertung der Kinder- und Jugendbildung an folgendem Modell orientieren.

Grundsätzlich sollte es im Rahmen der Auswertung möglich sein, alle vorhandenen Daten flexibel miteinander zu korrelieren, damit nicht eine Sammlung von unnötigen oder unbrauchbaren Daten generiert wird. Es sollte vor allem ein „Datenfriedhof" verhindert werden. Als sinnvoll hat sich eine Datenerfassung durch direkte Eingabe oder durch einen Datenexport in eine Standardsoftware zur Datenverarbeitung[15] erwiesen. Eine solche Lösung ermöglicht es, dass neben einer Standardauswertung auch flexibel auf aktuelle Fragen und Diskussionen reagiert werden kann. In der Regel bieten diese Programme eine einfache Möglichkeit

---

[15] Da in den meisten Kommunen bereits mit Excel gearbeitet wird, bietet sich diese Softwarelösung auch an.

zur Erstellung von Pivot-Tabellen[16] sowie Grafiken an, die dann für entsprechende Berichte oder auch Diskussionen genutzt werden können.

Von Softwarelösungen, die nur über eine begrenzte Auswertungsmöglichkeit von vorher definierten Auswertungsfragen verfügen, ist dringend abzuraten. In der Regel ergeben sich durch den fachlichen (Wirksamkeits-)Dialog weitere Detailfragen, die dann nicht mehr zu beantworten sind. Generell können nur die Fragestellungen beantwortet werden, die im Vorfeld definiert wurden. Gerade zu diesen Fragestellungen müssen eine flexible Datenauswertung möglich sein oder bei der nächsten Erfassung entsprechende Ergänzungen eingearbeitet werden können.

3 Berichtswesen für die Verbandliche Kinder- und Jugendarbeit

Kein anderes Handlungsfeld in der Jugendhilfe ist so heterogen wie die Verbandliche Kinder- und Jugendarbeit. Sie ist geprägt durch eine fast unübersichtliche Vielfalt an Organisationsformen, Methoden und Arbeitsweisen sowie an Orientierungen der sie tragenden Verbände und Gruppen. Auf der Handlungsebene sind zudem fast ausschließlich ehrenamtliche Mitarbeiter/innen tätig. So ist es eher die Regel als die Ausnahme, dass Öffentliche Träger der Jugendhilfe nicht in der Lage sind, die in ihrem Zuständigkeitsbereich aktiven Jugendverbände alle zu benennen, geschweige denn deren Arbeitsschwerpunkte oder Profile zu beschreiben. Mit diesem Problem steht der Öffentliche Träger aber nicht alleine dar. Selbst mancher Dachverband der Verbandlichen Kinder- und Jugendarbeit[17] hat Probleme, wenn er alle zum Dachverband gehörenden Gruppen mit ihren jeweiligen Schwerpunkten benennen soll. In der Regel können Dachverbände oder Jugendämter nur über die Verbandlichen Kinder- und Jugendgruppen Aussagen treffen, die im aktuellen Haushaltsjahr Förderanträge gestellt haben und für diese Anträge entsprechende Informationen zur Verfügung stellen mussten. In vielen Kommunen ist die Jugendhilfe daher dazu übergegangen, auf eine Bestandserhebung und damit einen umfassenden Planungsansatz für die Verbandliche Kinder- und Jugendarbeit zu verzichten.[18]

---

[16] Bei Pivot-Tabellen handelt es sich um besondere Ansichten der Daten einer Tabelle. Man kann Daten zusammenfassen, berechnen, verschieben oder filtern ohne dass man den Datenbestand selber verändert. Es ist ein Hilfsmittel zur Analyse von Datenbeständen.
[17] Dies gilt für große Dachverbände wie die Evangelische Jugend, den BDKJ oder auch die Sportjugend.
[18] Zum Beispiel im Rahmen der Jugendhilfeplanung.

Kommunales Berichtswesen als Grundlage der Qualitätsentwicklung 143

Ein kommunales Berichtswesen zur Kinder- und Jugendarbeit kann und darf aber trotz aller Schwierigkeiten bei der Erfassung nicht auf das Handlungsfeld der Verbandlichen Kinder- und Jugendarbeit verzichten. Die verbandliche Arbeit stellt eines der größten Handlungsfelder in der Kinder- und Jugendarbeit dar und bietet einer Vielzahl von jungen Menschen Orientierung sowie Unterstützung und Förderung in ihrer individuellen und sozialen Entwicklung an.

Bei der Entwicklung eines Berichtswesens für die Verbandliche Kinder- und Jugendarbeit gilt es – ebenso wie in der Offenen Kinder- und Jugendarbeit -, zwischen der Institution als Träger der Kinder- und Jugendarbeit (Produktstätte) sowie den konkreten Angeboten und Maßnahmen (Produkte) zu unterscheiden. Eine Beschreibung der Träger ist erforderlich, da Angebote und Maßnahmen erst im Kontext ihrer Erbringung zu beurteilen sind. Zu diesen Kontexten gehören die spezifischen Merkmale des Trägers wie seine Zielsetzung und Orientierung, seine Schwerpunkte sowie die handelnden Personen. Die konkreten Angebote und Maßnahmen lassen sich häufig aus den bestehenden Förderrichtlinien der Kommunen ableiten. Diese Förderrichtlinien decken jedoch nicht immer im ausreichenden Maße das jugendverbandliche Handeln ab. Bei der Entwicklung eines Berichtswesens und somit der Festlegung der zu erfassenden Maßnahmen und Angebote gilt es, die Vielfalt nicht aus dem Blick zu verlieren und für neue Angebote flexibel zu bleiben. Um dies direkt bei der Entwicklung zu berücksichtigen, ist eine frühzeitige Einbeziehung der bestehenden Trägerzusammenschlüsse der Verbandlichen Kinder- und Jugendarbeit[19] unerlässlich. Nicht übersehen werden dürfen die Jugendgruppen und Jugendverbände, die außerhalb dieser Zusammenschlüsse aktiv sind und selten im Blickwinkel der örtlichen Jugendhilfe liegen.

---

[19] Als erstes wären hier die Stadt- und Kreisjugendringe zu nennen.

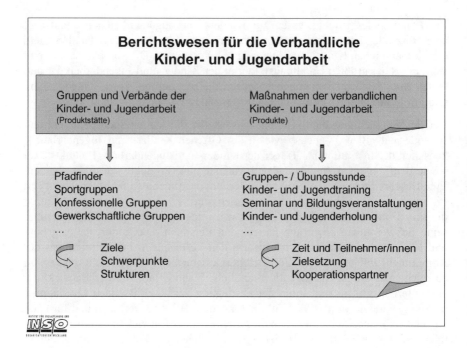

Ein Berichtswesen zur Verbandlichen Kinder- und Jugendarbeit darf sich nicht ausschließlich auf die häufig überregionale Ebene der Dachverbände begeben, sondern sollte möglichst bei den Gruppen und Initiativen vor Ort in den Kirchengemeinden, Sportverbänden sowie den Rettungs- und Sozialverbänden ansetzen. Dabei gilt es, offen damit umzugehen, dass ein Berichtswesen in der Verbandlichen Kinder- und Jugendarbeit vermutlich niemals alle Gruppen und Initiativen in einer Kommune erfassen wird. Trotzdem lohnt es sich, eine Form zu entwickeln, in der möglichst viele Träger sowie Angebote und Maßnahmen erfasst werden können. Die am Kooperationsprojekt beteiligten Kommunen haben sich zu diesem Zweck darauf verständigt, dass

- mit dem Ausfüllen des Erfassungsbogen die Antragsstellung für jugendpflegerische Zuwendungen entfallen soll,
- ein zusätzlicher Verwendungsnachweis nicht mehr erforderlich wird,
- die Erfassung sowohl in handschriftlicher (Erfassungsbogen) als auch in elektronischer Form (per Internet) möglich sein soll,
- nach Möglichkeit wenig mit Fristen gearbeitet wird, so dass eine Eingabe jederzeit möglich ist.

Kommunales Berichtswesen als Grundlage der Qualitätsentwicklung

Gleichzeitig wurde mit den Dachverbänden vereinbart, dass sie jeweils zum Ende des Jahres eine Liste der eingegangenen Meldungen erhalten, damit sie von sich aus noch einmal bei den entsprechenden Gruppen und Initiativen vor Ort nachfragen können. Ergänzend dazu erhalten die Dachverbände und Trägerzusammenschlüsse eine gesonderte Auswertung der Daten nur für ihren Trägerbereich.

3.1 Ziele, Schwerpunkte und Strukturen des Trägers

Die Arbeit in der Verbandlichen Kinder- und Jugendarbeit wird weitgehend ehrenamtlich getragen und auch die jeweiligen Dachverbände, bei denen dann zum Teil hauptberufliche Mitarbeiter/innen tätig sind, verfügen nur über einen begrenzten Zugang zu den Gruppen und Initiativen vor Ort. Deshalb muss bei der Erfassung von Daten für ein Berichtswesen davon ausgegangen werden, dass die entsprechenden Informationen von ehrenamtlichen Mitarbeiter/innen zusammengestellt werden. Die Form der Datenerfassung sollte daher verständlich aufgebaut sein und sich auf das Wesentliche beschränken. Im Rahmen des Kooperationsprojektes wurde besonders der letzte Aspekt immer wieder von Seiten der beteiligten Vertreter/innen der Verbandlichen Kinder- und Jugendarbeit eingefordert.

Bezogen auf die Träger von Verbandlicher Kinder- und Jugendarbeit sollte jedes Berichtswesen Aussagen zur gesellschaftlichen Orientierung und damit zur Zugehörigkeit des Trägers zu einem Gesellschaftsbereich beinhalten.

Träger der Verbandlichen Kinder- und Jugendarbeit:			
☐ Kath. Jugendgruppe	☐ Ev. Jugendgruppe	☐ Initiative	☐ Gewerkschaften
☐ Arbeiterjugendverband	☐ Rettungsorganisation	☐ Musikverband	☐ Kulturverband
☐ Sportverein	☐ sonstiges:		

Jeder Träger verfolgt spezifische Ziele, aus denen sich dann seine Schwerpunkte für die Verbandliche Kinder- und Jugendarbeit ergeben. Dabei ist es durchaus möglich, dass Träger denselben gesellschaftlichen Hintergrund haben und doch ausgehend von der Mitgliedschaft und/oder der sozialräumlichen Verortung in der Kommune unterschiedliche Ziele und Schwerpunkte verfolgen. Auf eine weitere Differenzierung sollte daher in einem Berichtswesen nicht verzichtet werden.

Im Vordergrund der Verbandlichen Kinder- und Jugendarbeit stehen folgende Leistungen:			
☐ Gruppenstunde / Übungsstunde	☐ Themen- und Projektarbeit	☐ sportliches Kinder- bzw. Jugendtraining	☐ Seminar- bzw. Bildungsveranstaltungen
☐ Freizeiten	☐ Internationale Jugendbegegnungen	☐ einzelne Spielaktivitäten	
☐ sonstiges:			

Die folgenden inhaltlichen Schwerpunkte werden durch die Verbandliche Kinder- und Jugendarbeit wahrgenommen (Mehrfachnennung sind möglich):			
☐ außerschulische Bildung (z. B. Seminare zu aktuellen Themen)	☐ Spiel und Geselligkeit (z.B. Spieleabend)	☐ Sport (z.B. Fußballturnier)	☐ arbeitsweltbezogene Jugendarbeit (z.B. Bewerbungstraining)
☐ schulbezogene Jugendarbeit (z.B. Hausaufgabenhilfe)	☐ familienbezogene Jugendarbeit (z.B. Familienwochenende)	☐ Medienarbeit (z.B. Zeitungsprojekt, Internetprojekt)	☐ Internationale Jugendarbeit (z.B. Jugendbegegnungen)
☐ Kinder- und Jugenderholungen (z.B. Wochenendfahrten, Ferienfreizeiten)	☐ Jugendberatung (z.B. persönliche Gespräche, Info-Abende)	☐ Allgemeine Förderung von Erziehung (z.B. Treffen für Eltern)	☐ Förderung von Selbstorganisationsprozessen (z.B. Sprecherrat)
☐ Gender Mainstreaming (z.B. reine Mädchen- oder reine Jungenarbeit)	☐ sonstiges:		

Neben der Orientierung und den Schwerpunkten kennzeichnet die Verbandliche Kinder- und Jugendarbeit, dass sie von engagierten Personen angeboten wird. Ein Berichtswesen sollte daher auch immer die eingesetzten bzw. zur Verfügung stehenden Mitarbeiter/innen in den Blick nehmen. Da es sich überwiegend um ehrenamtliche Mitarbeiter/innen handeln dürfte, ist besonders deren Qualifikation als Gruppen- oder Übungsleiter/innen o.ä. von Bedeutung.

Kommunales Berichtswesen als Grundlage der Qualitätsentwicklung 147

Übersicht aller Mitarbeiter/innen in der Verbandlichen Jugendarbeit:				
Mitarbeiter/innen:	Anzahl (erfolgt automatisch)	davon weiblich	davon männlich	davon mit Migrationshintergrund
ehrenamtliche Mitarbeiter/innen				
Nicht hauptberufliche Mitarbeiter/innen (Honorarkräfte)				
Teilzeit beschäftigte Mitarbeiter/innen (unter 19,25 Stunden):				
Teilzeit beschäftigte Mitarbeiter/innen (mit oder über 19,25 Stunden):				
Vollzeitbeschäftigte Mitarbeiter/innen:				

Qualifikation der Mitarbeiter/innen:	Anzahl (Ehrenamtliche)	Anzahl (Honorarkräfte)	Anzahl (Hauptberufliche)
Ohne weitere Qualifikation:			
Gruppenleiterausbildung / Ferienfreizeitleiter/in: (Jugendgruppenleiter-Card)			
Pädagogische Fachkräfte:			
Übungsleiter/in oder Trainer/in:			

Gruppen und Verbände in der Verbandlichen Kinder- und Jugendarbeit sind Ausdruck einer Selbstorganisation von jungen Menschen zur gemeinsamen Gestaltung von Freizeit sowie zur Interessenvertretung. Ein Berichtswesen muss daher auch Aussagen zur Mitgliederstruktur aufgreifen. Dabei fällt es der Verbandlichen Kinder- und Jugendarbeit nicht leicht, einen einheitlichen Mitgliederbegriff zu definieren.[20] Trotzdem oder auch gerade deshalb ist notwendig, sich über einen Mitgliederbegriff zu verständigen und diesen dann als Grundlage für das Berichtswesen zu nutzen.

Mitglieder des Verbandes/Vereines:				
	Anzahl	davon weiblich	davon männlich	davon mit Migrationshintergrund
6 bis 11 Jahre:				
12 bis 14 Jahre:				
15 bis 17 Jahre:				
18 bis 21 Jahre:				
22 bis 26 Jahre:				

---

[20] Zur Problematik des Mitgliederbegriffs siehe auch die Einleitung zu diesem Beitrag.

Fast alle Träger verfügen über eine entsprechende Infrastruktur, eigene oder auch gemietete Einrichtungen bzw. Räumlichkeiten, die für die Verbandliche Kinder- und Jugendarbeit zur Verfügung gestellt wird. Gerade bei größeren Verbänden und Organisationen lässt sich dabei häufig nicht zwischen der Nutzung dieser Infrastruktur für die Kinder- und Jugendarbeit und der Nutzung durch andere Personengruppen bzw. zu anderen Zwecken des Trägers unterscheiden. Im Rahmen des Kooperationsprojektes wurde deutlich, dass eine Abgrenzung an dieser Stelle kaum möglich ist bzw. eine entsprechende Definition und damit verbundene Festlegung bei der Erfassung nicht eingehalten wird. Es empfiehlt sich daher generell davon auszugehen, dass eine vorhandene Infrastruktur des Trägers – wenn auch unterschiedlich intensiv – für die Verbandliche Kinder- und Jugendarbeit genutzt wird.

Infrastruktur für die Verbandliche Jugendarbeit:				
	Quadratmeter	Anzahl	eigene Infrastruktur	Nutzung der Infrastruktur von anderen
Räumlichkeiten:			☐ ja	☐ ja
Außengelände:			☐ ja	☐ ja
Sporthallen:			☐ ja	☐ ja
Großgeräte:			☐ ja	☐ ja

Bei der Implementierung eines Berichtswesens stellt die Frage nach den Kosten eines Trägers, wie bereits bei den Ausführungen zur Offenen Kinder- und Jugendarbeit thematisiert, die wohl schwierigste Aufgabe dar. Dabei liegt das Problem weniger an der Definition dessen, was als Kosten zu gelten hat, sondern vielmehr am Umgang mit diesen Informationen sowie an der generellen Erfassung.

Auch für die Verbandliche Kinder- und Jugendarbeit sollte in einem ersten Schritt Einvernehmen zwischen den Trägern sowie dem Jugendamt erzielt werden, dass diese Informationen überhaupt erfasst und damit transparent werden. Dabei ergibt sich insbesondere für größere Träger das Problem, dass zwar eigene Etats für die Kinder- und Jugendarbeit zur Verfügung stehen, vielfach aber versteckte Kosten für Infrastruktur, Aufwandentschädigungen für Gruppen- und Übungsleiter und ähnliches nicht transparent sind. Auf eine betriebswirtschaftliche Differenzierung, ggf. sogar in Form einer Bilanzierung, wird bei fast allen Trägern gänzlich verzichtet. In solchen Fällen wäre erst einmal eine differenziertere Buchhaltung des Trägers erforderlich. Eine solche Forderung verstößt aber nicht nur eindeutig gegen die Trägerautonomie sondern überfordert einen ehrenamtlich geführten Träger auch gänzlich. Der Informationsgewinn würde in kei-

Kommunales Berichtswesen als Grundlage der Qualitätsentwicklung

nem Verhältnis zum Aufwand stehen. Im Rahmen eines Berichtswesens sollte sich daher auf den Kinder- und Jugendetat sowie auf die Finanzierung einzelner Maßnahmen und Angebot, für die entsprechende Zuschüsse beantragt wurden, begrenzt werden.

Förderung der Verbandlichen Kinder- und Jugendarbeit:				
Datum:	Beantragte Summe:	Bewilligte Summe:	Zweck der Mittel:	Erklärung:

3.2 Maßnahmenerfassung sowie Verwendungsnachweise

Für ein Berichtswesen in der Verbandlichen Kinder- und Jugendarbeit sind selbstverständlich nicht nur die Informationen zum Träger von Bedeutung, sondern vor allem auch zu den konkreten Angeboten und Maßnahmen. Dabei kann sich schon alleine aus quantitativen Gesichtspunkten ein Berichtswesen nicht auf die Erfassung jeder einzelnen Maßnahme oder jedes Angebotes konzentrieren. Stattdessen sollten Angebotsgruppen gebildet werden, die sich an der jeweiligen Form und der Zielsetzung orientieren. Diese Angebotsgruppen müssen in der Regel nicht neu definiert werden, sondern sind bereits Bestandteil der meisten kommunalen Förderrichtlinien zur Verbandlichen Kinder- und Jugendarbeit.

Im Rahmen des Kooperationsprojektes wurden folgende Angebotsgruppen definiert:

- Gruppenstunde/Übungsstunde (als regelmäßiges pädagogisches Angebot für junge Menschen)
- Themen- und Projektarbeit (als zeitlich und thematisch begrenzte Angebotsform)
- Kinder- und Jugendtraining (als planmäßiger Prozess zur physischen, psychischen und taktischen Vorbereitung)[21]
- Schulungen, Seminare und Bildungsveranstaltungen (als außerschulische Kinder- und Jugendbildung auf der Grundlage eines didaktisch/methodischen Konzeptes)
- Kinder- und Jugenderholungen/Ferienfreizeiten (als ein zeitlich begrenztes Zusammenleben von jungen Menschen in einer Gruppe)

---

[21] Zum Thema Sportvereine als Teil der verbandlichen Jugendarbeit siehe die Ausführungen am Ende des Kapitels.

- Internationale Jugendbegegnungen (als Angebot zum Kennlernen und zum Austausch junger Menschen aus verschiedenen Ländern)
- Sonstige Veranstaltungen und Aktivitäten (als Möglichkeit weitere spezifische Angebote und Maßnahmen eines Träger zu beschreiben)

Maßnahmenerfassung in der Verbandlichen Kinder- und Jugendarbeit

Eine Maßnahmenerfassung in der Verbandlichen Kinder- und Jugendarbeit sollte sich auf den zeitlichen Umfang, die inhaltlichen Schwerpunkte, die Teilnehmer/innen, die Mitarbeiter/innen sowie mögliche Kooperationspartner begrenzen. Wenn wie im Rahmen des Kooperationsprojektes Angebotsgruppen gebildet werden, muss bei der Erfassung deutlich gemacht werden, auf wie viel Gruppen und/oder Angebote sich die jeweiligen Angaben beziehen.

Bei der zeitlichen Erfassung kann zwischen wöchentlichen, monatlichen oder auch quartalsbezogenen Angeboten unterschieden werden. Gleichzeitig muss aber auch gewährleistet sein, dass die projektbezogene Arbeit erfasst und dokumentiert werden kann.

Kontinuierliche Angebote für junge Menschen:								
Stunden	Mo.	Di.	Mi.	Do.	Fr.	Sa.	So.	Variabel
wöchentlich:								Stunden
alle 14 Tage								Stunden
einmal im Monat:								Stunden
Quartalsweise:								Stunden

Zeitlich begrenzte Angebote (Projekte, Veranstaltungen, etc.):			
Anfang (Datum)	Ende (Datum)	Dauer (Stunden)	Beschreibung:

Die unterschiedlichen Angebote in der Verbandlichen Kinder- und Jugendarbeit stellen keinen Selbstzweck dar, sondern sind immer im Kontext einer pädagogischen Zielsetzung zu betrachten. Ohne eine solche Zielsetzung ließe sich ein Angebot weder pädagogisch planen noch bewerten. Welche Zielsetzung im Einzelnen mit einer Angebotsform verfolgt wird, legt der jeweilige Träger, zum Teil auch die Gruppen- oder Übungsleiter/innen, eigenständig fest.

Die Partner im Kooperationsprojekt verständigten sich darauf, die Unterscheidung der inhaltlichen Schwerpunkte analog zu den im Achten Sozialgesetzbuch

Kommunales Berichtswesen als Grundlage der Qualitätsentwicklung 151

definierten Schwerpunkten der Kinder- und Jugendarbeit vorzunehmen, um die Erfassung zu vereinfachen.[22] Bedingt durch die jeweiligen Kinder- und Jugendförderpläne[23] und die damit verbundenen Förderrichtlinien wird ein Berichtswesen nicht vorbeikommen, nach inhaltlichen Schwerpunkten zu fragen, die sich aus diesen Vorgaben ergeben.

Wenn entsprechende Vorgaben sich ergänzen, zum Beispiel Gender Mainstreaming als Vorgabe des Landes sowie Bildungsangebote für Mädchen mit Migrationshintergrund als Vorgabe der Kommune, lassen sich diese Aspekte im Rahmen der Angebotsgestaltung – und damit auch im Berichtswesen – zusammenfassen. Wo dies nicht gelingt, weil es Vorgaben des Landes und Vorgaben der Kommune gibt, die bei der Angebotsgestaltung unabhängig voneinander zu berücksichtigen sind, muss auch das Berichtswesen auf die unterschiedlichen Vorgaben eingehen.

Die folgenden inhaltlichen Schwerpunkte kennzeichnen die Gruppenstunde / Übungsstunde (mehrfach Nennung möglich):			
☐ außerschulische Bildung (z. B. Seminare zu aktuellen Themen)	☐ Spiel und Geselligkeit (z.B. Spieleabend)	☐ Sport (z.B. Fußballturnier)	☐ arbeitsweltbezogene Jugendarbeit (z.B. Bewerbungstraining)
☐ schulbezogene Jugendarbeit (z.B. Hausaufgabenhilfe)	☐ familienbezogene Jugendarbeit (z.B. Familienwochenende)	☐ Medienarbeit (z.B. Zeitungsprojekt, Internetprojekt)	☐ Internationale Jugendarbeit (z.B. Jugendbegegnungen)
☐ Kinder- und Jugenderholungen (z.B. Wochenendfahrten, Ferienfreizeiten)	☐ Jugendberatung (z.B. persönliche Gespräche, Info-Abende)	☐ Allgemeine Förderung von Erziehung (z.B. Treffen für Eltern)	☐ Förderung von Selbstorganisationsprozessen (z.B. Sprecherrat)
☐ Gender Mainstreaming (z.B. reine Mädchen- oder reine Jungenarbeit)	☐ sonstiges:		

Bei den meisten Angebotsformen stellt die Erfassung und damit die Dokumentation der Teilnehmer/innen kein Problem dar, da aus rechtlichen und organisatorischen Gründen die jeweiligen Gruppen- oder Übungsleiter/innen über eine entsprechende Übersicht verfügen.

---

[22] § 11 SGB VIII (Kinder- und Jugendhilfegesetz)
[23] In Nordrhein-Westfalen gilt es so zum Beispiel den Vorgaben des Kinder- und Jugendförderplan des Landes sowie den kommunalen Kinder- und Jugendförderplänen zu entsprechen.

Teilnehmer/innen (regelmäßige Teilnahme):				
	Anzahl	davon weiblich	davon männlich	davon mit Migrationshintergrund
Unter 6 Jahre:				
6 bis 11 Jahre:				
12 bis 14 Jahre:				
15 bis 17 Jahre:				
18 bis 21 Jahre:				
22 bis 26 Jahre:				

Da der personellen Kontinuität in der Verbandlichen Kinder- und Jugendarbeit eine besondere Bedeutung zukommt, lassen sich in der Regel zu jeder Angebotsgruppe auch die entsprechenden Mitarbeiter/innen zuordnen. Obwohl oder gerade weil in der Verbandlichen Kinder- und Jugendarbeit in den Gruppen und Verbänden vor Ort fast ausschließlich Ehrenamtliche tätig sind, ist deren Qualifikation von Bedeutung. Grundsätzlich lässt sich zwischen vier Qualifikationsbereichen unterscheiden. Dabei handelt es sich einmal um Mitarbeiter/innen ohne eine spezifische pädagogische Qualifikation, um Mitarbeiter/innen, die über eine jugendhilfe- und trägerspezifische Ausbildung als Gruppenleiter/in oder auch Ferienfreizeithelfer/in verfügen, über Mitarbeiter/innen mit einer pädagogische Berufsausbildung als Erzieher/in, Sozialpädagogin oder ähnliches sowie um Mitarbeiter/innen, die über eine sport- und trägerspezifische Ausbildung als Übungsleiter/in oder Trainer/in verfügen.

Eingesetzte Mitarbeiter/innen in der Gruppen- / Übungsstunde:				
Mitarbeiter/innen:	Anzahl	davon weiblich	davon männlich	davon mit Migrationshintergrund
Ehrenamtliche Mitarbeiter/innen:				
Nicht Hauptberufliche Mitarbeiter/innen (Honorarkräfte)				
Teilzeit beschäftigte Mitarbeiter/innen (unter 19,25 Stunden):				
Teilzeit beschäftigte Mitarbeiter/innen (mit oder über 19,25 Stunden):				
Vollzeitbeschäftigte Mitarbeiter/innen:				

Kommunales Berichtswesen als Grundlage der Qualitätsentwicklung 153

Qualifikation der Mitarbeiter/innen:	Anzahl (Ehrenamtliche)	Anzahl (Honorarkräfte)	Anzahl (Hauptberufliche)
Ohne weitere Qualifikation:			
Gruppenleiterausbildung / Ferienfreizeitleiter/in: (Jugendgruppenleiter-Card)			
Pädagogische Fachkräfte:			
Übungsleiter/in oder Trainer/in:			

In der Verbandlichen Kinder- und Jugendarbeit kommt es immer wieder zu Kooperationen mit anderen Institutionen. Im Rahmen eines Berichtswesens sollten diese Kooperationen dann auch bezogen auf die jeweiligen Angebotsbereiche erfasst und dokumentiert werden.

Kooperationspartner:			
☐ Kirchen	☐ Wohlfahrtsverbände	☐ Vereine/Initiativen	☐ Jugendamt
☐ Jugendverbände	☐ Schulen	☐	
☐ sonstiges:			

Verwendungsnachweise in der Verbandlichen Kinder- und Jugendarbeit

Auch die Verbandliche Kinder- und Jugendarbeit sollte nicht mit bürokratischen Anforderungen überfrachtet werden, deshalb ist von einer parallelen Struktur von Berichtswesen, Verwendungsnachweisen sowie Jahresberichten abzusehen. Dies gilt sowohl für Anforderungen des Öffentlichen Trägers als auch des Freien Trägers selbst. Es ist daher beim Aufbau eines Berichtswesens erforderlich, schon direkt zu Beginn des Prozesses die jeweiligen Anforderungen zu berücksichtigen.

In der Praxis lässt sich dieser Anspruch häufig nicht realisieren. So stellt es keine Seltenheit dar, dass ein Träger der Verbandlichen Kinder- und Jugendarbeit zum Beispiel Berichte und Verwendungsnachweise (bei in Anspruchnahme entsprechender Fördermittel) an folgende Institutionen zu erbringen hat:

- Verwendungsnachweis für einen Teil der Teilnehmer/innen gegenüber dem örtlichen Träger der Jugendhilfe (kreisangehörige Kommune),
- Verwendungsnachweis für einen anderen Teil der Teilnehmer/innen gegenüber einem anderen örtlichen Träger der Jugendhilfe (Kreis oder einer anderen kreisangehörigen Kommune),
- Bericht gegenüber dem eigenem Dachverband (Regional- oder Landesverband, Bistum/Kirchenkreis oder auch dem Bundesverband)
- Bericht und Verwendungsnachweis gegenüber dem Land als überörtlichem Träger der Jugendhilfe.

Im Rahmen des Kooperationsprojektes wurde diese Problematik immer wieder thematisiert, ohne zu einer abschließenden Lösung zu gelangen. Hintergrund ist die jeweilige Autonomie des örtlichen Trägers der Jugendhilfe, des überörtlichen Trägers der Jugendhilfe, der obersten Landesjugendbehörde und auch der jeweiligen Trägerverbände. Da diese Ebenen jeweils in eigene jugendhilfepolitische Kontexte eingebunden sind und den Anforderungen aus diesen Strukturen entsprechen müssen, können sie nicht ohne weiteres auf ihre Form der Verwendungsnachweise sowie des Berichtswesen verzichten. Ein entsprechender Versuch dieses Problem auf der Ebene des Landes Nordrhein-Westfalens zu lösen, war nicht erfolgreich.[24]

Beim Aufbau eines Berichtswesens sollten die Beteiligten sich dieser Problematik bewusst sein und wenigstens auf der Ebene der Kommunen nach einer Lösung suchen. Ein erster Schritt wäre hier die Abstimmung zwischen den örtlichen Trägern der Jugendhilfe sowie der regionalen Dachverbände. Eine solche Abstimmung sollte zum Ziel haben, dass ein entsprechendes Berichtswesen die bisherigen Verwendungsnachweise ersetzt und die Anforderungen aller Beteiligten nach Informationen zur Verbandlichen Kinder- und Jugendarbeit vor Ort erfüllt. Hierzu gehört auch, dass die jeweiligen Förderrichtlinien der örtlichen Träger der Jugendhilfe miteinander abgestimmt werden.

Bezogen auf die Erfassung sollte es genügen, die Strukturdaten eines Verbandes sowie die Informationen zur jeweiligen Angebotsform einmal im Jahr zur Verfügung zu stellen. Wenn die jeweiligen Informationen zu den Angebotsformen durch Aussagen zu den beantragten sowie bewilligten Fördermitteln ergänzt werden, kann auf andere Formen der Mittelbeantragung sowie der Verwendungsnachweise verzichtet werden.

Zuschüsse des örtlichen Öffentlichen Trägers der Jugendhilfe:				
Datum:	Beantragte Summe:	Bewilligte Summe:	Zweck der Mittel:	Erklärung:

---

[24] Der Landesjugendring Nordrhein-Westfalen hat im Jahr 2006 einen entsprechenden Vorstoß unternommen.

Kommunales Berichtswesen als Grundlage der Qualitätsentwicklung

3.3 Auswertungen für die Einrichtungs-, Planungs- und Entscheidungsebene

Die Akzeptanz eines Berichtswesens zur Verbandlichen Kinder- und Jugendarbeit – und damit vor allem auch die Bereitschaft, sich daran zu beteiligen – hängt in erster Linie davon ab, welchen praktischen Nutzen ein solches Berichtswesen für den jeweiligen Träger mit sich bringt. Dazu ist die bereits erwähnte Vereinfachung des Antragsverfahrens für Fördermittel von zentraler Bedeutung. Der zweite Aspekt betrifft das Erhebungsverfahren selbst. Je einfacher und übersichtlicher die Erhebung gestaltet wird und je benutzerfreundlicher das Verfahren ist, umso stärker erhöht sich die Bereitschaft zur Beteiligung. Hierzu gehört unter anderem die Konzentration auf standardisierte Erhebungsverfahren und die Möglichkeit der Datenweitergabe sowohl auf elektronischem (Internet) als auch auf handschriftlichem Weg (Erhebungsbogen). Nicht zuletzt ist es von Bedeutung, in welcher Form der jeweilige Träger und sein Dachverband von der Auswertung profitiert.

Eine trägerbezogene Auswertung spielt dabei in erster Linie für größere Verbände und Organisationen sowie ihr Dachverbände eine Rolle. Diese haben ein Interesse daran, ihren Wissensstand über die eigenen Angebote in systematischer Form zu erweitern. Somit sollte ein Berichtswesen eine träger- sowie trägergruppenspezifische Auswertung ermöglichen und das Jugendamt diese den Betroffenen auch zur Verfügung stellen.

Auf der Planungs- bzw. Dialogebene ist es sinnvoll, die Bildung weiterer Gremien zu vermeiden und auf die bestehenden Kreis- oder Stadtjugendringe oder auch auf die bestehenden Arbeitsgemeinschaften nach § 78 zur Kinder- und Jugendarbeit zurückzugreifen. Auf dieser Ebene findet die fachliche Abstimmung für das Berichtswesen statt. Hierzu gehört die Festlegung der Indikatoren für die Erfassung (bezogen auf die Träger sowie die Angebotsformen), die Abstimmung der Erhebungsverfahren, die Festlegung der Auswertungsfragen sowie die Interpretation der Erhebungsergebnisse. Gleichzeitig obliegt der Planungsebene auch die Verantwortung dafür, dass sich möglichst viele örtliche Gruppen, Verbände und Initiativen am Berichtswesen beteiligen.

Die Entscheidungsebene sollte sich bezogen auf die Verbandliche Kinder- und Jugendarbeit darauf beschränken, einmal im Jahr einen Bericht über aktuelle Entwicklungen und Tendenzen in der Arbeit fachlich zu diskutieren. Die Verbandliche Kinder- und Jugendarbeit darf steuerungsbezogenen nicht „überplant" werden, deshalb ist es ausreichend, die Vielfalt an Verbandlicher Kinder- und Jugendarbeit zur Kenntnis zu nehmen, den Bedarf nach Unterstützung dieses Arbeitsfeldes zu erörtern und entsprechende Maßnahmen zu beschließen.

Wie schon bei der Offenen Kinder- und Jugendarbeit erwähnt, sollte es grundsätzlich im Rahmen der Auswertung möglich sein, alle vorhandenen Daten flexibel miteinander zu korrelieren. Als sinnvoll hat sich dabei eine Datenerfassung durch direkte Eingabe oder durch einen Datenexport in eine Standardsoftware zur Datenverarbeitung erwiesen.[25]

Sportvereine als Teil der Verbandlichen Kinder- und Jugendarbeit

Spätestens bei der Auswertung stellt sich die Frage, inwieweit Angebote und Maßnahmen der Sportvereine für Kinder und Jugendliche mit in ein Berichtswesen integriert bzw. in welcher Form sie dokumentiert werden. In den meisten Kommunen wurde die Frage der Zugehörigkeit solcher Angebote zur Jugendhilfe über die Förderrichtlinien geklärt, in denen festgelegt ist, dass nur pädagogische Angebote (also kein Kinder- und Jugendtraining sowie keine Turniere und Wettkämpfe) gefördert werden und damit zu den jugendpflegerischen Maßnahmen zählen. Was aus der Sicht der Förderung noch praktikabel erscheint, stellt für ein Berichtswesen zur Verbandlichen Kinder- und Jugendarbeit ein Problem dar. Die einzelnen Angebote lassen sich in den Sportvereinen zwar förderungstechnisch trennen, nicht aber pädagogisch, fachlich und inhaltlich. So findet zum Beispiel an einem gemeinsamen Wochenende, in Verbindung mit einem Turnier, immer auch ein Angebot als ein zeitlich begrenztes Zusammenleben von jungen Menschen in einer Gruppe statt.

Ein Berichtswesen sollte daher konsequenterweise auch die Angebote der Sportvereine für junge Menschen integrieren. Bei der Erfassung selbst reicht hierzu eine gesonderte Angebotsgruppe zum Kinder- und Jugendtraining sowie zu Wettkämpfen und Turnieren. In der Auswertung und Berichterstattung können dann diese Angebotsbereiche gesondert dargestellt und bewertet werden. Gegebenenfalls ist es auch möglich, die Angebote der Sportvereine generell – also auch in Hinsicht ihrer Strukturen sowie aller Angebote und Maßnahmen – gesondert auszuweisen. Auf diesen Bereich aber im Rahmen eines Berichtswesens zur Verbandlichen Kinder- und Jugendarbeit ganz zu verzichten, bedeutet einen Teil des Handlungsfeldes auszublenden, was eine Verzerrung des Gesamtbildes nach sich zieht.

---

[25] Vergleiche hierzu auch die Ausführungen im Bereich der Offenen Kinder- und Jugendarbeit.

4 Berichtswesen für den Erzieherischen Kinder- und Jugendschutz

Ein Berichtswesen zur Kinder- und Jugendarbeit sollte sich nicht, wie es vielfach in der Jugendhilfeplanung oder auch bei der Erstellung kommunaler Kinder- und Jugendförderpläne zu beobachten ist, auf die Handlungsbereiche der Offenen sowie Verbandlichen Kinder- und Jugendarbeit beschränken. Der Leistungsbereich der Kinder- und Jugendarbeit umfasst, unabhängig von der Frage nach der kommunalen Förderung sowie dem Umfang der erbrachten Leistungen, auch die Handlungsfelder der Jugendsozialarbeit sowie des Erzieherischen Kinder- und Jugendschutzes. Ein umfassendes Berichtswesen zur Kinder- und Jugendarbeit muss daher auch diese Handlungsfelder mit einschließen.

Unter dem Aspekt von Verantwortung und Steuerung durch die örtliche Jugendhilfe müssen die beiden Handlungsfelder getrennt betrachtet werden. Die Jugendsozialarbeit ist dadurch geprägt, dass ihre Förderung in der Regel nicht durch die Jugendhilfe, sondern durch die Arbeitsagenturen bzw. die entsprechenden Arbeitsgemeinschaften erfolgt. Die Jugendhilfe sieht sich deshalb häufig nicht in der Steuerungsverantwortung. Ein Blick in das Achte Sozialgesetzbuch macht jedoch deutlich, dass dem nicht so ist. Dort wird eindeutig im § 13 SGB VIII die Verantwortung der Jugendhilfe für die Jugendsozialarbeit festgeschrieben. Auch die Praxis zeigt, dass zwar die Regelförderung häufig nicht über die Jugendhilfe erfolgt, jedoch bei einem Ausfall der entsprechenden Förderung oder bei aktuellen Problemlagen mit jungen Menschen entsprechende Anfragen an die Jugendhilfe ergehen. Spätestens dann zeichnet es sich aus, wenn die Jugendhilfe über einen umfassenden Einblick in die Jugendsozialarbeit verfügt und somit fachlich fundiert entscheiden kann. An dieser Stelle wird auf Grund der Komplexität dieses Handlungsfeldes auf eine weitere Differenzierung und auf entsprechende Ausführungen zu einem Berichtswesen verzichtet.[26]

Im Bereich des Erzieherischen Kinder- und Jugendschutzes sieht es etwas anders aus. Dieses Handlungsfeld wird häufig außer Betracht gelassen, da die dortigen Aktivitäten der Jugendhilfe als eher nachrangig erachten werden. Vielfach ist zu beobachten, dass nach dem Motto verfahren wird, eine gute Jugendarbeit ist schon ein ausreichender Erzieherischer Kinder- und Jugendschutz. Das dies nicht so ist, wird spätestens dann deutlich, wenn entsprechende Vorfälle über extensi-

---

[26] Anforderungen und Bedingungen an ein Berichtswesen zur Jugendsozialarbeit müssen an anderer Stelle thematisiert werden. In der Software „Report Jugendarbeit" befindet sich trotzdem ein erstes Modul zur Jugendsozialarbeit, welches einige Hinweise und Anregungen für ein entsprechendes Berichtswesen liefert.

ven Alkoholkonsum oder okkultistische Tendenzen unter Jugendlichen die Öffentlichkeit und damit auch die Jugendhilfe aufschrecken. Die Jugendhilfe steht in der Verantwortung, sich regelmäßig mit Fragen des Erzieherischen Kinder- und Jugendschutzes zu beschäftigen und ihrer Steuerungsverantwortung gerecht zu werden. Dies gilt sowohl für die Ebene der Einrichtungen und Dienste (Handlungsebene) als auch für die Planungs- und Dialogebene sowie die Entscheidungsebene der Jugendhilfe. Erstere sollten sich fragen, welche Angebote sie den jungen Menschen machen bzw. wie Angebote unter dem Aspekt des Kinder- und Jugendschutzes ausgestaltet werden können. Die Planungs- und die Entscheidungsebenen sollten sich damit auseinandersetzen, welche Schwerpunkte sie setzen wollen bzw. welche Unterstützung und Vorgaben die Handlungsebene von ihnen benötigt.

4.1 Berichtswesen zum Erzieherischen Kinder- und Jugendschutz

Der Erzieherische Kinder- und Jugendschutz zeichnet sich auf der örtlichen Ebene dadurch aus, dass entsprechende Fachkräfte fast ausschließlich beim örtlichen öffentlichen Träger der Jugendhilfe beschäftigt sind. Diesen obliegt die Entwicklung des Handlungsbereiches. Hierzu gehört in Absprache mit anderen Handlungsfeldern der Jugendhilfe sowie der Jugendhilfepolitik, die Festlegung von Schwerpunkten, die Erarbeitung von Materialien, die Bildung und Moderation von Arbeitskreisen sowie die Schulung und Information für junge Menschen und Multiplikatoren. Ein großer Teil dieser Tätigkeiten lässt sich der Planungs- bzw. Dialogebene sowie der Entscheidungsebene zuordnen. Die eigentliche Handlungsebene, also das unmittelbare erzieherische Einwirken auf junge Menschen, findet in anderen Handlungsbereichen der Jugendhilfe (Kindergärten, Jugendverbände, Jugendfreizeiteinrichtungen, etc.) statt.

Ein Berichtswesen für den Erzieherischen Kinder- und Jugendschutz muss auf diese Besonderheit eingehen. Es bietet sich daher an, einmal den institutionalisierten Erzieherischen Kinder- und Jugendschutz beim örtlichen Öffentlichen Träger der Jugendhilfe und davon unabhängig einzelne Maßnahmen und Angebote der unterschiedlichsten Träger zu erfassen.

Kommunales Berichtswesen als Grundlage der Qualitätsentwicklung 159

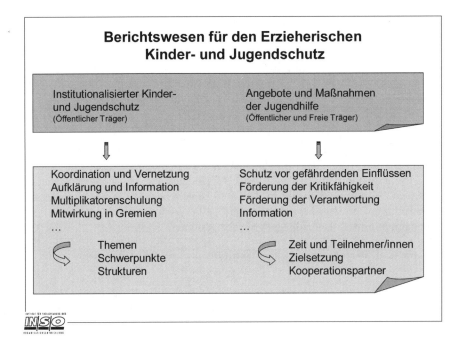

Institutionalisierter Erzieherischer Kinder- und Jugendschutz

Der institutionalisierte Kinder- und Jugendschutz beim öffentlichen Träger der Jugendhilfe lässt sich danach unterscheiden, welche generellen Zielsetzungen im Vordergrund der Arbeit stehen. Da dieser Arbeitsbereich in der Regel leider nicht besonders gut ausgestattet ist, kommt der Festlegung dieser Zielsetzung für die Praxis eine besondere Funktion zu, wenn ein spezifisches Profil erkennbar sein soll. Im Rahmen des Kooperationsprojektes wurde unterschieden zwischen der Koordination und Vernetzung präventiver Aktivitäten, der Aufklärung und Weitergabe von Informationen sowie Beratung, der Multiplikatorenschulung, der Begleitung und Kooperation mit Schulen, Vereinen und anderen Institutionen sowie der Mitwirkung in Gremien und Interessenvertretungen.

Im Vordergrund des Erzieherischen Kinder- und Jugendschutzes stehen folgende Zielsetzungen:			
☐ Koordination und Vernetzung präventiver Aktivitäten	☐ Aufklärung und Weitergabe von Informationen sowie Beratung	☐ Multiplikatorenschulung	☐ Begleitung und Kooperation mit Schulen, Vereinen und anderen Institutionen bei Aktionen und Projekten
☐ Mitwirkung in Gremien / Interessenvertretung	☐ sonstiges:		

Neben der Unterscheidung nach der generellen Zielsetzung lässt sich noch eine Differenzierung nach den inhaltlichen Schwerpunkten vornehmen. Solche Schwerpunktthemen sind beispielsweise Missbrauch, Sucht, Medien oder auch Delinquenz. Grundsätzlich gilt es, auf der Dialogebene zu erarbeiten, welche Schwerpunkte der Erzieherische Kinder- und Jugendschutz setzen sollte und diese dann mit der Entscheidungsebene abzustimmen.

Die folgenden inhaltlichen Schwerpunkte kennzeichnen dabei die Arbeit (Mehrfachnennungen sind möglich):			
☐ Missbrauch	☐ Sucht	☐ Medien	☐ Delinquenz
☐ Konsum	☐ Umwelt	☐ Gesundheit	☐ Sexualität
☐ Arbeit	☐ Kulte/Sekten	☐ Gewalt	☐ Subkultur/Szenen
☐ sonstiges:			

Immer häufiger ist beim örtlichen öffentlichen Träger der Jugendhilfe eine Struktur anzutreffen, die das Handlungsfeld des Erzieherischen Kinder- und Jugendschutzes auf mehrere Fachkräfte verteilt. Um dieser Entwicklung im Rahmen eines Berichtswesens zu entsprechen, sollte nicht nur nach der Anzahl der Fachkräfte sowie deren Qualifikation, sondern auch nach den Arbeitsanteilen für den Erzieherischen Kinder- und Jugendschutz gefragt werden.

Fachkräfte des Erzieherischen Kinder- und Jugendschutzes (Benennung von Arbeitsanteilen):				
	Mitarbeiter/in 1	Mitarbeiter/in 2	Mitarbeiter/in 3	Anzahl *(erfolgt automatisch)*
Fachkraft ist weiblich				
Fachkraft ist männlich				
Prozentualer Arbeitsanteil für den Jugendschutz				
Erzieher/in				
Dipl. Soz.pädagoge(in) / Dipl. Sozialarbeiter/in				
Diplom-Pädagoge(in)				
Andere Ausbildung				

Kommunales Berichtswesen als Grundlage der Qualitätsentwicklung 161

Bei der Erfassung der Kooperationen mit anderen Institutionen sowie Gremien bietet es sich an, zwischen zwei Formen der Zusammenarbeit zu unterscheiden: Erstens das Zusammenwirken in Gremien, verstanden als Orte zum fachlichen Austausch sowie zur Abstimmung von Aktivitäten und Vorgehensweisen und zweitens die projektbezogene Kooperation, verstanden als gemeinsam durchgeführt Projekte und Aktionen.

Der Erzieherische Kinder- und Jugendschutz hat sich an Arbeitstreffen, Gremien und Sitzungen mit folgenden Institutionen beteiligt:

Institutionen/Gremien/Personen	Zielsetzung der Arbeitstreffen
☐ Arbeitsgemeinschaften der Jugendhilfe, AG 78, AGOT, Jugendring, etc.	
☐ Stadtteilkonferenzen / Bürgerversammlungen, Sozialraumkonferenzen, etc.	
☐ Jugendpflege (Jugendamt)	
☐ Jugendgerichtshilfe (Jugendamt)	
☐ Kindergärten	
☐ Schulen	
☐ Jugendverbände	
☐ Sozialpädagogische Einrichtungen	
☐ Beratungsstellen	
☐ Vereine / Initiativen	
☐ Polizei	
☐ Ordnungsamt	
☐ sonstiges, und zwar _____	

Der Erzieherische Kinder- und Jugendschutz hat mit folgenden Kooperationspartnern gemeinsame Projekte, Aktionen und/oder Initiativen gestartet:

Institutionen/Gremien/Personen	Projekt, Aktion, Initiative
☐ Arbeitsgemeinschaften der Jugendhilfe, AG 78, AGOT, Jugendring, etc.	
☐ Stadtteilkonferenzen / Bürgerversammlungen, Sozialraumkonferenzen, etc.	
☐ Jugendpflege (Jugendamt)	
☐ Jugendgerichtshilfe (Jugendamt)	
☐ Kindergärten	
☐ Schulen	
☐ Jugendverbände	
☐ Sozialpädagogische Einrichtungen	
☐ Beratungsstellen	
☐ Vereine / Initiativen	
☐ Polizei	
☐ Ordnungsamt	
☐ sonstiges, und zwar _____	

Angebote und Maßnahmen des Erzieherischen Kinder- und Jugendschutzes

Auf der Handlungsebene des Erzieherischen Kinder- und Jugendschutzes gibt es eine unüberschaubare Menge an Angeboten und Maßnahmen. Grund dafür ist, dass an allen Orten der Jugendhilfe, an denen mit jungen Menschen pädagogisch gearbeitet wird, auch Anteile des Erzieherischen Kinder- und Jugendschutzes zu finden sind. Dieser Anteil an Kinder- und Jugendschutz ist integriert in die alltägliche Arbeit. Durch gezielte Schulung von ehrenamtlichen und hauptberuflichen Fachkräften kann es dabei gelingen, das Bewusstsein für den jeweiligen erzieherischen Einfluss im Sinne des Kinder- und Jugendschutzes zu stärken und gezieltes Handeln zu unterstützen. Im Sinne eines Berichtswesens für den Erzieherischen Kinder- und Jugendschutzes kann es natürlich nicht darum gehen, diese vielfältigen Aktivitäten im Detail zu erfassen. Vielmehr muss sich auf die Angebote und Maßnahmen konzentriert werden, die sich zum einen direkt an die Multiplikatoren/innen wenden, also Fachkräfte oder auch an andere Personen, die mit jungen Menschen zu tun haben, oder die sich zum anderen durch Aufklärung, Information und Stärkung direkt an junge Menschen im Sinne des Kinder- und Jugendschutzes richten.

Im Rahmen des Kooperationsprojektes wurde ein solcher Erfassungsbogen entwickelt, der nach den Zielen des Angebotes, dem zeitlichen Umfang, dem Teilnehmerkreis sowie nach einer eventuellen Förderung dieses Angebotes durch den örtlichen Träger der Jugendhilfe fragt. Als strategische Ziele von Angeboten und Maßnahmen des Erzieherischen Kinder- und Jugendschutzes wurden in Anlehnung an den § 14 SGB VIII der Schutz junger Menschen vor gefährdenden Einflüssen, die Förderung von Kritikfähigkeit, Entscheidungsfähigkeit und Eigenverantwortlichkeit, die Förderung der Verantwortung gegenüber Mitmenschen sowie die Information und das Aufzeigen von Handlungsmöglichkeiten für Eltern und Multiplikatoren definiert.

Kommunales Berichtswesen als Grundlage der Qualitätsentwicklung 163

Zielsetzung der Maßnahme bzw. des Angebotes:		
Strategische Zielsetzung	Maßnahme / Angebot	Bewertung (Zielerreichung)
☐ Schutz junger Menschen vor gefährdenden Einflüssen		☐1 ☐2 ☐3 ☐4 ☐5 ☐6
☐ Förderung von Kritikfähigkeit, Entscheidungsfähigkeit sowie Eigenverantwortlichkeit		☐1 ☐2 ☐3 ☐4 ☐5 ☐6
☐ Förderung der Verantwortung gegenüber Mitmenschen		☐1 ☐2 ☐3 ☐4 ☐5 ☐6
☐ Information sowie Aufzeigen von Handlungsmöglichkeiten für Eltern bzw. Erziehungsberechtigte		☐1 ☐2 ☐3 ☐4 ☐5 ☐6
☐ Information sowie Aufzeigen von Handlungsmöglichkeiten für Multiplikator/innen		☐1 ☐2 ☐3 ☐4 ☐5 ☐6

Neben den Zielsetzungen einer Maßnahme sind immer auch der zeitliche Umfang sowie der Teilnehmerkreis von Bedeutung. Bei den Teilnehmer/innen gilt es zwischen jungen Menschen und Multiplikatoren zu unterscheiden. Zu der letzten Gruppe gehören Fachkräfte der Jugendhilfe ebenso wie Lehrer/innen und Eltern.

Teilnehmende Multiplikator/innen bzw. Eltern:				
	Anzahl	davon weiblich	davon männlich	davon mit Migrationshintergrund
Erziehungsberechtigte				
Lehrer/innen				
Erzieher/innen				
Mitarbeiter/innen der Kinder- und Jugendarbeit				
Peergroups				
sonstige Personen				

Kosten für Angebote und Maßnahmen des Erzieherischen Kinder- und Jugendschutzes lassen sich in der Regel nur dort quantifizieren, wo es Zuschüsse für solche Aktivitäten bei Freien Trägern der Jugendhilfe oder extra ausgewiesene Kosten für Räume, Informationsmaterial oder auch Referenten beim öffentlichen Träger der Jugendhilfe gibt. Eine weitergehende Differenzierung zum Beispiel nach Personalkosten schließt sich in der Regel aus, da entsprechende Angebote in andere Handlungsfelder der Jugendhilfe integriert und damit auch über deren Finanzierungsstrukturen abgedeckt sind.

Zuschüsse des örtlichen öffentlichen Trägers der Jugendhilfe für spezifische Maßnahmen / Angebote von Freien Trägern der Jugendhilfe:				
Datum	Beantragte Summe	Bewilligte Summe	Zweck der Mittel	Erklärung

Auch wenn das Handlungsfeld des Erzieherischen Kinder- und Jugendschutzes leider häufig nur eine untergeordnete Rolle in der jugendhilfepolitischen Diskussion spielt, sollte im Zusammenhang mit einem Berichtswesen nicht auf eine Erfassung und Darstellung der entsprechenden Aktivitäten verzichtet werden. Vielleicht bietet ja das Berichtswesen die Grundlage für eine intensivere Auseinandersetzung mit diesem Leistungsbereich der Jugendhilfe.

5 Datenerfassung mit Hilfe der Software „Report Jugendarbeit"

Im Zusammenhang mit dem Kooperationsprojekt zur Entwicklung und Implementation eines kommunalen Berichtswesen für die Kinder- und Jugendarbeit wurde auch eine Software entwickelt, die auf der einen Seite den beschriebenen Anforderungen nach einem flexiblen System zur Erfassung und Auswertung von Daten in der Kinder- und Jugendarbeit genügt und auf der anderen Seite auch berücksichtigt, dass insbesondere in der Kinder- und Jugendarbeit nur ein begrenzter Etat für eine solche Software zur Verfügung steht. Das Landesjugendamt Westfalen-Lippe hat sich in diesem Sinne nicht nur an der fachlichen Diskussion über ein Berichtswesen sondern auch maßgeblich an der Entwicklung einer Software beteiligt, die den Jugendämtern in seinem Zuständigkeitsbereich kostenlos zur Verfügung gestellt wird.[27] Dem Buch liegt eine Registrierungsnummer bei, über die die entsprechende Software „Report Jugendarbeit" als Demoversion im Book-Shop des VS Verlages kostenlos zu beziehen ist.[28]

Die fachlichen Anforderungen an die Kinder- und Jugendarbeit

Aus der aktuellen Diskussion in der Jugendhilfe lassen sich folgende fachliche Anforderungen an die Kinder- und Jugendarbeit ableiten – ohne den Anspruch auf Vollständigkeit zu erheben –, die ein kommunales Berichtswesen berücksichtigten sollte:

---

[27] Den Jugendämtern entstehen lediglich geringe Kosten im Rahmen eines Wartungsvertrages.
[28] www.vs-verlag.de

Kommunales Berichtswesen als Grundlage der Qualitätsentwicklung 165

- Die Kinder- und Jugendförderplanung muss gewährleisten, dass Ziele für die Kinder- und Jugendarbeit definiert und ein Verfahren zur Überprüfung der Zielerreichung sowie der Verwendung der Fördermittel entwickelt werden.
- Träger und Mitarbeiter/innen in der Kinder- und Jugendarbeit müssen sich über Ziele sowie die Zielerreichung in einem fachlichen Dialog vor Ort verständigen und austauschen können.
- Die Kinder- und Jugendarbeit muss auf dieser Grundlage eine Zielvereinbarung mit der Jugendhilfepolitik abschließen und eine regelmäßige Berichterstattung gewährleisten.
- Eine systematische Erfassung der Zielerreichung sowie der Verwendung der Fördermittel muss sich flexibel an die jeweilige Zielvereinbarung anpassen lassen und andere Formen der Verwendungsnachweise ersetzen.

Die Software „Report Jugendarbeit"

Die gemeinsam vom Landesjugendamt Westfalen-Lippe, dem Institut für Sozialplanung und Organisationsentwicklung sowie den Städten Datteln, Gronau, Hemer, Ibbenbüren sowie Rheine entwickelte Software bietet eine datenbanktechnische Unterstützung für ein flexibel gestaltetes Berichtswesen an.

- Mit Hilfe der Software „Report Jugendarbeit" lassen sich Strukturdaten, Ziele sowie Zielerreichung und Verwendungsnachweise in einem einheitlichen EDV System zusammenfassen.
- Die Datenauswertung ermöglicht die Weitergabe von komprimierten Daten zum Beispiel für den Wirksamkeitsdialog in NRW.
- Die Software ermöglicht eine standardisierte Erfassung, Auswertung und Nachweisführung, die vor dem Hintergrund des kommunalen Kinder und Jugendförderplanes flexibel angepasst werden kann.
- Als eigenständige Module werden die Bereiche Offene Kinder- und Jugendarbeit, Verbandliche Jugendarbeit, Jugendsozialarbeit sowie Erzieherischer Kinder- und Jugendschutz abgedeckt.
- Die Software Report Jugendarbeit läuft unter Windows sowie Linux.
- Die einzelnen Module können sowohl einzeln als auch zusammen eingesetzt werden.
- Eine Anpassung an die örtlichen Gegebenheiten (Strukturen, Zielvereinbarungen, Förderbereiche) lassen sich eigenständig vornehmen.
- Die Datenbank lässt sich mit Hilfe von einschlägiger Software (zum Beispiel Excel) auswerten und weiterverarbeiten.

Für weitere Fragen wenden Sie sich bitte an das Institut für Sozialplanung und Organisationsentwicklung e.V. oder auch an das Landesjugendamt Westfalen-Lippe.

Institut für Sozialplanung und Organisationsentwicklung e.V.
Overbergstraße 17, 45141 Essen
Telefon 0201-3163259
E-Mail: inso.essen@t-online.de

Büro Süddeutschland:
Dorfstraße 17, 82347 Bernried
Telefon 08158-904399

Landschaftsverband Westfalen-Lippe
- Landesjugendamt -
Fachberatung Jugendhilfeplanung, Organisationsentwicklung, IT Unterstützung
Ansprechpartner Thomas Fink
Telefon 0251 5914581
E-Mail: thomas.fink@lwl.org
48133 Münster

6 Literatur

Arbeitsgemeinschaft der Offenen Tür NRW (Hrsg.): Zielvereinbarungen für die Offene Kinder- und Jugendarbeit. Diskussionspapier der AGOT NRW. Gelsenkirchen 2006
Beisenkötter, Donatus u.a.: Produktdefinitionen für die katholische Kinder- und Jugendarbeit. Düsseldorf 1997
Deinet, Ulrich (Hrsg.): Sozialräumliche Jugendarbeit. Grundlagen, Methoden, Praxiskonzepte, völlig überarbeitete und erweiterte Auflage. Wiesbaden 2005.
Gilles, Christop/Buberl-Mensing, Heide: Qualität in der Jugendarbeit gestalten. Konzeptentwicklung, Evaluation und Fachcontrolling. Köln 2000
Landes, Benjamin: Handreichung zum Aufbau eines Berichtswesens in der kommunalen Kinder- und Jugendhilfe. Frankfurt a.M., ISS Aktuell 4/2005
Landschaftsverband Westfalen-Lippe (Hrsg.): Empfehlungen zur Umsetzung des § 3 AG-KJHG NRW, Münster 2006
Ministerium für Schule, Jugend und Kinder des Landes Nordrhein-Westfalen: Strukturdaten der Offenen Kinder- und Jugendarbeit in Nordrhein-Westfalen 2001. Befunde der zweiten Strukturdatenerhebung zum Berichtsjahr 2002, Düsseldorf 2004
Nikles, Bruno W./Szlapka, Marco: Jugendhilfeplanung: Theorie, Organisation, Methodik, Münster 1998

Szlapka, Marco/Fink, Tomas: Sozialraumorientierung des Jugendamtes. Ein Praxisbericht zur sozialräumlichen Neuorganisation des Jugendamtes der Stadt Moers. Essen, 2005

Szlapka, Marco: „Wie soll ich das denn schaffen ...?" – Grundlagen und Formen guter Ausschussarbeit. In: Ideen § Konzepte. Der Jugendhilfeausschuss, Münster 2005

von Spiegel, Hiltrud (Hrsg.): Jugendarbeit mit Erfolg. Arbeitshilfen und Erfahrungen zur Qualitätsentwicklung und Selbstevaluation. Münster 2000

Wiesner u.a.: SGB VIII Kinder- und Jugendhilfe. München 2006

Qualitätsmanagement und Berichtswesen als Elemente kommunaler Wirksamkeitsdialoge – das Modellprojekt Qualitätsentwicklung der Berliner Jugendarbeit

Wolfgang Witte/Maja Arlt

Der vorliegende Beitrag beschreibt Ergebnisse des Modellprojektes „Qualitätsentwicklung der Berliner Jugendarbeit" zum Qualitätsmanagement der Jugendfreizeiteinrichtungen, zum Berichtswesen der Offenen Kinder- und Jugendarbeit dieser Einrichtungen und zu dialogischen Formen der fachlichen Entwicklung und der jugendpolitischen Entscheidungsfindungen. Zum besseren Verständnis ist ein Blick auf die Berliner Strukturen in dem Arbeitsfeld sinnvoll. Die letzte veröffentlichte Zählung hat für 2004 insgesamt 422 öffentliche oder öffentlich finanzierte Jugendfreizeiteinrichtungen ergeben. Die Bandbreite dieser auf der Grundlage des § 11 SGB VIII (Jugendarbeit) geförderten Einrichtungen umfasst u.a. Kinder- und Jugendzentren, Jugendkulturzentren, Schülerklubs, Kinderzirkusprojekte, Kindermuseen und pädagogische betreute Spielplätze unterschiedlicher Größen und Konzeptionen. Davon waren 217 öffentliche Einrichtungen in Trägerschaft der örtlichen Jugendämter, 205 öffentlich finanziert in freier Trägerschaft. Der größte Teil der Jugendfreizeiteinrichtungen (415) hatte einen örtlichen Wirkungskreis. Das Modellprojekt bezieht sich auf Jugendfreizeitstätten, für die folgende Merkmale kennzeichnend sind:

- Die durch Fachpersonal, in der Regel Sozialpädagogen/innen und Erzieher/innen sicher gestellte pädagogische Qualität der Angebote,
- die Verortung in Räumen (Gebäuden oder Geländen), die für Jugendarbeit mit unterschiedlichen Schwerpunkten und Methoden zur Verfügung stehen,
- die zeitliche Kontinuität regelmäßiger Angebote,
- die finanzielle Förderung durch die für Jugendarbeit zuständigen bezirklichen und überbezirklichen Fachverwaltungen.[1]

---

[1] Vgl. Senatsverwaltung für Bildung, Jugend und Sport (2005): Jugendfreizeitstättenbericht. Berlin. S. 7, Download: www.berlin.de/imperia/md/content/sen-jugend/bildung_in_der_freizeit/jugendfreizeitstaettenbericht.pdf

Die Aufgaben der örtlichen Jugendämter werden durch die 12 Berliner Bezirke wahrgenommen. Die Berliner Bezirksämter haben jeweils die Gesamtverantwortung für die Jugendarbeit in ihrem Bezirk, eine unmittelbare Einflussnahme auf Förderentscheidungen oder konzeptionelle Schwerpunktsetzungen durch das Land ist hier nicht möglich. Im Ergebnis hat Berlin zwar eine dichtere Fachstruktur der Jugendämter als dies in Flächenländern der Fall ist, andererseits ist die örtliche, bezirkliche Ebene unabhängiger als in anderen Stadtstaaten. Verfahren, die für die ganze Stadt gelten sollen, sind deshalb Ergebnis landesweiter Verständigungsprozesse auf Landes- und Bezirksebene. Weiter sind auch jugendpolitische Entscheidungen in Berlin stets durch die Folgen der Haushaltsnotlage des Landes geprägt. Einrichtungen und Arbeitsfelder stehen immer wieder in Frage und bedürfen der Überprüfung und der überzeugenden Begründung. Seit Jahren können besonders in den öffentlichen Bereich keine neuen Fachkräfte eingestellt werden, so dass Altersdurchschnitt und Arbeitsbelastungen steigen. Bei den freien Trägern stehen jährlich Zuwendungssummen in Frage und müssen unter schwierigen finanziellen Rahmenbedingungen neu ausgehandelt werden. Hinzu kommt, dass die Ziele der Angebote und die Identität der Jugendarbeit als Teil der Jugendhilfe in Verbindung zu anderen Bereichen wie der Schulen, der Kulturarbeit oder der Gemeinwesenarbeit von den örtlichen Jugendämtern, den freien Trägern und den Fachkräften vor Ort durchaus unterschiedlich interpretiert werden. Schließlich bestimmen die örtlichen, bezirklichen Jugendämter im Rahmen der Landeshaushaltsordnung selbst, wie die Verfahren, z.B. im Zuwendungsbereich im einzelnen aussehen, so dass besonders freie Träger mit unterschiedliche Formularen konfrontiert waren.

Die für Jugendarbeit zuständigen Fachkräfte und Referenten/innen auf Bezirks- und Landesebene sahen vor diesem Hintergrund die Aufgabe, die Qualitäten der Offenen Kinder- und Jugendarbeit, insbesondere der Jugendfreizeitstätten so zu beschreiben, dass sowohl die fachlich-pädagogische Arbeit vor Ort inhaltlich gefördert als auch steuernde Entscheidungen des Jugendamtes und der Jugendhilfeausschüsse durch sachgemäße Informationen unterstützt und letztlich das fachliche Vertrauen der kommunalen Jugendpolitik in die Wirksamkeit dieses Handlungsfeldes gestärkt wird. Fragen nach einer überzeugenden Strategie zur Klärung der Fachlichkeit und zur standardbezogenen Sicherung der Berliner Offenen Kinder- und Jugendarbeit standen demzufolge am Beginn des Modellprojektes „Qualitätsentwicklung der Berliner Jugendarbeit", das seit 2001 von den Berliner Jugendämtern, freien Trägern der Jugendhilfe und der Senatsverwaltung für Bildung, Jugend und Sport durchgeführt wird und seither vereinbarte

Qualitätsmanagement und Berichtswesen

Verfahren zum Qualitätsmanagement, zum Berichtswesen und Vorschläge zu kommunalen Wirksamkeitsdialogen hervorgebracht hat.[2]

Das Modellprojekt erhielt durch die Berliner Arbeitsgemeinschaft Berliner Öffentliche Jugendhilfe (AGBÖJ), in der die Leitungen der Berliner örtlichen, bezirklichen Jugendämter und der für Jugend zuständigen Senatsverwaltung vertreten sind, im Jahr 2001 drei Aufträge:

a. Erarbeitung eines Handbuches Qualitätsmanagement für alle Berliner Jugendfreizeitstätten
b. Erarbeitung eines gemeinsamen Berliner Qualitäts- und Sachberichtes für Jugendfreizeitstätten
c. Erstellung eines Modells für den „kommunalen Wirksamkeitsdialog" zwischen Einrichtungen, Trägern, Jugendamt und Jugendpolitik zur fachlichen Steuerung.

Im folgenden werden die bisher vorliegenden Ergebnisse und Erfahrungen des Modellprojektes vorgestellt

1 Das Handbuch Qualitätsmanagement der Berliner Jugendfreizeitstätten

Im Zentrum des Modellprojektes steht das Handbuch Qualitätsmanagement der Berliner Jugendfreizeitstätten (QM-Handbuch), das seit 2005 verbindlich von allen öffentlichen und öffentlich geförderten Berliner Jugendfreizeitstätten als Instrument der Selbstevaluation anzuwenden ist. Anfang 2007 wurde die zweite, überarbeitete und ergänzte Auflage veröffentlicht.[3] Das QM-Handbuch enthält Aussagen zu grundlegenden Zielen und Handlungsorientierungen, zur Arbeitsorganisation der Einrichtungen, zur fachlichen Weiterentwicklung der pädagogischen Fachkräfte und zu den sechs Angebotsschwerpunkten „Offener Bereich der Kinder- und Jugendfreizeitstätten", „Partizipation in Kinder- und Jugendfreizeitstätten", „Angebote der Medienbildung", „sportorientierte Jugendarbeit", „Kulturelle Kinder- und Jugendarbeit" und „Geschlechtsbewusste Mädchen- und

---

[2] Vgl. Witte/Meinhold/Schweele/Jacobsen.: „Das Modellprojekt Qualitätsentwicklung der Berliner Jugendarbeit" in: „Offene Jugendarbeit – Zeitschrift für Jugendhäuser, Jugendzentren, Spielmobile" Heft 3/2004; Download: http://www.berlin.de/imperia/md/content/sen-jugend/bildung_in_der_freizeit/bericht.pdf
[3] Senatsverwaltung für Bildung, Jugend und Sport (Hrsg.): „Handbuch Qualitätsmanagement der Berliner Jugendfreizeitstätten" (2. Auflage 2006) Download: http://www.berlin.de/imperia/md/content/sen-jugend/bildung_in_der_freizeit/qm_handbuch.pdf

Jungenarbeit". Jeder Angebotsschwerpunkt beginnt mit einem kurzen Text, der wesentliche inhaltliche Merkmale zusammenfasst. Es folgen fünf bis acht Kernaktivitäten[4], die Aussagen zu den Zielgruppen, den Zielen und Qualitätskriterien enthalten. Zu jedem Ziel und jedem Qualitätskriterium gibt es für die Überprüfung mindestens einen Indikator. Alle Kernaktivitäten enden mit Aussagen zur Art und Häufigkeit der Qualitätssicherung.

Insgesamt enthält das QM-Handbuch 47 verschiedene Kernaktivitäten, die pädagogisch relevante Arbeitsprozesse in Jugendfreizeitstätten beschreiben. Im Anhang finden sich Arbeitshilfen für die Anwendung des QM-Handbuches in den Teams. Hinzu kommen Checklisten für die Durchführung von Veranstaltungen, Materialien für die Wahrnehmung des Schutzauftrages bei Kindeswohlgefährdung und Informationen zur Finanzierung und zur personellen und sächlichen Mindestausstattung von Jugendfreizeitstätten.

Das Modellprojekt „Qualitätsentwicklung der Berliner Jugendarbeit" schloss an die Fachprozesse der Jugendarbeit in Nordrhein-Westfalen, die seit Ende der neunziger Jahre mit dem Begriff „Wirksamkeitsdialog" verbunden sind, an. Das QM-Handbuch wurde besonders durch das WANJA-Projekt der Universität Siegen inspiriert[5]. Die durch soziologische Forschung gewonnenen Erkenntnisse über Offene Jugendarbeit wurden hier in der Form von Qualitätsbögen (Kernaktivitäten) dargestellt. Der entscheidende Gewinn für unser Projekt lag in der bei WANJA implizierten Annahme, dass es für die Jugendfreizeitstätten *unabhängig* von Trägerschaften und besonderen Profilen im Einzelnen einen Kern guten professionellen Handelns gibt, der sich mit Hilfe der Strukturierungsvorschläge des Qualitätsmanagements darstellen lässt. So wurde ein Weg sichtbar, der mit einen vertretbaren Aufwand sicherstellt, dass in allen Berliner Jugendfreizeitstätten ein Mindestmaß an Selbstevaluation, an systematischer Reflexion und Weiterentwicklung der pädagogischen Prozesse stattfindet. Die Frage, auf welche Weise gutes professionelles Handeln in der Jugendarbeit definiert werden soll, wurde von der Berliner Jugendarbeit jedoch anders beantwortet. Die Schwierigkeit von WANJA wie anderer wichtiger Veröffentlichungen über Jugendarbeit ist, dass die wissenschaftliche Fachdiskussion vor Ort, in den Jugendämtern und erst recht in den Einrichtungen, kaum wahrgenommen wird. Das Berliner Projekt hat hieraus den Schluss gezogen, dass das QM-Handbuch Ergebnis und Plattform eines Verständigungsprozesses der Praktiker/innen in Einrichtungen, freien

---

[4] Der Begriff „Kernaktivität" wird hier wie ansonsten die Begriffe „Kernprozess" oder „Schlüsselprozess" verwendet. Kernaktivitäten sind jene Arbeitsprozesse, die für den Erfolg der Arbeit große Bedeutung haben.
[5] Projektgruppe WANJA: Handbuch zum Wirksamkeitsdialog in der Offenen Kinder- und Jugendarbeit, Münster (Votum) 2000

Trägern und Jugendämtern im Sinne einer „Qualitätsgemeinschaft"[6] sein muss. Dafür werden zwar fachliche Veröffentlichungen herangezogen, entscheidend ist aber, dass sich diejenigen, die mit dem QM-Handbuch arbeiten, in seiner Struktur und seinen Formulierungen wiedererkennen.

1.1 Die Erarbeitung des QM-Handbuches als landesweiter Verständigungsprozess über Offene Kinder- und Jugendarbeit

Die Ausgangsidee für ein landesweit anzuwendendes Qualitätshandbuch für die über 420 Berliner öffentlichen und öffentlich geförderten Jugendfreizeitstätten beinhaltete die Notwendigkeit, sich zwischen Jugendämtern, freien Trägern, Landesjugendamt/Oberster Landsjugendbehörde und Einrichtungen auf Struktur, Inhalte und Anwendung des QM-Handbuches zu verständigen.

Die Chancen für ein solches Einverständnis wurden zu Beginn des Modellprojektes durchaus skeptisch gesehen. Die konzeptionellen Orientierungen, die Träger- und Bezirkskulturen schienen zu unterschiedlich. Zu den traditionellen konzeptionellen Konflikten und Überzeugungen, z.B. sozio-kulturelle versus jugendsozialarbeitsnahe Jugendarbeit, kamen in Berlin die unterschiedlichen Traditionen der Jugendarbeit in den früheren beiden Stadthälften.

---

[6] vgl. Joachim Merchel: „Qualitätsmanagement in der Sozialen Arbeit – ein Lehr- und Arbeitsbuch" Münster (Votum) 2001, S. 197

Abbildung. 1: Projektarchitektur: Qualitätsentwicklung in der Jugendarbeit für die Erarbeitung der ersten Fassung des QM-Handbuches

Der landesweite Dialog mit dem Ziel der Verständigung auf ein gemeinsames QM-Handbuch wurde durch eine Projektstruktur, in der alle für Offene Kinder- und Jugendarbeit entscheidenden Ebenen repräsentiert waren, ermöglicht. Die Leitungen der Jugendämter, des Landesjugendamtes und der Obersten Landesjugendbehörde erteilten den Auftrag für die Erarbeitung des QM-Handbuches und beschlossen später die berlinweit verbindliche Umsetzung der Ergebnisse. Die in dem QM-Handbuch abgebildeten Angebotsschwerpunkte wurden von mehreren Einrichtungen öffentlicher und freier Träger aus jeweils mindestens zwei Berliner Bezirken erarbeitet. Die Ergebnisse dieser Arbeitsgruppen wurden in Einrichtungen weiterer Bezirke getestet, die Feedbacks aus diesen Tests wurden bei der abschließenden Überarbeitung berücksichtigt. Am Ende wurde der Entwurf des QM-Handbuches von Vertretern aller örtlichen Jugendämter (Bezirke) mit der Beteiligung von freien Trägern abgestimmt. Für die mittlerweile vorliegende zweite Auflage wurde dieses Verfahren wiederholt. Zusätzlich wurde das gesamte QM-Handbuch anhand von Erfahrungen aus der Anwendung und aktueller thematischer Schwerpunkte wie „Gender Mainstreaming" und „Jugendfreizeitstätten als Bildungsorte" überarbeitet. Der Prozess der regelmäßigen Überarbeitung wird weitergeführt, so dass das QM-Handbuch auch künftig Gegenstand eines landesweiten Dialoges bleibt, der eine Plattform fachlicher Verständigung ist.

Insgesamt haben 48 Jugendfreizeiteinrichtungen an der Erarbeitung des QM-Handbuches mitgearbeitet, weitere waren durch Tests und Feedbacks einbezogen. Der Prozess der Bearbeitung der Angebotschwerpunkte, der Bestimmung von Kernaktivitäten, von Zielen, Qualitätskriterien und Indikatoren waren nicht immer einfach, es bedurfte der Moderation und der fachlichen Klärung. Als Ergebnis des nun fünfjährigen landesweiten Dialoges liegt ein Ergebnis vor, das von allen Beteiligten als gemeinsame fachliche Grundlage anerkannt wird.

Aus der Sicht des Landes ist das QM-Handbuch eine Möglichkeit, zentrale inhaltliche Orientierungen der Jugendarbeit den Fachkräften in den Jugendfreizeitstätten zu unterstützen. Themen wie die Förderung der Bildung von Kindern und Jugendlichen, Gender Mainstreaming, Lebenswelt- und Sozialraumorientierung, Förderung sozialer und politischer Verantwortung sind in dem Handbuch konzeptionell und auf der Handlungsebene inhaltlich beschrieben. Die regelmäßige Überarbeitung bietet die Möglichkeit neue Themen aufzunehmen. Die Chancen dafür, dass neue jugendpolitische Anforderungen tatsächlich praxisrelevant werden, sind durch das QM-Handbuch deutlich gestiegen.

Obwohl unter Steuerungs- und Controllingaspekten vielleicht eher Verfahren des Berichtswesens und des kommunalen Wirksamkeitsdialogs relevant scheinen mögen, ist die Arbeit an dem QM-Handbuch als Plattform der fachlichen Verständigung über die Jahre das Herzstück des Projektes geblieben. Das QM-Handbuch und der Prozess seiner Erarbeitung stehen dafür, dass bei allen Verfahren der Qualitätsentwicklung, der Berichterstattung und der Wirksamkeitsdialoge die Güte der vor Ort geleisteten Jugendarbeit im Mittelpunkt steht. Die Verbindung mit den Ebenen des Wirksamkeitsdialoges besteht in folgender Hinsicht:

- Die Inhalte des QM-Handbuches werden weitgehend von Gruppen pädagogischer Fachkräfte aus repräsentativen Jugendfreizeiteinrichtungen erarbeitet.
- Landesweit verständigen sich Jugendämter und freie Träger über alle im Handbuch niedergelegten Inhalte.

- Erfahrungen und Anregungen aus der Anwendung des QM-Handbuches in den Einrichtungen werden bei Überarbeitungen und Neuauflagen berücksichtigt.
- Das QM-Handbuch unterstützt einrichtungsbezogene Wirksamkeitsdialoge.

Ergebnisse der Selbstevaluation mit dem QM-Handbuch, d.h. Folgerungen für die künftige Arbeit der Einrichtung, werden über den weiter unten beschriebenen Sachbericht in der qualitativen Berichterstattung abgebildet und gehen in die kommunalen Dialoge und Entscheidungsprozesse ein.

1.2 Selbstevaluation mit dem QM-Handbuch als Sicherung und Unterstützung einrichtungsbezogener Wirksamkeitsdialoge

Die auf eine Einrichtung bezogenen Wirksamkeitsdialoge dienen dazu festzustellen, ob die Konzeption der Einrichtung dem Bedarf und den Interessen der Kinder und Jugendlichen entspricht, ob die internen Arbeitsprozesse angemessen sind oder verändert werden müssen und in welcher Weise Kooperationen mit anderen Trägern wie Jugendhilfeeinrichtungen und Schulen entwickelt werden müssen. Als Instrumente dienen hierfür u.a. Methoden der sozialräumlichen Konzeptentwicklung[7], Besucher/innenbefragungen, Gespräche und Befragungen von Nachbarn, Schlüsselpersonen im Stadtteil, Lehrern und Schulen, Erfahrungen aus Kooperationszusammenhängen.

Das QM-Handbuch unterstützt diese Instrumente durch formulierte grundlegende Handlungsorientierungen der Jugendfreizeitstätten, durch Kernaktivitäten (u.a. zu Vernetzungen und Exploration) und durch Arbeitshilfen u.a. für Besucherbefragungen. Vor allen aber bietet es Anlässe, das pädagogische Handeln der Fachkräfte durch Selbstevaluation zu reflektieren, Erfahrungen zu systematisieren und hieraus Schlussfolgerungen zu ziehen. Die in dem Handbuch beschriebenen Kernaktivitäten (Schlüsselprozesse) dienen dafür als Spiegel. Auch wenn die in dem Handbuch abgebildeten pädagogischen Tätigkeiten sehr häufig dem entsprechen dürften, was professionelles Handeln in der Jugendarbeit ausmacht, sind andere Bewertungen und Schlüsse für die pädagogische Praxis möglich. Es kommt also weniger darauf an, allen aufgeführten Zielen und Qualitätskriterien durch die Erfüllung der Indikatoren optimal zu entsprechen, sondern durch die Arbeit mit dem QM-Handbuch Perspektiven herauszufinden, die für die Weiterentwicklung der eigenen Praxis relevant sind.

---

[7] vgl. Ulrich Deinet: Sozialräumliche Jugendarbeit – Grundlagen, Methoden, Praxisbeispiele, 2. völlig überarbeitete Auflage, Wiesbaden 2005 (VS-Verlag)

Qualitätsmanagement und Berichtswesen 177

Abbildung 2: Beispiel: Kernaktivität Gestaltung des Erstkontaktes mit neuen Besucher/innen[8]

1. Beschreibung	Eine fachlich angemessene Gestaltung von Erstkontakten fördert das Gewinnen von neuen Besucherinnen und Besuchern.
2. Zielgruppe	Kinder und Jugendliche als Besucherinnen und Besucher der Einrichtung
3. Ziel(e)	• Die Besucherinnen und Besucher haben einen Überblick über die Angebote der Einrichtung erhalten. • Die Erwartungen der potentiell neuen Besucherinnen und Besucher sind geklärt. • Der Erstkontakt wird als Beginn eines offenen Prozesses erlebt. •
4. Qualitätskriterien	• Kompetente Mitarbeiterinnen und Mitarbeiter sind anwesend. • Mitarbeiterinnen und Mitarbeiter nehmen sich Zeit und sind an den Besucherinnen und Besuchern interessiert. • In der Einrichtung herrscht ein offenes Klima. • Mitarbeiterinnen und Mitarbeiter zeigen Toleranz, Wertschätzung und Verbindlichkeit. • Mädchen und Jungen werden gleichermaßen beachtet. •

5. Indikatoren auf dem Weg zum Ziel

• Die Einrichtung hat Arbeitsweisen für den Erstkontakt erarbeitet.

Trifft nicht zu	O	trifft eher nicht zu	O	trifft eher zu	O	trifft zu	O

• Alle Mitarbeiterinnen und Mitarbeiter kennen die Arbeitsweisen zum Erstkontakt.

Trifft nicht zu	O	trifft eher nicht zu	O	trifft eher zu	O	trifft zu	O

• Ein/e kompetente/r Mitarbeiterin bzw. Mitarbeiter spricht mit neuen Besucherinnen und Besuchern um deren Erwartungen mit den Möglichkeiten der Einrichtung abzugleichen.

Selten	O	manchmal	O	meistens	O	immer	O

• Die Besucherinnen und Besucher werden aufgefordert zu bleiben und zu „schnuppern".

Selten	O	manchmal	O	meistens	O	immer	O

• Die Besucherinnen und Besucher werden von einer Mitarbeiterin bzw. einem Mitarbeiter oder von anderen Jugendlichen mit den Regeln des Hauses vertraut gemacht.

Selten	O	manchmal	O	meistens	O	immer	O

• Die Besucherinnen und Besucher erhalten Info-Material.

Selten	O	manchmal	O	meistens	O	immer	O

6. Qualitätssicherung
• Überprüfung, wieweit das Verhältnis zwischen ausscheidenden und neu gewonnenen Besucherinnen und Besuchern den Zielen entspricht.

---

[8] Handbuch Qualitätsmanagement der Berliner Jugendfreizeitstätten 2. überarbeitete und ergänzte Auflage 2007, S. 38

Idealtypisch kann die Arbeit der Einrichtungsteams mit dem QM-Handbuch wie folgt beschrieben werden:

Zu Beginn eines Jahres hat das Jugendamt mit der Einrichtung bzw. mit dem freien Träger vereinbart, welche *Angebotsschwerpunkte* während des Jahres durch die Bearbeitung der *Kernaktivitäten* evaluiert werden sollen. In der Regel sind dies ca. 10 Kernaktivitäten. Die Bearbeitung findet üblicherweise im Rahmen von Teamsitzungen und von Teamtagen statt. Die Arbeit mit dem Handbuch besteht dann aus folgenden Schritten:

1. Alle Mitarbeiter/innen lesen sich den Angebotsschwerpunkt durch. (z.B. Offener Bereich)
2. Das Team klärt, mit welcher Kernaktivität begonnen wird. (z.B. Gestaltung des Eingangsbereiches)
3. Das Team prüft, ob die zentralen Aspekte dieser Aktivität abgebildet sind. Falls notwendig, werden Ziele, Qualitätskriterien und Indikatoren ergänzt. Streichungen sollen nicht vorgenommen werden.
4. Der Arbeitsbogen zu der Kernaktivität wird, ggf. mit Ergänzungen, für jedes Teammitglied kopiert.
5. Jedes Teammitglied bewertet die Indikatoren für sich und ergänzt mit Stichworten und Kommentaren.
6. Das Team bespricht jeden einzelnen Indikator mit den vorgenommenen Einschätzungen. Durch die gemeinsame Feststellung von Erfolgen und Schwierigkeiten sowie die Besprechung unterschiedlicher Bewertungen werden Verbesserungsbedarf, Konsequenzen und Schritte zur Umsetzung festgestellt.
7. Nachdem alle Indikatoren besprochen wurden, wird der deutlich gewordene Verbesserungsbedarf zusammengefasst und festgehalten. Das QM-Handbuch beinhaltet als Arbeitshilfe hierzu das Muster eines Auswertungsbogens.
8. Abschließend verabredet das Team, wann die Umsetzung überprüft wird.

Qualitätsmanagement und Berichtswesen

Abbildung 3: Muster für einen Auswertungsbogen[9]

Was ist gut gelaufen?	Verbesserungsbedarf	Konsequenzen	Schritte der Umsetzung

Durchschnittlich werden für die Bearbeitung einer Kernaktivität ca. zwei Stunden benötigt. Der tatsächliche Zeitaufwand ist aber davon abhängig, wie kontrovers und schwierig einzelne Themen sind. Die Arbeit mit dem QM-Handbuch soll für die Teams keinen zusätzlichen Besprechungsaufwand erzeugen, sondern soll Themen strukturieren, die auch sonst Gegenstand von Arbeitsbesprechungen sein würden. Die durch die Arbeit mit dem Handbuch ausgelösten Diskussionen und Meinungsbildungsprozesse sind dem Team zugeordnet und werden nicht nach außen – dem Träger, dem Jugendamt, anderen Jugendeinrichtungen – berichtet.

Erfahrungen mit dem QM-Handbuch im einrichtungsbezogenen Dialog

Zur Einführung des QM-Handbuches zum Jahr 2005 fanden in allen Berliner Bezirken, organisiert durch die örtlichen Jugendämter, Veranstaltungen für die Fachkräfte der Jugendfreizeitstätten der öffentlichen und der freien Träger statt. Hierbei wurden die fachlichen Ziele des Projektes, der Prozess der dialogischen Erarbeitung, die Arbeitsweise der Selbstevaluation und die Dokumentation der Anwendung vorgestellt und besprochen. Abschließend erhielt jede Einrichtung einen Ringordner mit dem neuen QM-Handbuch. In den meisten Bezirken wurden das Modellprojekt und das QM-Handbuch in den Jugendhilfeausschüssen vorgestellt, die seine Einführung ebenfalls unterstützten. Die Rückmeldungen aus den fachpolitischen Gremien zeigten, dass es gelungen war, einen Beitrag zur Profilierung und Anerkennung der Jugendarbeit durch die Jugendpolitik zu leisten.

In der Folge ist das QM-Handbuch von allen Berliner Jugendfreizeiteinrichtungen öffentlicher und freier Träger als Instrument der Selbstevaluation eingesetzt worden. Die Erfahrungen aus der ersten Anwendung wurden in einigen Bezirken von den Einrichtungen gemeinsam vom Jugendamt und Fachkräften aus den Einrichtungen ausgewertet. Änderungsvorschläge wurden von der Projektgruppe für die Überarbeitung anlässlich der zweiten Auflage aufgenommen.

---

[9] Handbuch Qualitätsmanagement der Berliner Jugendfreizeitstätten 2. überarbeitete und ergänzte Auflage 2007, S. 120

Gegen Ende des ersten Jahres der Anwendung wurde in zwei Berliner Bezirken exemplarisch eine Untersuchung über die Rezeption des QM-Handbuches durch die Fachkräfte durchgeführt.[10] Dabei wurden folgende positive Bewertungen und Wirkungen der Selbstevaluation mit dem QM-Handbuch festgestellt:

- Das QM-Handbuch war in den befragten Einrichtungen bekannt und wurde weitgehend bereits zur Selbstevaluation genutzt.
- Die Selbstevaluation mit dem QM-Handbuch führt zu konstruktiven Gesprächen, zur Feststellung von Mängeln, konkreten Handlungsperspektiven und konkreten Absprachen.
- Etwa die Hälfte der Jugendfreizeiteinrichtungen gab an, dem QM-Handbuch fachliche Orientierungen zu entnehmen.
- Die in dem QM-Handbuch dargelegten fachlichen Aussagen wurden fast durchgängig als zutreffend bewertet.
- Das QM-Handbuch unterstützt die Möglichkeiten, die Leistungen der Jugendfreizeiteinrichtungen Außenstehenden zu vermitteln.
- Die Selbstevaluation mit dem QM-Handbuch wurde bereits im ersten Jahr von vielen Fachkräften mit Interesse durchgeführt. Viele gaben an, dass ihnen diese Arbeit Spaß gemacht habe.

Ergänzend lässt sich festhalten, dass für sehr viele Einrichtungen die Erarbeitung und dann die Anwendung des QM-Handbuches eine erste Begegnung mit Qualitätsverfahren, mit den Formulierung von Zielen und der Selbstüberprüfung der eigenen Arbeit anhand von Indikatoren, war.

Als schwierig zeigte sich die Integration der Arbeit mit dem QM-Handbuch in die Arbeitsabläufe der Teams. Entsprechend spielte das Thema „Zeitaufwand" eine Rolle. Viele Befragte stellten fest, dass mit der Anwendung des QM-Handbuches viel zusätzlicher Aufwand verbunden sei. In den für die Untersuchung geführten Interviews zeigte sich aber auch, dass die Hervorhebung des Zeitaufwandes unterschiedliche Ursachen haben kann.

Das QM-Handbuch wurde unter teilweise schwierigen Rahmenbedingungen eingeführt. Selbst wenn sich der Mehraufwand für die Selbstevaluation in Grenzen hält, können solche Rahmenbedingungen die Bereitschaft, sich auf Neues einzulassen, beeinträchtigen. Zurückhaltung gegenüber dem QM-Handbuch ergab sich auch aus der Befürchtung größerer Kontrolle durch Jugendamt und Jugendpolitik. Andererseits wachsen in Zeiten knapper Mittel aber auch der

---

[10] Maja Arlt: „Professionalisierung der Offenen Jugendarbeit: Eine Untersuchung zur Rezeption des 'Handbuchs Qualitätsmanagement der Berliner Jugendfreizeitstätten' unter Jugendarbeiterinnen und Jugendarbeitern", Universität Potsdam 2006 (unveröffentlichte Diplomarbeit im Fach Soziologie)

Legitimationsdruck und die Notwendigkeit, die fachliche Qualität der Jugendarbeit öffentlich zu vermitteln. Dementsprechend wurde das QM-Handbuch in Einrichtungen begrüßt, die das Instrument als Teil einer fachlichen Offensive verstanden, die auch zu einer Sicherung der eigenen materiellen und personellen Rahmenbedingungen beiträgt.

Deutlich wurde durch die Untersuchung zudem, dass die Wertschätzung und Akzeptanz des QM-Handbuches auch von dem jeweiligen Verhältnis der Einrichtung zum Träger und zum Jugendamt abhängen. Je mehr die Einführung des Handbuches im Kontext guter Arbeitsbeziehungen stand, desto eher wurde es als fachliche Hilfe für die pädagogische Arbeit akzeptiert.

Ein wichtiger Faktor für die Resonanz des QM-Handbuches schien die „Betriebskultur" eines Einrichtungsteams zu sein. Zugespitzt: Offene, aufgeschlossene Teams, die Selbstreflexion und konzeptionelle Arbeit praktizieren, die im guten Kontakt mit ihren Zielgruppen, Trägern und der Partner/innen in den Jugendämtern sind, haben das QM-Handbuch meist begrüßt und ohne Schwierigkeiten in ihre Arbeitsprozesse integriert. Andererseits sind Teams, die auch sonst vermeiden, über Arbeitsprozesse zu sprechen, die Leitungs- und Teamkonflikte nicht gelöst haben, und sich gegen die Außenwelt abschotten, nur schwer für die lebendige Selbstevaluation mit dem QM-Handbuch zu gewinnen. Wenn es sich also bei Einrichtungen um eher geschlossene Systeme handelt, kommt es leicht zu Ablehnung und zu Abwehr gegen von „außen" geforderte neue Verfahren. Offenere Systeme integrierten das neue Arbeitsmittel dagegen ohne Schwierigkeiten und nutzten es als neues Element des professionellen Handelns.

Das Verfahren der Selbstevaluation mit dem QM-Handbuch selbst bereitete den Einrichtungen kaum Probleme. In der Regel zeigte sich schnell, dass es sich um eine sehr einfach zu handhabende, sich weitgehend selbst erklärende Methode handelt. Ergänzend boten die örtlichen Jugendämter Fachberatung für die Anfangsphase an. In einzelnen Einrichtungen kam es durch die Arbeit mit dem Handbuch zu Konflikten, weil die durch die Kernaktivitäten angesprochenen Themen Probleme berührten, die in den Teams tabuisiert waren.

Unterstützend wirken bei der Einführung des QM-Handbuches Vorerfahrungen mit Qualitätsarbeit. Einrichtungen, deren Träger bereits Qualitätsentwicklung praktizierten, standen dem QM-Handbuch besonders aufgeschlossen gegenüber. Dies spricht dafür, dass künftige Erfahrungen mit der Anwendung des QM-Handbuches die Einstellung zu diesem Instrument positiv beeinflussen können. Andererseits müssen möglicherweise zu hohe Erwartungen auch reduziert werden. Qualitätsarbeit allein ist kein Allheilmittel. Fachliche Probleme, schwierige Teamkonstellationen und unzureichende Rahmenbedingungen werden durch die

Selbstevaluation mit dem QM-Handbuch deutlich und können auf eine Lösung hin strukturiert werden („Schritte der Umsetzung"). Andererseits bleibt es die Aufgabe der Fachkräfte, der Einrichtungsleitungen, der Träger und der Jugendämter, Handlungsbedarf, der aus der Qualitätsarbeit deutlich geworden ist, wahrzunehmen und notwendige Veränderungen vorzunehmen.

Rückmeldungen aus den Einrichtungen und den örtlichen Jugendämtern zeigen, dass das QM-Handbuch für die Einrichtungen eine Verbindung schafft, die ihnen deutlich macht, dass sie Teil einer fachlichen Gemeinschaft sind.

1.3 Standards für einrichtungsübergreifende Qualitätsentwicklung

Die Erarbeitung des QM-Handbuches und seine erfolgreiche Einführung ist ein Beispiel für dialogische einrichtungs- und trägerübergreifenden Qualitätsentwicklung. Für den Erfolg dieses Prozesses können eine Reihe von Gründen, die als fachliche Standards solcher Prozesse gelten können, benannt werden:

Qualitätsentwicklung ist gerade in schwierigen Zeiten nötig

Einrichtungsübergreifende Qualitätsentwicklung ist besonders unter schwierigen Rahmenbedingungen notwendig, sie ist kein Luxus für ruhige Zeiten. Fachliche Entwicklungen wie die Sozialraumentwicklung der gesamten Jugendhilfe und die verstärkte Kooperation von Jugendarbeit und Schule sowie die Knappheit öffentlicher finanzieller Mittel erfordern eine Profilbildung, die auf allen Ebenen der Jugendarbeit nachvollzogen werden muss. Eine arbeitsfeldbezogene Qualitätsentwicklung ist gerade in Zeiten des Wandels eine Plattform der Verständigung, der Selbstvergewisserung und des praxisorientierten Weiterentwicklung.

Gleichgewicht von Verbindlichkeit und Beteiligung

Qualitätsentwicklung in komplexen organisatorischen Strukturen bedarf einer verbindlichen Auftragslage und einer Projektarchitektur, die alle an dem Prozess der Qualitätsentwicklung beteiligten Ebenen einbezieht. Alle Ebenen, die sich auf das Ergebnis verpflichten sollen, müssen in die Erarbeitung und die Weiterentwicklung des Qualitätsinstrumentes einbezogen sein. Wenn, wie im Falle des Berliner QM-Handbuches, wegen der großen Zahl nicht alle Einrichtungen, Ämter und Fachkräfte mitwirken können, muss eine exemplarische Struktur gefunden werden, in der die unterschiedlichen Ebenen, Träger und fachlichen Auffassungen repräsentiert sind. Je besser sich die Beteiligten repräsentiert sehen, desto höher ist die Wahrscheinlichkeit, dass die vereinbarten Verfahren tatsächlich angewandt und mit Leben gefüllt werden.

Qualitätsmanagement und Berichtswesen 183

Nucleus-Strategie mit Einbeziehung von Top-Down und Buttom Up

Eine erfolgreiche arbeitsfeldbezogene Qualitätsentwicklung ist umso aussichtsreicher, je besser sie in den Strukturen verankert ist. Weder ein ausschließlich basisorientiertes Projekt noch ein von oben verordnetes Vorgehen hätten das notwendige Engagement, die weitreichende Akzeptanz und die erforderliche Verbindlichkeit auslösen können. Im Falle des Berliner Projekts ging im Sinne einer Nucleus-Strategie die Initiative von den Jugendförderungen der örtlichen Jugendämter und den Fachkräften der Landesverwaltung aus, die einerseits die Leitungen (top-down) und andererseits die Fachkräfte in den Einrichtungen für das Vorhaben gewinnen konnten, so dass im Projektverlauf Top-down- und Buttom-up-Prozesse im Gleichgewicht blieben.

Integration ist notwendig, vollständige Richtigkeit ist wünschenswert

Der Erfolg einer einrichtungsübergreifenden Qualitätsentwicklung hängt davon ab, dass alle Beteiligten mitwirken und dabeibleiben. Die inhaltliche Arbeit stellt dafür das gemeinsam für richtig Erkannte in den Mittelpunkt. Verschiedene Organisationskulturen, z.B. von freien und öffentlichen, großen und kleinen Trägern, müssen sich im Ergebnis wiederfinden. Unterschiede müssen im Arbeitsprozess als Perspektivenvielfalt begriffen und fruchtbar gemacht werden. Konsensfindung und Klärung gehen vor Tempo. Im Zweifel kann es besser sein, eine aus fachlich-wissenschaftlicher Sicht nicht ganz zutreffende Formulierung hinzunehmen als Mitwirkende zu verlieren.

Qualitätsentwicklung als Prozess und Plattform der fachlichen Verständigung

Einrichtungsübergreifende Qualitätsentwicklung ist ein fortlaufender Prozess der kontinuierlich Re-Konstruktion von fachlichen Zielen und Methoden. Dokumentiert werden also Arbeitsergebnisse, keine ewigen Wahrheiten über die Offene Kinder -und Jugendarbeit. Das QM-Handbuch ist daher am ehesten als Plattform der Verständigung über die Arbeit der Jugendfreizeitstätten zu verstehen, die das Feedback von Fachkräften und Trägern, aber auch von außenstehenden Fachleuten bedarf.

Interne Koordination – externe fachliche Beratung

Projekte der Qualitätsentwicklung müssen innerhalb der Organisationsstruktur getragen werden. Die Projektarchitektur sollte dafür so weit wie möglich innerhalb der Struktur selbst verankert werden. Sofern externe fachliche Beratung benötigt wird – im Berliner Projekt für Fachfragen des Qualitätsentwicklung –, sollte diese in das Projekt integriert werden oder in einzelnen Projektphasen um eine Außensicht gebeten werden. Besonders in komplexen Organisationsstrukturen kommt es darauf an, dass die Passung zum Arbeitsfeld mit seinen vielfältigen Verfahren, Mentalitäten, Konfliktlagen oder auch Sprachstilen gesichert ist.

Die Versprechen des Modellprojektes werden eingehalten

Die Ziele und Verfahren der einrichtungsübergreifenden Qualitätsentwicklung müssen so verfolgt werden, wie sie vereinbart werden. Hierzu gehört vor allem, dass das QM-Handbuch nicht zur Erstellung von Bewertungstabellen für externe Kontrollbedürfnisse missbraucht wird. Die Trennung von interner Evaluation, Berichtswesen und quantitativem Controlling hat sich als mitentscheidend für die Glaubwürdigkeit des Berliner Modellprojektes erwiesen.

2 Der gemeinsame Sachbericht der Berliner Jugendfreizeitstätten als Grundlage der quantitativen und qualitativen Berichterstattung

Das Modellprojekt „Qualitätsentwicklung der Berliner Jugendarbeit" hatte als weiteren Auftrag die Erarbeitung eines Qualitäts- und Sachberichtes. Ziel dieser gemeinsamen, von allen Jugendämtern für die Berichterstattung aller öffentlicher und öffentlich geförderter Jugendfreizeitstätten anzuwendenden, Berichtsform ist die Sicherung von Informationen der Einrichtungsebene als Grundlage für kommunale, örtliche Wirksamkeitsdialoge entsprechend der Dialogebene und die Gleichbehandlung aller im Land Berlin geförderten Einrichtungen. Zudem bestand Einvernehmen, den Einrichtungen nicht zusätzlich zu den bereits existierenden Berichtsformen, insbesondere den Sachberichten im Rahmen des Zuwendungsverfahren und den Jahresberichten der öffentlichen Einrichtungen, ein weiteres Berichtsformat zuzumuten.

In Berlin gibt es – wie auch anderswo – bereits seit vielen Jahren in allen Bereichen der Jugendarbeit Formen der quantitativen und der qualitativen Berichterstattung. Allerdings wurde hier bis 2005 sehr unterschiedlich verfahren. Die Jugendfreizeiteinrichtungen der freien Träger, die den Vorschriften des Zuwendungsverfahrens unterliegen, legen vor Beginn der Förderung einen detaillierten Haushalts- und Finanzierungsplan sowie eine inhaltlich-pädagogische Planung vor. Nach Abschluss des Jahres folgen dann der zahlenmäßige Verwendungsnachweis und der inhaltliche Sachbericht. Diese Systematik von Planung, Finanzierung und Berichterstattung variierte zwar in der konkreten Ausprägung zwischen den einzelnen Bezirken, stellte aber grundsätzlich an alle freien Träger auf Bezirks- und Landesebene ähnliche Anforderungen. Dagegen wichen die Verfahren der Planung und der Berichterstattung bei den öffentlichen Einrichtungen sehr stark ab. Teilweise waren sie den Verfahren im Zuwendungsbereich angepasst, andernorts waren inhaltliche Planungs- und Berichtsverfahren kaum geregelt. Hinzu kam, dass all diese Berichtsformen den Beteiligten sehr große Gestaltungsfreiheit ließen.

Im Rahmen des Modellprojektes, in dessen Rahmen auch das QM-Handbuch entstand, wurde ein Sachberichtsmuster erarbeitet, das folgenden Anforderungen entspricht:

- gleichermaßen für Einrichtungen öffentlicher und freier Träger anwendbar,
- die Verfahren zwischen den Bezirken angleichen,
- die eingesetzten Personal- und Sachmittel fachlich nachweisen,
- die geleistete Arbeit der Einrichtungen nachvollziehbar abbilden,
- alle notwendigen quantitativen und qualitativen Informationen umfassen,
- Hinweise für die fachliche Weiterentwicklung der Jugendarbeit geben und
- Grundlagen für kommunale Wirksamkeitsdialoge bereit stellen.

Der neue, für die Berichterstattung über das Jahr 2006 erstmals eingesetzte, Sachbericht nimmt qualitative und quantitative Elemente auf, insbesondere:

a. die in den örtlichen Jugendämtern der Berliner Bezirke bereits vorhandenen unterschiedlichen qualitativen Berichte über die pädagogischen Angebote und Leistungen der Jugendfreizeiteinrichtungen,
b. die qualitative Berichterstattung, die sich aus der Arbeit mit dem QM-Handbuch ergibt,
c. Ergebnisse der sozialräumlichen Konzeptionsentwicklung,
d. die neu eingeführte Erfassung von Besucherzahlen,
e. die Erhebung der Platzzahlen für die langjährig geführte Berliner Jugendfreizeitstättenstatistik,
f: die Nutzung der Mengenerfassung im Rahmen der Kosten- und Leistungsrechnung für die einrichtungsbezogene Darstellung von Leistungen.

Der gemeinsame Sachbericht beinhaltet qualitative und quantitative Angaben zu den Rahmenbedingungen, zur Nutzung und zu den Leistungen der Einrichtungen der Offenen Kinder- und Jugendarbeit, die einerseits Controlling- und Nachweiszwecken dienen und die andererseits Informationen über Qualitäten und Wirkungen der Arbeit in den Jugendfreizeiteinrichtungen bieten.

Im folgenden werden die wichtigsten Kennzahlen der quantitativen Berichterstattung über Berliner Jugendfreizeiteinrichtungen – Platzzahlen der Jugendfreizeitstättenstatistik, Angebotsstunden für die Kosten- und Leistungsrechnung und die Erfassung der Besucher/innenzahlen – vorgestellt.

2.1 Kennzahlen der quantitativen Berichterstattung der Jugendfreizeiteinrichtungen

Die Berliner Jugendämter nehmen wie die Jugendämter in den anderen Bundesländern an der Erstellung der Bundesstatistik über Maßnahmen, Einrichtungen, Dienste und Fachkräfte teil. Auf Landesebene stehen diese Ergebnisse für die Berichterstattung gegenüber dem Berliner Landesparlament, für die Fachdiskussion und die Jugendhilfeplanung zur Verfügung.

Für den größten Teil der Berliner Offenen Kinder- und Jugendarbeit, die öffentlichen und die öffentlich finanzierten Jugendfreizeiteinrichtungen, wurde zusätzlich zwischen den Bezirken und der Landesebene, der für Jugend zuständigen Senatsverwaltung, die Erhebung von Kennzahlen vereinbart, die Aussagen über die Versorgung mit Jugendfreizeiteinrichtungen, über Mengen von Angeboten und über die Anzahl der Besucher/innen und Nutzer/innen ermöglichen.

Es handelt sich hierbei um drei unterschiedliche Kennzahlen, die im folgenden in Ihrer Grundlage und in ihrer Aussagefähigkeit beschrieben werden:

- *Platzzahlen*, die für die landesweite Jugendfreizeitstättenstatistik erhoben werden,
- *Angebotsstunden*, die im Rahmen der landesweiten Kosten- und Leistungsrechnung für die Produktbudgetierung festgestellt werden und
- *Besucherzahlen der Jugendfreizeiteinrichtungen*, die von den Bezirken – den örtlichen Jugendämtern – erhoben werden und landesweit durch die für Jugend zuständige Senatsverwaltung zusammengefasst werden.

Platzzahlen als Kennzahl der Bedarfsplanung

Seit den siebziger Jahren existiert im Land Berlin eine Statistik über die öffentlichen und öffentlich geförderten Jugendfreizeiteinrichtungen freier Träger. Die Zählung der Einrichtungen und der pädagogisch betreuten Spielplätze wird ergänzt durch die Erhebung der vorhandenen „Plätze". Basierend auf Platzdaten zur Versorgung der Bevölkerung mit Einrichtungen der sozialen Infrastruktur aus den 60er Jahren wird bei Jugendfreizeitstätten mit einem Raum-Flächenfaktor von 2,5 qm Hauptnutzfläche (pädagogisch nutzbarer Fläche) für einen Platz gerechnet. Die Bezugsgröße „Platzzahl" soll objektive, vergleichbare Aussagen über die Versorgung der 6 – 25jährigen mit Kinder- und Jugendfreizeiteinrichtungen ermöglichen. Es ist unstrittig, dass die Platzzahl eine wenig befriedigende Bemessungsgrundlage für die Versorgung mit Plätzen für Kinder und Jugendliche in Jugendfreizeitstätten darstellt. Zahlreiche Angebote der Jugendfreizeitstätten, u.a. im musischen Bereich und in Werkstätten, benötigen pro Teilnehmer/in eine deutlich höhere Quadratmeterzahl. Andererseits gibt es große Einrichtungen mit Veranstaltungsräumen, die jeweils nur bei bestimmten Angeboten ausgelastet sind. Trotz dieser Einschränkungen wird bislang nicht auf die Erhebung dieser Größe verzichtet, weil sie Anhaltspunke für den landesweiten und den bezirklichen Vergleich bietet.

In Berlin geht die Bedarfsplanung für Jugendfreizeitstätten davon aus, dass für 11,4 % der Kinder und Jugendlichen im Alter von 6 – 25 Jahren ein Platz in einer öffentlichen oder öffentlich geförderten Einrichtung bereitstehen soll.

Angebotsstunden als Bezugsgröße der Kosten- und Leistungsrechnung

Zur Entwicklung der outputorientierten Steuerung wurden im Rahmen der Verwaltungsreform im Land Berlin die Leistungen der Jugendarbeit in Produkten abgebildet. Für die Jugendfreizeitstätten in öffentlicher Trägerschaft der Bezirke ist vor allem das Produkt „Allgemeine Kinder- und Jugendförderung" relevant, für öffentlich geförderte Angebote freier Träger mit bezirklichem Wirkungskreis steht das Produkt „Allgemeine Kinder- und Jugendförderung durch freie Träger" zur Verfügung. Die Leistungen der überbezirklich, durch die für Jugend zuständige Senatverwaltung geförderten Jugendfreizeitstätten werden in dem Produkt „Förderung der Jugendarbeit/Jugendfreizeit" gebucht. Zur Bestimmung einer Preis – Mengenrelation ist die Definition einer Bezugsgröße erforderlich, auf die die festgestellten Kosten bezogen werden können.

Als Bezugsgröße für die Kosten- und Leistungsrechnung und für die Mittelzumessung im Rahmen der Planmengenbudgetierung der Berliner Bezirke wurde die „Angebotsstunde" festgelegt. Mit ihr wird jedes aus der Sicht der „Kunden", der Kinder und Jugendlichen, eigenständige Angebot erfasst. Andere Bezugsgrößen wie z.B. „Teilnehmertag" erwiesen sich für Jugendfreizeiteinrichtungen als nicht anwendbar.

Die Bezugsgröße „Angebotsstunde" ist auf Basis mehrjähriger Anwendungserfahrung sowie intensiver Prüfungen von der bezirklichen Jugendämter als die vertretbarste Variante der Outputmessung definiert worden. Zu nennen sind allerdings mehrere Einschränkungen. Bei der Zählung der Angebotsstunden kann nur dargestellt werden, in welchem Umfang Angebote gemacht wurden, nicht jedoch, ob und in welchem Maße diese durch die Zielgruppe wahrgenommen werden. In die Bezugsgröße gehen von der Art und Qualität her höchst unterschiedliche Angebote ein. Angebotsstunden sind von den Beschäftigten in den Jugendfreizeitstätten selbst zu zählen, wodurch trotz regelmäßiger Plausibilitätsprüfungen Fehlerquellen nicht ausgeschlossen werden können.

Obwohl die Messgröße „Angebotsstunde" ursprünglich als ein Instrument für die Planmengenbudgetierung zur Bestimmung der Finanzzuweisung des Landes an die Bezirke entwickelt wurde, bietet sie darüber hinaus die Möglichkeit die verschiedenen Angebotsarten wie Offener Bereich, Gruppenangebote und Veranstaltungen einzelner Jugendfreizeiteinrichtungen detailliert abzubilden, so dass geplante und realisierte Angebote im Berichtswesen gegenübergestellt werden können.

Anzahl der Besucher/-innen für die Besucher/innenerfassung

Für das Jahr 2004 wurde erstmals landesweit eine Erfassung der Besucher/innen aller Berliner Jugendfreizeitstätten durchgeführt. Als Orientierung diente die Strukturdatenerhebung aus NRW[11].

Die Besucher/innenerfassung unterscheidet zwischen vier verschiedenen Gruppen, die auf unterschiedliche Weise gezählt werden:

- *Regelmäßige Stammbesucher/innen.* Diese Gruppe der Besucher/innen ist den Beschäftigten der Einrichtungen gut bekannt, so dass von diesen nicht nur die Anzahl angegeben, sondern auch eine Kategorisierung nach Alter, Geschlecht und weiteren sozialen Merkmalen vorgenommen werden kann. Die Stammbesucher/innen werden nur einmal gezählt.
- *Unregelmäßige Besucher/innen.* Diese Gruppe bildet diejenigen ab, die gelegentlich die Angebote der Einrichtung nutzen. Diese Besucher/innen sind den Beschäftigten in der Regel persönlich nicht näher bekannt, so dass hier die Anzahl der Personen angegeben wird. Eine Kategorisierung nach sozialen Merkmalen erfolgt nicht.
- *Veranstaltungsbesucher/innen.* In dieser Kategorie wird die Anzahl der einzelnen Besuche erfasst, so dass Personen ggf. mehrfach gezählt werden.
- *Raumnutzer/innen.* In Jugendfreizeitstätten finden zahlreiche Angebote statt, die durch Vereine, Initiativen u.a. durchgeführt werden. Die Teilnehmer/innen an diesen Angeboten werden ebenfalls durch die Zählung von einzelnen Besuchen erfasst.

Die trotz methodischer Einschränkungen, die sich aus den relativ unscharfen Kategorien, der Erstmaligkeit der Erfassung und den Besonderheiten der Selbstauskunft der Einrichtungen ergeben, erbrachte die Auswertung der Datenerhebung für Berlin erstmals detaillierte Ergebnisse über die Anzahl der Besucher/innen und die soziale Struktur der Besucher/innen der Jugendfreizeiteinrichtungen.

---

[11] Die Struktur des Fragebogens wurde in Anlehnung an den „Fragenbogen zu den Strukturdaten der offenen Kinder- und Jugendarbeit in Nordrhein-Westfalen" (2002) erarbeitet.

Der Aufbau des gemeinsamen Sachberichtes für die Berliner Kinder- und Jugendfreizeitstätten

Das Sachberichtsmuster, das erstmals für die Berichterstattung über das Jahr 2006 eingesetzt wurde, besteht aus sieben Teilen:

I. Allgemeine Angaben

Dieser erste Teil fragt nach Veränderungen in Bereichen, die in der Regel relativ stabil sind, u.a. nach Veränderungen der Konzeption, der personellen Ausstattung, den Öffnungszeiten und der „Platzzahl" (s.o.). Die Konzeption der Einrichtung ist damit nur Gegenstand der Berichterstattung, wenn sich Veränderungen ergeben haben, sie liegt ansonsten unabhängig vom Sachbericht im Jugendamt vor. Die personelle Ausstattung muss ebenfalls nur dann erläutert werden, wenn sich Abweichungen gegenüber der Planung ergeben haben. Durch Stellenpläne und Personalbögen ist die personelle Situation ohnehin dem Jugendamt bekannt.

II. Bericht über die Umsetzung der fachlich-pädagogischen Planung

Unterteilt nach Offenem Bereich, Projektarbeit/Workshops/Gruppenangebote, Veranstaltungen/Aufführungen und weiteren Angeboten (z.B. Ferienprogrammen, Reisen, Internationale Begegnungen) wird nach der Umsetzung der in den Planung vorgesehenen Angebote gefragt. Sofern die Planungen quantitativ, d.h. von der Anzahl der Angebotsstunden und der Besucherzahlen, oder inhaltlich abweichen, muss dies dargestellt und erläutert werden. Weiter wird gefragt, wie die Kinder, die Jugendlichen und weitere Nutzer/innen die Angebote hinsichtlich Atmosphäre, Mitwirkungsmöglichkeiten, Anregungspotential und Aktualität beurteilen und wie Jungen/junge Männer und Mädchen/junge Frauen die Angebote bewerten. Am Ende wird nach Veränderungen im nächsten Berichtszeitraum gefragt. Diese Fragen sind für jeden der genannten vier Bereiche zu beantworten.

Abbildung 4: Auszug aus dem gemeinsamen Sachbericht der Jugendfreizeitstätten

1. Offener Bereich
Wurde die vereinbarte Planung für den Offenen Bereich (inhaltlich und quantitativ) umgesetzt?   a) quantitativ (Anzahl der Angebotsstunden und Besucher/innenzahlen)   ☐ ja ☐ nein. Wenn nicht, welche relevanten Veränderungen hat es gegeben und was waren die Gründe?   b) inhaltlich   ☐ ja ☐ nein. Wenn nicht, welche relevanten Veränderungen wurden vorgenommen und aus welchen Gründen geschah dies?
Wie beurteilen die Kinder und Jugendlichen sowie weitere Nutzer/innen den Offenen Bereich hinsichtlich   a) der Möglichkeit, neue Leute / Menschen kennen zu lernen?   b) Atmosphäre und Kommunikation?   c) der Gestaltung der Räume?   d) der Anregung zur Teilnahme an anderen Angeboten?   e) weiterer Aspekte des offenen Bereichs?   Welche unterschiedlichen Bewertungen durch Jungen/junge Männer und Mädchen/junge Frauen gab es?
Welche Veränderungen im Offenen Bereich planen Sie für den nächsten Berichtszeitraum?

Zusammenfassend, d.h. für alle Angebote gemeinsam, fordert der Sachbericht Antworten zu folgenden Fragen:

- Gab es fachlich-inhaltliche Vorgaben des Jugendamtes? Wenn ja, wie wurden diese umgesetzt und welche Erfahrungen haben Sie hierbei gemacht?
- Wie werden die Kinder und Jugendlichen an der Gestaltung der Angebote beteiligt?
- Mit welchen Methoden wie Gruppendiskussionen, Umfragen u.a. wird die Bewertung der Angebote durch die Kinder und Jugendlichen ermittelt?
- Inwieweit konnten Sie zusätzliche Ressourcen und Unterstützung für die Einrichtung akquirieren?
- Wodurch haben Sie die Einrichtung in der Öffentlichkeit bekannt gemacht?
- Wie wird die Einrichtung von anderen (Nicht-Besucher/innen, Kooperationspartner, Anwohner/innen) gesehen?

Der Sachbericht geht damit über das Berichten von Leistungen hinaus. Er fragt ausdrücklich nach der Bewertung durch die Zielgruppen und die anderen Partner sowie nach der Umsetzung von jugendpolitischen Zielen (sofern solche gesetzt wurden). Diese Fragen wurden ausgewählt, weil mit ihnen der Blick auf den einrichtungsbezogenen Wirksamkeitsdialog zwischen den Fachkräften, den Besuchern, den Anwohnern, der Kooperationspartnern gelenkt wird. Auch die Fragen nach zusätzlichen Ressourcen und Unterstützung und nach der Öffentlichkeitsarbeit zielen weniger darauf, welche Geldmenge eingenommen und wie viele Flyer verteilt wurden. Wichtiger ist auch hier, die Eingebundenheit der Einrichtung zu erfragen und dies als eine erwünschte Prozessqualität herauszustellen.

III. Besucher/innenerfassung

Die Jugendfreizeiteinrichtungen werden hier um detaillierte Angaben zu ihren Besucher/innen gebeten, die dann zusammengefasst in die bezirkliche Berichterstattung und Berichte auf Landesebene eingehen. (s.o.). Weiter muss erläutert werden, inwiefern es hier, bei der Erreichung der Zielgruppen gegenüber der Planung, zu Veränderungen gekommen ist.

IV. Kooperation, Gremien- und Netzwerkarbeit

Jugendfreizeiteinrichtungen arbeiten für sozialräumliche Jugendarbeit verstärkt mit anderen Institutionen zusammen. Diese Kooperationen werden auch in Bezug auf die Ziele und die erreichten Ergebnisse detailliert erhoben. Kooperationen werden abgefragt mit: anderen Kinder- und Jugendprojekten, Schulen, Sozialen Diensten, Beratungsstellen, Volkshochschulen und kulturellen Institutionen, Nachbarschaftsinitiativen, regionalen und themenspezifischen Arbeitsgemeinschaften, Mitarbeit in Gremien usw. Auch hier soll die Art der Fragen signalisieren, dass solche vielfältigen Kooperationen, zumal wenn sie mit Ergebnissen für die praktische Arbeit verbunden sind, ausdrücklich erwünscht sind.

V. Sozialraumorientierung und Lebensweltorientierung

In diesem Teil des Sachberichtes sollen Entwicklungen im sozialen Umfeld der Einrichtung in ihrer Bedeutung für die Kinder und Jugendlichen, kulturelle Orientierungen, besondere Problemlagen und Lösungsperspektiven dargelegt werden. Weiter wird gefragt, welche Verfahren zur Lebensweltanalyse und zum sozialräumlichen Bedarf festgestellt wurden. Schließlich wird der Handlungsbedarf dargelegt, den die Einrichtung in Bezug auf ihre eigene Arbeit und ggf. für zusätzliche Angebote sieht. Die in diesem Abschnitt gestellten Fragen beziehen sich ausdrücklich auf die Anstrengungen der Berliner Jugendhilfe und der Jugendarbeit sozialräumliche Arbeitsansätze zu stärken. Für die Jugendarbeit wurden in einem einjährigen Weiterbildungsprogramm eigens pro Bezirk zwei Multiplikatoren ausgebildet um Jugendfreizeiteinrichtungen bei der sozialräumlichen

Konzeptentwicklung zu unterstützen. Der Sachbericht hat also auch hier eine Orientierung gebende Dimension.

Abbildung 5: Auszug aus dem gemeinsamen Sachbericht der Berliner Jugendfreizeitstätten[12]

V. Sozialraumorientierung und Lebensweltorientierung

Sozialraum- und Lebensweltorientierung sind konzeptionelle Grundlagen der offenen Kinder- und Jugendarbeit. Das Angebotsprofil der Einrichtungen richtet sich an der spezifischen Sozialstruktur und den spezifischen Bedürfnisse und Anforderungen der Zielgruppen aus. Auf der Grundlage der sozialstatistischen Angaben der Jugendhilfeplanung ist die konzeptionelle Entwicklung des Projekts regelmäßig auf die sozialräumlichen und lebensweltbezogenen Bedingungen abzustimmen.

a) Sozialraumraumorientierung

Welche Veränderungen im sozialen Umfeld ihrer Einrichtung sind Ihnen aufgefallen? Welche Beobachtungen und Erfahrungen hinsichtlich veränderter Lebenssituation der Kindern und Jugendlichen im Sozialraum haben Sie gemacht? – Stellen Sie besondere Ressourcen und Problemlagen dar:

Welche Verfahren haben Sie bei der Ermittlung des sozialräumlichen Bedarfs genutzt?[13]

b) Lebensweltorientierung

Wie würden Sie die Lebenswelt und die kulturellen Orientierungen Ihrer Zielgruppen kennzeichnen? Welche Beobachtungen und Erfahrungen haben Sie gemacht? – Stellen Sie besondere Ressourcen und Problemlagen dar:

Welche Quellen und Methoden der Lebensweltanalyse ihrer Zielgruppen wenden Sie an?

c) Handlungsbedarf

Welchen Handlungs- und Änderungsbedarf sehen Sie für die weitere Arbeit Ihrer Einrichtung?

Welche zusätzlichen Angebote und Maßnahmen, die nicht von Ihrer Einrichtung angeboten werden, halten Sie für notwendig?

VI. Maßnahmen des Qualitätsmanagements

Vor Beginn des Förderzeitraumes bzw. des Jahres legen sich die Einrichtungen fest, mit welchen Kernaktivitäten des Handbuches „Qualitätsmanagement der Berliner Jugendfreizeitstätten" sie im Folgejahr Selbstevaluation betreiben möchten. In diesem Teil des Sachberichtes geben sie Auskunft zu den Ergebnis-

---

[12] z.B. Stadtteilbegehung mit Kindern und Jugendlichen, Nadelmethode, Cliquenraster, Institutionenbefragung, strukturierte Stadtteilbegehung, Autofotographie, subjektive Landkarten, Zeitbudgets, Fremdbilderkundung

sen, d.h. den Folgerungen der Selbstevaluation und bestätigen, welche Kernaktivitäten sie wann, mit wem und wie lange bearbeitet haben.

Abbildung 6:   Auszug aus dem gemeinsamen Sachbericht der Berliner Jugendfreizeitstätten

Kapitel	Kernaktivität	Bearbeitet durch folgende Beschäftigte:	Datum der Bearbeitung	Dauer der Bearbeitung (Stunden)	Unterschrift der Leitung der Einrichtung
Kapitel 2: Kernaktivitäten zur Arbeitsorganisation					
2.1	Leitung				
2.2	Teamarbeit				
2.3	Kooperation mit Jugendamt				

In das Berichtswesen fließen weiter die Ergebnisse und Schlussfolgerungen der Qualitätsarbeit ein. Auch wird gefragt, welche fachliche Unterstützung von außen, also durch den Träger oder durch das Jugendamt benötigt wird.

Abbildung 7:   Auszug aus dem gemeinsamen Sachbericht der Berliner Jugendfreizeitstätten

VI. Maßnahmen des Qualitätsmanagements	
Die in der Vereinbarung zur Qualitätsentwicklung bestimmten Schwerpunktbereiche und Kernaktivitäten aus dem „Handbuch Qualitätsmanagement der Berliner Jugendfreizeitstätten" sind durch die Einrichtung bearbeitet worden.	
a) Inhaltliche Angaben zu den Ergebnissen der Selbstevaluation	
Beschreiben Sie ein Beispiel für besonders gut gelungene Qualitätsentwicklung nach (durch Selbstevaluation) erkanntem Veränderungsbedarf?	
Beschreiben Sie ein Beispiel für ein besonders schwierig zu erreichendes Ziel.	
Welche konzeptionellen und organisatorischen Konsequenzen ziehen Sie aus der Selbstevaluation?	
Wofür wird Unterstützung von außen benötigt?	

VII. Entwicklungsbedarf

Am Ende des Sachberichtes werden die Einrichtungen gebeten, sich hinsichtlich Veränderungsnotwendigkeiten, Unterstützungsbedarf, z.B. Fortbildungen und jugendpolitischen Gesprächs- und Diskussionsbedarf, zu äußern. Auch diese

Frage wird mit Blick auf eine Bearbeitung im kommunalen Wirksamkeitsdialog gestellt.

Der gemeinsame Sachbericht für die Berliner Jugendfreizeitstätten wurde berlinweit erstmals für die Berichterstattung über das Jahr 2006 probeweise eingesetzt. Die Erfahrungen werden in der Folge ausgewertet und als Grundlage für zukünftige Aktualisierungen genutzt.

3 Von der einrichtungsbezogenen zur örtlichen Dialogebene

Der gemeinsame Sachbericht hat in der vorliegenden Form mindestens zwei Funktionen. Erstens belegt die Einrichtung bzw. der Träger gegenüber dem Jugendamt die Erfüllung der finanzierten Aufgaben. Zweitens bietet der Bericht zahlreiche Anhaltspunkte und Informationen, die wertvoll für kommunale Wirksamkeitsdialoge sind. Hierzu führt die im Jugendamt zuständige pädagogische Fachkraft mit der Einrichtung auf der Grundlage des Sachberichtes ein Auswertungsgespräch, in dem Unklarheiten ausgeräumt, Fragen geklärt und Prioritäten herausgearbeitet werden. Diese Ergebnisse bilden dann die Grundlage für die regionale und die bezirkliche Berichterstattung über Jugendarbeit, für regionale und bezirkliche Meinungsbildung und letztlich für die Entscheidungen des Jugendamtes mit dem Jugendhilfeausschuss über künftige fachliche Schwerpunkte und Ziele der Jugendfreizeiteinrichtungen. Das Auswertungsgespräch ist also eine Schnittstelle des einrichtungsbezogenen Wirksamkeitsdialoges zum kommunalen Wirksamkeitsdialoges bzw. zur Dialogebene. Einerseits erhält die Einrichtung hier systematisch eine Rückmeldung zu ihrer Entwicklung, andererseits gewinnt das Jugendamt die notwendigen Informationen, die dann in Dialoge auf regionaler und auf bezirklicher (örtlicher) Ebene eingehen.

3.1 Beispiele von Wirksamkeitsdialogen im örtlichen, bezirklichen Rahmen

Die einrichtungsbezogenen Wirksamkeitsdialoge, die Selbstevaluation mit dem QM-Handbuch, der gemeinsame Sachbericht der Berliner Jugendfreizeitstätten und die Auswertungsgespräche mit dem Jugendamt bieten qualitative und quantitative Informationen, die für die Entwicklung der Fachlichkeit auf Einrichtungs- und Trägerebene sowie für kommunale Entscheidungen über Jugendarbeit genutzt werden können. Im folgenden werden vier Beispiele für unterschiedliche Dialogmöglichkeiten vorgestellt. Sie zeigen Chancen sowohl für horizontale Dialoge zwischen ähnlichen Einrichtungen oder im gleichen Trägerzusammenhang als auch für vertikale Dialoge, die fachliche, jugendpolitische Entscheidungen unterstützen.

Beispiel Trägerverbund: Qualitätsarbeit zur fachlichen Verständigung

Ein Verbund von Trägern, die Jugendfreizeitstätten in mehreren Bezirken Berlins betreiben, verständigte sich im ersten Jahr der Anwendung des QM-Handbuches darauf, dass sich alle einbezogenen 35 Einrichtungen mit dem Angebotsschwerpunkt „Partizipation in Kinder- und Jugendfreizeitstätten" befassten. Hier bietet sich die Möglichkeit einrichtungsübergreifend Austausch und Verständigung über Arbeitsfelder zu erreichen. Dies kann in folgenden Schritten geschehen:

- In einem ersten Schritt lesen die Fachkräfte in den Einrichtungen den Angebotsschwerpunkt mit den Kernaktivitäten durch und machen Ergänzungsvorschläge. Zu den dort dargelegten Zielen, Qualitätskriterien und Indikatoren.
- Die Vorlagen werden mit den Vorschlägen abgeglichen.
- Die Einrichtungen bearbeiten die Kernaktivitäten, bestimmen Änderungsbedarf und konkrete, künftig umzusetzende Maßnahmen.
- In einem gemeinsamen Fachtag stellen die Fachkräfte die geplanten Maßnahmen vor. Hieraus ergeben meist Anregungen zur Modifizierung der jeweiligen Vorhaben.
- Der Träger und die Einrichtungen überprüfen ihr Verständnis des Angebotsschwerpunktes und passen gegebenenfalls konzeptionelle Aussagen an.

Beispiel Bezirk A: Unterstützung der Umsetzung jugendpolitischer Ziele

In einem Bezirk war die Entwicklung der Partizipation von Kindern und Jugendlichen im kommunalen Rahmen als jugendpolitisches Ziel festgelegt worden. In dieses Vorhaben wurden besonders auch die Jugendfreizeiteinrichtungen einbezogen, die sowohl die Beteiligung der Besucher/innen an der Gestaltung der Angebote als auch den Einfluss von jungen Menschen auf kommunale Entscheidungen stärken sollten. Das Jugendamt dieses Bezirkes und drei Einrichtungen arbeiteten an der Erstellung des Angebotsschwerpunktes „Partizipation in Kinder- und Jugendfreizeitstätten" mit. Zusätzlich wurden Fachveranstaltungen für alle Fachkräfte der örtlichen Jugendarbeit durchgeführt und konkrete einrichtungsbezogene Maßnahmen der Umsetzung vereinbart, Im ersten Jahr der Einführung des Handbuches (2005) bearbeiteten alle Einrichtungen den Teil des QM-Handbuches, der sich mit Partizipation befasst. Auch über die Ergebnisse dieser Qualitätsarbeit, die u.a. die Erstellung von Hausregeln, die Selbstorganisation bei der Arbeit mit jungen Bands und den Umgang mit Medien betrafen, organisierte der Bezirk einen fachlichen Austausch, dessen Ergebnisse auch dem Jugendhilfeausschuss vorgestellt wurden. Seither ist die Arbeit mit dem QM-Handbuch regelmäßiges Thema in Sitzungen der Leitungskräfte der Einrichtungen der Offenen Kinder- und Jugendarbeit.

Beispiel Bezirk B: Grundlagen für qualitative jugendpolitische Entscheidungen

Auch hier werden die Informationen, die der Sachbericht zu Themen der Qualität von Jugendarbeitarbeit bietet, für die bezirkliche, d.h. die örtliche fachliche Steuerung zusammengefasst. Der Jugendhilfeausschuss dieses Bezirkes wünscht als Ergebnis der Qualitätsarbeit der Jugendfreizeiteinrichtungen Bewertungen der geleisteten Arbeit. Das Fachamt interpretiert dies als Bedarf an aussagekräftigen Informationen über die Entwicklung der Jugendarbeit im Bezirk und in seinen fünf Regionen. Dafür kommen die Leiter/innen der Jugendfreizeiteinrichtungen jeder Region und die fachlich Zuständigen des Jugendamtes unter externer Moderation zusammen. Bei diesen Treffen werden sowohl die Verfahren selbst (u.a. QM-Handbuch, Berichtsformen, Vereinbarungen) als auch die durch die Qualitätsarbeit deutlich gewordenen Stärken und Veränderungsnotwendigkeiten besprochen. Auf diese Weise entsteht ein nach Regionen differenziertes Bild der Jugendarbeit des Bezirkes, das jugendpolitische Entscheidungen fachlich unterstützten kann. Die ersten Erfahrungen mit dieser Dialogstruktur zeigen, dass das QM-Handbuch ein hilfreiches Instrument zur Unterstützung von Wirksamkeitsdialogen ist, weil es eine gemeinsame fachliche Grundlage für den einrichtungsübergreifenden Austausch bietet.

Beispiel Bezirk C: Gesamtbericht über die örtliche Jugendarbeit

Hier werden die Informationen, die im Sachbericht u.a. zum Qualitätsmanagement von den Einrichtungen enthalten sind („Teil VI: Maßnahmen des Qualitätsmanagements") und in den Auswertungsgesprächen mit dem Jugendamt besprochen wurden, durch das Jugendamt in einem bezirksweiten Bericht des örtlichen Jugendamtes zusammengefasst. Dieser beinhaltet Informationen über

- zentrale jugendpolitische Problemlagen,
- die zahlenmäßige Nutzung der Einrichtungen durch die Zielgruppen,
- die Arbeit der pädagogischen Fachkräfte mit dem QM-Handbuch,
- sozialräumliche regionale Handlungsbedarfe und
- inhaltliche Schwerpunkte für die fachliche Weiterentwicklung im Folgejahr.

Der Bericht dieses Bezirks wird jeweils im Oktober eines Jahres erstellt, so dass Jugendamt und Jugendhilfeausschuss Folgerungen für das Folgejahrs ziehen können. Er wird durch die für Jugendarbeit zuständigen Fachkräfte des Jugendamtes aus den Angaben der Einrichtungen und der Daten der Jugendhilfeplanung zusammengestellt. Die Aussagen des Berichtes werden in der Entwurfsphase mit den Fachkräften der Einrichtungen besprochen.

4 Vom örtlichen zum landesweiten Wirksamkeitsdialog

Die Ergebnisse der einrichtungsbezogenen und der örtlichen, bezirksbezogenen Berichterstattung werden auch für die landesweite Berichterstattung über Jugendarbeit genutzt. Sie erfolgt gegenüber dem Abgeordnetenhaus, dem Berliner Landesparlament. So enthält der im Abstand von mehreren Jahren erstellte Jugendfreizeitstättenbericht qualitative und quantitative Informationen über den Umfang und die Art der inhaltlich-pädagogischen Angebote, den Bestand an Einrichtungen, die Anzahl der pädagogischen Fachkräfte, die Nutzung durch Kinder und Jugendliche sowie Aussagen zu den jugendpolitische Perspektiven.[13] Die quantitativen Aussagen gehen großteils auf die mit dem gemeinsamen Sachbericht oben vorgestellten Informationen zurück. Im folgenden werden bezogen auf Platzahlen, Angebotsstunden und Besucherzahlen Ergebnisse, die für das Jahr 2004 auf Landesebene zusammengeführt wurden, vorgestellt:

4.1 Feststellung des landesweiten Versorgungsgrades mit Jugendfreizeiteinrichtungen anhand von Platzzahlen

In den Jugendfreizeitstättenberichten 1996 und 2004 wurden die Ergebnisse der Platzzahlenstatistik für den Vergleich zwischen den Bezirken und in der zeitlichen Entwicklung genutzt. Ein Ergebnis ist, dass Berlin in beiden Jahren das selbst gesetzte Ziel verfehlte. Im Jahr 1995 betrug der erreichte Wert 6,14 %, 2004 wurden 6,08 % erreicht. Wegen der Kürzungen auf Grund der Haushaltsnotlage Berlins, die auch die Angebote und Einrichtungen der Jugendarbeit trafen, war befürchtet worden, dass der erreichte Versorgungsgrad deutlich geringer sein würde. Obwohl die Anzahl der Einrichtungen mit örtlichem Wirkungskreis von 470 (1995) auf 377 (2004) gesunken war, hatte sich der Vorsorgungsgrad wegen der zahlenmäßig verringerten Zielgruppe der Kinder und Jugendlichen kaum verringert. Dieses Ergebnis des Jugendfreizeitstättenberichtes spielte für

---

[13] Senatsverwaltung für Bildung, Jugend und Sport (2005): Jugendfreizeitstättenbericht. Berlin. Download: www.berlin.de/imperia/md/content/sen-jugend/bildung_in_der_freizeit/jugendfreizeit staettenbericht.pdf

die sich anschließende kontroverse fachpolitische Bewertung der Offenen Kinder- und Jugendarbeit eine wichtige Rolle. Der auf der Basis der Platzzahlen vorgenommene Bezirksvergleich unterstützte in einigen der Bezirke, deren Versorgungsgrad besonders niedrig war, Bestrebungen zusätzliche Jugendfreizeiteinrichtungen zu schaffen. Diese Erfahrungen zeigen, dass die Kennzahl „Platzzahl" trotz der erwähnten Einschränkungen ein bislang unverzichtbares Instrument der quantitativen Berichterstattung im Land Berlin ist.

4.2 Landesweite Auswertungen der Leistungen anhand von Angebotsstunden

Die Auswertung der Produktkosten auf der Grundlage der „Angebotsstunde" geht in die Festlegung des Globalsummenbudgets jedes der zwölf Berliner Bezirke ein. Da mit der Feststellung der Kosten und der Leistungen unmittelbare Folgen für die Bezirkshaushalte verbunden sind, wird der Präzisierung und der verlässlichen Erhebung dieser Daten besondere Aufmerksamkeit gewidmet. Über die Funktion zur Feststellung der Bezirksbudgets hinaus wird die Angebotsstunde zunehmend für die Vereinbarungen und das Fachcontrolling durch die Jugendämter sowie als ergänzende Kennzahl für die kommunalen Wirksamkeitsdialoge herangezogen.

Für die Beschreibung des finanziellen Rahmens der Jugendfreizeitstättenarbeit in Berlin wurden für das Haushaltsjahr 2004 die Ergebnisse der Kosten- und Leistungsrechnung auf der Grundlage der Zählung der geleisteten Angebotsstunden herangezogen. Insgesamt leisteten 422 Berliner Jugendfreizeiteinrichtungen ca. 1,8 Mio. Angebotsstunden. Die bezirksbezogene Auswertung einzelner Produkte und der Produktkosten ermöglichte den Vergleich von Angebotsmengen und Kosten pro Angebotsstunde.

4.3 Die Nutzung der Jugendfreizeiteinrichtungen anhand der Ergebnisse der Besucher/innenerfassung

Die durch den gemeinsamen Sachbericht erhobene Anzahl der Besucherinnen und Besucher der Berliner Jugendfreizeiteinrichtungen unterscheidet, wie oben ausgeführt, zwischen regelmäßigen Stammbesucher/innen, unregelmäßigen Besucher/innen, Veranstaltungsbesucher/innen und Nutzer/innen von Räumen der Einrichtungen. Hieraus konnten für ganz Berlin Aussagen über die Nutzung durch verschiedene Einrichtungen getroffen werden:

Qualitätsmanagement und Berichtswesen

Regelmäßige Stammbesucher/innen

Insgesamt wurden berlinweit 38.940 Stammbesucher/innen gezählt. Von der Gesamtzielgruppe der 6 – 25jährigen (643.273 Personen) waren somit 6,05 % Stammbesucher/innen der Jugendfreizeitstätten. Die Nutzung der Jugendfreizeitstätten unterscheidet sich jedoch in den einzelnen Altersgruppen erheblich. Von den 6 – 9 jährigen waren 5,58 %, von den 10 – 13 jährigen waren 11,65 %, von den 14 – 17jährigen waren 8,88 %, von den 18 – 21 %jährigen waren 5,07 %, und von den 22 – 26jährigen waren 0,69 % Stammbesucher/innen der Einrichtungen. Bezogen auf die altersmäßige Hauptzielgruppe der 10 – 17jährigen ergibt sich, dass 10,06 % (24.433 Personen) zu den Stammbesucher/innen von Jugendfreizeiteinrichtungen zählten. Es muss allerdings betont werden, dass die Auswertung der Besuchererfassung zwischen den Bezirken erhebliche Unterschiede aufzeigt, die die berlinweite Darstellung hier nicht abbildet.

Von den 38.940 Stammbesucher/innen in der Altersgruppe der 6 – 25jährigen waren 47,5 % weiblich und 52,5 % männlich. Bezogen auf die Besucherschaft insgesamt lässt sich damit feststellen, dass annähernd gleich viele Mädchen/junge Frauen und Jungen/junge Männer erreicht werden. Hier zeigt sich ein Erfolg der langjährigen Bemühungen, durch geschlechtsspezifische Angebote mehr Mädchen und junge Frauen anzusprechen. Andererseits wird deutlich, dass Mädchen/junge Frauen und Jungen/junge Männer altersbezogen sehr unterschiedlich erreicht werden. Am höchsten ist der Anteil der Mädchen in der Altersgruppe der 6 bis 9jährigen (48,05 %), ab der Altersgruppe der 14 – 17jährigen sinkt dieser Anteil erkennbar ab.

Ein großer Teil (38,35 %) der Stammbesucher/innen von Jugendfreizeitstätten hat einen Migrationshintergrund. Von diesen Personen sind 37,95 % weiblich und 62,05 % männlich. In Bezirken mit einem hohen Anteil von Migranten/innen ist auch ihr Anteil an den Stammbesucher/innen erheblich höher, teilweise sind dies über 60 %. Diese Zahlen unterstreichen die wichtige Funktion, die Jugendfreizeitstätten für die Integration von Kindern und Jugendlichen mit Migrationshintergrund haben.

Unregelmäßige Besucher/innen

Berlinweit wurden ca. 180.000 unregelmäßige Besucher/innen erfasst. Diese Zahl ist interpretationsbedürftig, da in dieser Summe unterschiedliche Besuchssituationen dargestellt werden. Häufig wird hier die erweiterte Stammbesucherschaft abgebildet. In der Regel liegt diese Zahl in einer ähnlichen Größenordnung wie diejenige der Stammbesucher/innen. Bezogen auf die Hauptzielgruppe der 10 – 17jährigen wären demnach ca. 20 % regelmäßige oder unregelmäßige Besucher/innen von Jugendfreizeitstätten. Eine weitere Besuchergruppe, die hier Eingang findet, sind diejenigen, die zu bestimmten Anlässen – die keine Veranstaltungen sind – die Einrichtungen aufsuchen. Zu nennen sind z.B. pädagogisch betreute Spielplätze und Kinderbauernhöfe, die an Wochenenden von vielen Besucher/innen, u.a. von Familien, aufgesucht werden.

Veranstaltungsbesucher/innen

In der Kategorie der Veranstaltungsbesucher/innen werden einzelne Besuche erfasst. Berlinweit wurden im Jahr 2004 ca. 1.843.000 Besuche von Veranstaltungen in Jugendfreizeitstätten registriert. In dieser Kategorie ist es möglich, dass Personen mehrfach gezählt werden. Zur Bewertung der Summe muss beachtet werden, dass ca. 619.000 Veranstaltungsbesucher/innen allein dem Kinder- und Jugendzentrum Wuhlheide (FEZ), dem größten Jugendzentrum Europas, zuzuordnen sind. Die Anzahl der Veranstaltungsbesucher/innen variiert zwischen den Bezirken und einzelnen Jugendfreizeitstätten. Im überbezirklichen Durchschnitt hat eine Jugendfreizeitstätte im Jahr ca. 2.800 Veranstaltungsbesucher/innen (ohne FEZ).

Nutzer/innen von Räumen in Jugendfreizeiteinrichtungen

Im Jahr 2004 wurden die Jugendfreizeitstätten – incl. FEZ – ca. 925.000 mal von Personen besucht, bei denen es sich vor allem um Mitglieder von Vereinen und Initiativen, die die räumlichen Möglichkeiten der Einrichtungen nutzten, handelt. Ebenso wie bei den Veranstaltungen wurden auch hier Einzelbesuche gezählt. Diese Nutzungskategorie ist besonders für die Berliner Sportjugendclubs von Bedeutung, die allein ca. 325.000 Raumnutzungen angaben, worin sich eine enge Kooperation mit Sportvereinen widerspiegelt.

Die Darstellung der Zielgruppen der Berliner Jugendfreizeitstätten zeigt, dass in der Kernzielgruppe der 10 – 17jährigen etwa jeder fünfte Berliner Jugendliche durch die Angebote der Jugendfreizeitstätten erreicht wird. In der Altersgruppe der unter 14jährigen wurden ebenso viele Mädchen wie Jungen angesprochen. Für junge Frauen konnte dieses Ziel jedoch noch nicht erreicht werden. Insbesondere Jungen und junge Männer mit Migrationshintergrund nehmen die Angebote in hohem Umfang in Anspruch. Dies gilt in erster Linie für Bezirke mit einem großen Anteil ausländischer Bürger/innen. Die Besucher/innenerfassung bestätigt, dass Jugendfreizeitstätten auch als Veranstaltungsorte, als räumliche Ressource für selbstorganisierte Aktivitäten genutzt werden.

Wie in anderen Fragen zeigte die Besuchererfassung, dass eine berlinweite Bewertung der Auslastung der Jugendfreizeitstätten in Rechnung stellen muss, dass es zwischen den Bezirken und den einzelnen Einrichtungen erhebliche Unterschiede gibt. Rückschlüsse sind deshalb am ehesten auf der bezirklichen Ebene vor dem Hintergrund der konkreten Situation zu ziehen. Der Jugendfreizeitstättenbericht 2005 benannte konzeptionelle Perspektiven, wie zusätzliche Besucher/innen gewonnen werden und wie Jugendfreizeitstätten im regionalen Umfeld bekannter werden können. Ansatzpunkte sind die verstärkte Kooperation mit Schulen, die Koppelung an sozialräumliche Netzwerke und der Ausbau von ehrenamtlichem Engagement und Selbstorganisation. Die Besuchererfassung wurde damit in Bezug zu den strategischen Zielen der Berliner Jugendarbeit gesetzt.

Die Besucher/innenerfassung, die für das Jahr 2004 erstmals in der beschriebenen Struktur ausgewertet wurde, wird künftig kontinuierlich erstellt und weiter entwickelt.

4.4 Ein Resultat: Mindeststandards zur personellen und sächlichen Ausstattung von Jugendfreizeiteinrichtungen

Die örtlichen, bezirklichen Jugendämter und die für Jugend zuständige Senatsverwaltung verständigten sich im Vorfeld des zitierten Jugendfreizeitstättenberichtes auf Mindeststandards zur personellen und sächlichen Ausstattung von Jugendfreizeiteinrichtungen. Damit soll vor allem die Strukturqualität von Jugendfreizeiteinrichtungen bei Übertragungen vom öffentlichen auf freie Träger der Jugendhilfe gesichert werden. Die Akzeptanz des QM-Handbuch war hierbei ein wichtiges Argument dafür, berlinweit Mindeststandards für die personelle und sächliche Ausstattung von Jugendfreizeiteinrichtungen festzulegen.[14] Damit in den Jugendfreizeiteinrichtungen eine Jugendarbeit im Sinne der Aussagen des QM-Handbuches gelingen kann, bedarf es personeller und sächlicher Rahmenbedingungen, die nicht unterschritten werden sollen.

Die Ergebnisse der quantitativen Erfassungen von Platzzahlen, Angebotsstunden, Besucher/innen wurden genutzt, um landesweit Mindeststandards zur personellen und sächlichen Ausstattung von Jugendfreizeiteinrichtungen zu bestimmen. Ziel dieser Übereinkunft ist es, dass auch unter schwierigen finanziellen Rahmenbedingungen die Ausstattung der Jugendfreizeiteinrichtungen mit pädagogischen Fachkräften, Räumen und Sachmitteln so bemessen ist, dass eine qualitati-

---

[14] vgl. QM-Handbuch, a.a.O. Anhang, Teil 4 S. 131 ff.

ve pädagogische Arbeit, die Qualitätssicherung und die Teilnahme an kommunalen Wirksamkeitsdialogen gewährleistet sind.

Die Bestimmung personeller und sächlicher Ausstattungsstandards von Jugendfreizeitstätten erfüllt folgende Anforderungen:

- Für die einzelnen Jugendfreizeitstätten werden Orientierungsgrößen zur Ausstattung mit pädagogischen Fachkräften und Sachmitteln vorgegeben, die nicht unterschritten werden sollen.
- Für die bezirksweite und die landesweite Fachplanung werden Grundlagen für die Feststellung der Ausstattung mit Einrichtungen, Personal und finanziellen Mitteln geboten, die zur Erbringung der Leistungen (z.B. Anzahl der Angebotsstunden) notwendig sind.

Im Folgenden werden idealtypisch drei unterschiedliche Größen von Jugendfreizeitstätten beschrieben, die aufgrund der festgestellten Daten (Platzzahlen, Angebotsstunden und Erhebungen zur Ausstattung mit Personal und Sachmitteln in Bezirken) als plausibel gelten. Die Definition von Einrichtungstypen dient der grundsätzlichen Sicherung von Standards für die Arbeit der Einrichtung und für die Fachplanung. Sie bildet daher auch nicht jeden denkbaren Einrichtungstyp ab und ist insofern idealtypisch.

Das Ergebnis der Berechnungen stellt für die drei Einrichtungstypen fest:

Kleine Einrichtungen
Dies sind Einrichtungen mit 20 bis 69 Plätzen (Mittelwert 45) und 2.724 optimalen Angebotsstunden. Sie benötigen mindestens 2 pädagogische Fachkräfte, 7.500 Euro Honorarmittel, ca. 5.000 Euro Sachmittel und ca. 20.000 Euro Betriebskosten (ohne Mieten). Der Finanzierungsbedarf beträgt mindestens ca. 121.000 Euro.

Mittlere Einrichtungen
Dies sind Einrichtungen mit 70 – 119 Plätzen (Mittelwert 92) und 4.462 optimalen Angebotsstunden. Sie benötigen mindestens 3 pädagogische Fachkräfte, 15.000 Euro Honorarmittel, ca. 10.000 Euro Sachmittel und ca. 25.000 Euro Betriebskosten (ohne Mieten). Der Finanzierungsbedarf beträgt mindestens ca. 181.000 Euro.

Große Einrichtungen
Dies sind Einrichtungen mit 120 – 280 Plätzen (Mittelwert 200) und 6.627 optimalen Angebotsstunden. Sie benötigen mindestens 4,5 pädagogische Fachkräfte, 22.500 Euro Honorarmittel, 20.000 Euro Sachmittel und ca. 30.000 Euro Betriebskosten. Der Finanzierungsbedarf beträgt mindestens ca. 269.000 Euro.

Die Vereinbarung über Mindeststandards für die Ausstattung von Jugendfreizeiteinrichtungen stellt sicher, dass die materiellen Voraussetzungen für eine qualitätsvolle Kinder- und Jugendarbeit vorhanden bleiben. Bei der Übertragung von kommunalen Jugendfreizeitstätten an freie Träger muss beachtet werden, dass die Gesamtfinanzierung die Einhaltung der Mindeststandards ermöglicht. Sofern in den Bezirken Kürzungen bei der Jugendarbeit vorgenommen werden müssen, unterstützt die Regelung eine Konzentration der Ressourcen. Dies kann im Konfliktfall bedeuten, dass die Anzahl der Einrichtungen reduziert wird, ohne dass ein Qualitätsverlust der pädagogischen Arbeit in den Einrichtungen verursacht wird.

Auf der Grundlage des Modell der Mindeststandards sollen künftig landesweit geltende Richtgrößen für die Ausstattung der Bezirke mit Jugendfreizeiteinrichtungen getroffen werden und Modelle für Leistungsverträge auch im Bereich der Offenen Kinder- und Jugendarbeit erarbeitet werden.

5 Resümee und Ausblick

Die Ausführungen zum QM-Handbuch, zum gemeinsamen Sachbericht und zu den verschiedenen Ebenen des Wirksamkeitsdialoges bilden einen Arbeitsstand ab, der gleichwohl die Schwerpunkte, Besonderheiten und Herausforderungen des Berliner Modellprojektes veranschaulicht. Die Arbeit an den drei Aufgaben des Projektes geht weiter. So ist für 2009 eine neue Fassung des Handbuches beabsichtigt, die ersten berlinweiten Erfahrungen mit dem gemeinsamen Sachbericht müssen ausgewertet und Folgerungen gezogen werden. Ein gemeinsames Modell für den örtlichen kommunalen Wirksamkeitsdialog kann möglicherweise ab 2008 erprobt werden. Hiervon werden auch landesweite Dialoge über die quantitative Berichterstattung hinaus profitieren können. Die Kunst wird bleiben, die erarbeiteten Verfahren weiter in lebendige kommunikative Prozesse in den Jugendfreizeiteinrichtungen, den Trägern und den Jugendämtern einzubeziehen und zu nutzen.

Autorinnen und Autoren

Deinet, Ulrich, Dr. rer. soc., Dipl.-Pädagoge, Professor für Didaktik/Methoden, Verwaltung und Organisation der Sozialpädagogik an der Fachhochschule Düsseldorf, davor 11 Jahre Referent für Jugendarbeit beim Landesjugendamt Westfalen-Lippe in Münster, langjährige Praxis in der Offenen Kinder- und Jugendarbeit, Veröffentlichungen u.a. zu den Themen: Kooperation von Jugendhilfe und Schule, Sozialräumliche Jugendarbeit, Sozialraumorientierung, Konzept- und Qualitätsentwicklung

Marco Szlapka, Diplom-Sozialwissenschaftler, Projektleiter am Institut für Sozialplanung und Organisationsentwicklung – INSO – e.V.; Arbeitsschwerpunkte: Personal-, Konzept- und Organisationsentwicklung in der Jugendhilfe

Witte, Wolfgang, Pädagoge M.A., Systemischer Berater (SG) und Supervisor (DGSV*), Referent für Allgemeine Jugendarbeit bei der Berliner Senatsverwaltung für Bildung, Wissenschaft und Forschung sowie Lehrbeauftragter an Ausbildungsstätten der Sozialen Arbeit. Arbeitsbereiche: Grundsatzfragen der Jugendarbeit, Qualitäts- und Standardentwicklung der Offenen Kinder- und Jugendarbeit, schulbezogene Jugendarbeit, Fachberatung von Trägern der Jugendarbeit und Soziale Kulturarbeit

Maja Arlt, Diplom-Soziologin, führt Evaluationsprojekte in Einrichtungen der Tagesbetreuung und der Verkehrserziehung in Brandenburg durch und berät Projekte der Jugendhilfe bei der Qualitätsentwicklung

Icking, Maria, Dr. phil., Dipl.-Pädagogin, beschäftigt bei der G.I.B. Gesellschaft für innovative Beschäftigungsförderung mit dem Aufgabenbereich Monitoring und Evaluation der ESF-kofinanzierten Arbeitspolitik des Landes NRW. Weitere Schwerpunkte sind betriebliche und berufliche Aus- und Weiterbildung, Übergang Schule Beruf

Neu im Programm
Soziale Arbeit

Fabian Kessl / Christian Reutlinger / Holger Ziegler (Hrsg.)
Erziehung zur Armut?
Soziale Arbeit und die ‚neue Unterschicht'
2007. ca. 130 S. Br. ca. EUR 16,90
ISBN 978-3-531-15389-6

Die ‚neue Unterschicht' ist entdeckt und die Erziehung dieser prekarisierten Gesellschaftsmitglieder wird gefordert. Fachexpertlnnen aus Erziehungswissenschaft und Sozialpädagogik gehen in diesem Band der Frage nach, wie angemessen eine solche Diagnose der ‚neuen Unterschicht' und der damit verbundene Therapievorschlag einer Erziehung zur Armut ist: Wie wird hier soziale Ungleichheit in einer veränderten Form zum Gegenstand? Welche Herausforderungen sind damit für die Soziale Arbeit verbunden?

Bernd Dollinger / Wolfgang Schröer / Carsten Müller (Hrsg.),
Die sozialpädagogische Erziehung des Bürgers
Entwürfe zur Konstitution der modernen Gesellschaft
2007. ca. 300 S. Br. ca. EUR 26,90
ISBN 978-3-531-15253-0

Seit einigen Jahren wird ausgiebig über die ‚Bürgergesellschaft' und deren Stärkung als Kernproblem der (Sozial-)Pädagogik diskutiert. Sehr unterschiedliche Konzepte prallen hierbei aufeinander. In dem Sammelband werden die derzeit diskutierten Modelle historisch rekonstruiert und eine Grundlage für die derzeitigen Diskussionen zur Verfügung gestellt. Um den Entstehungszusammenhang der modernen Bürgergesellschaft zu erschließen, werden historisch gewordene Konzepte aus dem 19. und 20. Jahrhundert vorgestellt.

Heiko Kleve
Postmoderne Sozialarbeit
Ein systemtheoretisch-konstruktivistischer Beitrag zur Sozialarbeitswissenschaft
2007. 286 S. Br. EUR 24,90
ISBN 978-3-531-15465-1

Die Sozialarbeit befindet sich als Profession und Disziplin in einer Umbruchphase. Die Fragen, was Sozialarbeit ist und welche gesellschaftlichen Funktionen sie wahrzunehmen hat, sind keineswegs mehr eindeutig beantwortbar. Hierauf muss sich auch eine Sozialarbeitswissenschaft einstellen. Darum sind Konzepte gefragt, die die ausgeblendeten Widersprüche, Ambivalenzen und Paradoxien des Sozialarbeiterischen herausarbeiten und tolerieren. In diesem Buch wird wissenschafts-, sozial- und praxistheoretisch aufgezeigt, dass Sozialarbeit auf allen Ebenen ihrer gesellschaftlichen Ausdifferenzierung ambivalent und damit immanent postmodern ist.

Erhältlich im Buchhandel oder beim Verlag.
Änderungen vorbehalten. Stand: Juli 2007.

www.vs-verlag.de

VS VERLAG FÜR SOZIALWISSENSCHAFTEN

Abraham-Lincoln-Straße 46
65189 Wiesbaden
Tel. 0611.7878-722
Fax 0611.7878-400

Handbücher Soziale Arbeit

Thomas Coelen / Hans-Uwe Otto (Hrsg.)
Grundbegriffe Ganztagsbildung
Ein Handbuch.
2008. ca. 800 S. Geb. ca. EUR 59,90
ISBN 978-3-531-15236-3

Ganztagsbildung ist zu einem Schlüsselbegriff in der gegenwärtigen Bildungsdebatte geworden, der neue Perspektiven auf ein Bildungsverständnis in der Wissensgesellschaft eröffnet. Das Handbuch bietet pädagogischen Leitungs- und Fachkräften sowie WissenschaftlerInnen und Studierenden erstmalig einen umfassenden Überblick, in dem das Handlungsfeld terminologisch systematisiert wird.

Barbara Kavemann /
Ulrike Kreyssig (Hrsg.)
Handbuch Kinder und häusliche Gewalt
2., überarb. Aufl. 2007. 475 S.
Br. EUR 39,90
ISBN 978-3-531-15377-3

„Dieses Buch war überfällig, seitdem in breiteren Kreisen bewusst geworden ist, dass Gewalt gegen Frauen auch die Kinder belastet und schädigt. Hier wird der gegenwärtige Erkenntnisstand aus Forschung und Praxis auf international höchstem Niveau verfügbar gemacht. Versammelt in diesem Band sind die herausragenden ExpertInnen aus allen relevanten Fachgebieten. Dies wird ein unentbehrliches Handbuch für Ausbildung, Praxis, Politik und weitere Forschung in den kommenden Jahren."
Prof. Dr. Carol Hagemann-White,
Universität Osnabrück

Werner Thole (Hrsg.)
Grundriss Soziale Arbeit
2., überarb. und akt. Aufl. 2005. 983 S.
Br. EUR 44,90
ISBN 978-3-531-14832-8

Der „Grundriss Soziale Arbeit" ist ein sozialpädagogisches Lehrbuch mit der Funktionalität eines Nachschlagewerks und das sozialpädagogisches Nachschlagewerk mit ausgesprochenem Lehrbuchcharakter.

Ulrich Deinet /
Benedikt Sturzenhecker (Hrsg.)
Handbuch Offene Kinder- und Jugendarbeit
3., völlig überarb. Aufl. 2005. 662 S.
Geb. EUR 59,90
ISBN 978-3-8100-4077-0

„Den Herausgebern, beide ausgewiesene Kenner der Materie, ist es gelungen, fast eine Enzyklopädie, jedenfalls ein Produkt vorzulegen, welches den Charakter eines Standardwerks der Offenen Kinder- und Jugendarbeit (OKJA) für sich beanspruchen darf, das die ganze Breite des Arbeitsfeldes repräsentiert."
Forum für Kinder- und Jugendarbeit,
03/2005

Erhältlich im Buchhandel oder beim Verlag.
Änderungen vorbehalten. Stand: Juli 2007.

www.vs-verlag.de

Abraham-Lincoln-Straße 46
65189 Wiesbaden
Tel. 0611.7878-722
Fax 0611.7878-400

Schwerpunkt Sozialraum

Detlef Baum
Die Stadt in der Sozialen Arbeit
Ein Handbuch für soziale und
planende Berufe
2007. 408 S. Br. EUR 39,90
ISBN 978-3-531-15156-4

Frank Früchtel / Gudrun Cyprian /
Wolfgang Budde
**Sozialer Raum und
Soziale Arbeit**
Textbook: Theoretische Grundlagen
2007. 228 S. Br. EUR 19,9
ISBN 978-3-531-15143-4

Frank Früchtel / Gudrun Cyprian /
Wolfgang Budde
**Sozialer Raum und
Soziale Arbeit**
Fieldbook: Methoden und Techniken
2007. 335 S. Br. EUR 19,90
ISBN 978-3-531-15144-1

Fabian Kessl / Christian Reutlinger /
Ulrich Deinet u.a.
Sozialraum
Eine Einführung
2007. 131 S. Br. EUR 14,90
ISBN 978-3-531-14946-2
Was ist ein „Sozialraum"? Was müssen
Studierende in den Fachbereichen Soziale
Arbeit und Sozialpädagogik, Soziologie,
Geographie und Architektur von sozial-
räumlichen Arbeiten in Theorie und Praxis
wissen? Das Lehrbuch stellt einen syste-
matischen Überblick disziplinärer Positio-
nen und relevanter Handlungsfelder zur
Verfügung.

Fabian Kessl / Christian Reutlinger /
Susanne Maurer / Oliver Frey (Hrsg.)
Handbuch Sozialraum
2005. 659 S. Geb. EUR 49,90
ISBN 978-3-8100-4141-8

Fabian Kessl /
Christian Reutlinger (Hrsg.)
**Schlüsselwerke der
Sozialraumforschung**
Traditionslinien in Texten und Kontexten
2007. ca. 200 S. Br. ca. EUR 19,90
ISBN 978-3-531-15152-6

Wolfgang Budde / Frank Früchtel /
Wolfgang Hinte (Hrsg.)
Sozialraumorientierung
Wege zu einer veränderten Praxis.
2006. 317 S. Br. EUR 24,90
ISBN 978-3-531-15090-1

Marlo Riege / Herbert Schubert (Hrsg.)
Sozialraumanalyse
Grundlagen – Methoden – Praxis
2005. 331 S. Br. EUR 29,90
ISBN 978-3-531-33604-6

Erhältlich im Buchhandel oder beim Verlag.
Änderungen vorbehalten. Stand: Juli 2007.

www.vs-verlag.de

VS VERLAG FÜR SOZIALWISSENSCHAFTEN

Abraham-Lincoln-Straße 46
65189 Wiesbaden
Tel. 0611.7878-722
Fax 0611.7878-400